IX Brazilian Symposium in Information and Human Language Technology

(STIL 2013)

Fortaleza, Ceara, Brazil
21-23 October 2013

ISBN: 978-1-62993-548-5

Printed from e-media with permission by:

Curran Associates, Inc.
57 Morehouse Lane
Red Hook, NY 12571

Some format issues inherent in the e-media version may also appear in this print version.

Printed by Curran Associates, Inc. (2014)

For permission requests, please contact the Association for Computational Linguistics at the address below.

Association for Computational Linguistics
209 N. Eighth Street
Stroudsburg, Pennsylvania 18360

Phone: 1-570-476-8006
Fax: 1-570-476-0860

acl@aclweb.org

Additional copies of this publication are available from:

Curran Associates, Inc.
57 Morehouse Lane
Red Hook, NY 12571 USA
Phone: 845-758-0400
Fax: 845-758-2634
Email: curran@proceedings.com
Web: www.proceedings.com

TABLE OF CONTENTS

IX Brazilian Symposium in Information and Human Language Technology (STIL 2013)

October 21-23, 2013
Fortaleza/Ceará, Brazil

Preface

STIL is the bi-annual Language Technology event supported by the Brazilian Computer Society (SBC) and by the Brazilian Special Interest Group on Natural Language Processing. In 2013 it took place at Fortaleza, Ceará, Brazil. The conference has a multidisciplinary nature and covers a broad spectrum of disciplines related to Human Language Technology, such as Linguistics, Computer Science, Psychology, and Information Science, among others. It aims at bringing together both academic and industry participants that work on those areas.

The topics of interest centered around work in human language technology in general from perspectives as diverse as Computer Science, Linguistics and Information Science, such as text mining, written and spoken language processing, terminology, lexicology and lexicography and natural language generation. We received 65 submissions from Brazil, Great Britain, Peru, Germany, United States, and Portugal. Each paper was reviewed by at least three members of the Program Committee which had 64 members from 7 countries and 34 institutions. After a rigorous reviewing process, 15 papers were selected for oral presentation (acceptance rate of 23%), and 17 papers were selected for poster presentation, including some long papers reallocated as short papers.

Besides the technical sessions with paper and poster presentations, STIL 2013 included two invited talks and two tutorials in its program. The invited speakers were Dr. Maite Taboada (Simon Fraser University, CA) and Dr. Diana Maynard (University of Sheffield, UK). The tutorials were also delivered by Dr. Taboada and Dr. Maynard.

General Conference Chairs
Prof. Vasco Furtado (UNIFOR)
Profa. Vladia Pinheiro (UNIFOR)

Program Chairs
Sandra Maria Aluísio (ICMC/USP)
Valéria Delisandra Feltrim (UEM)

Program Committee
Adriano Zanette (UFRGS, Brazil)
Aldebaro Klautau (UFPA, Brazil)
Aline Villavicencio (UFRGS, Brazil)
Andre Gustavo Adami (University of Caxias do Sul, Brazil)
António Branco (University of Lisbon, Portugal)
Carlos Augusto Prolo (UFRN, Brazil)
Carlos Ramisch (Joseph Fourier University, Grenoble, France)
Carolina Evaristo(University of Sheffield)
Caroline Hagege (Xerox Research Centre Europe, France)
Cassia Trojahn (IRIT-UTM, France)
Cícero Nogueira dos Santos (IBM Research, Brazil)
Clarissa Castella Xavier (PUC/RS, Brazil)
Daniel Nehme Muller (UFRGS, Brazil)
Ethel Schuster (Northern Essex Community College, USA)
Fábio Kepler (Universidade Federal do Pampa, Brazil)
Helena Caseli (UFSCar, Brazil)
Heliana Mello (UFMG, Brazil)
Ivandré Paraboni (EACH/USP, Brazil)
Jorge Baptista (University of Algarve , Portugal)
Laura Alonso i Alemany (FaMAF – UNC, Argentina)
Lianet Sepúlveda Torres (ICMC/USP, Brazil)
Lucelene Lopes (PUC/RS, Brazil)
Lucia Rino (UFSCar, Brazil)
Magali Sanches Duran (ICMC/USP, Brazil)
Marcelo Finger (IME/USP, Brazil)
Maria das Gracas Volpe Nunes (ICMC/USP, Brazil)
Marlo Souza (UFRGS, Brazil)
Nelson Neto (UFPA, Brazil)
Palmira Marrafa (University of Lisbon, Portugal)
Paloma Moreda (University of Alicante, Spain)
Renata Vieira (PUC/RS, Brazil)
Rodrigo Wilkens (UFRGS, Brazil)
Ronaldo Martins (Univas, Brazil)
Rove Chishman (UNISINOS, Brazil)
Sara Candeias (University of Coimbra, Portugal)
Sérgio Antônio Andrade de Freitas (UnB, Brazil)
Stella Tagnin (FFLCH/USP, Brazil)
Ted Pedersen (University of Minnesota, USA)
Thiago A. S. Pardo (ICMC/USP, Brazil)
Vera Lucia Strube de Lima (PUC/RS, Brazil)
Vládia Pinheiro (UNIFOR, Brazil)

Wilker Aziz (University of Wolverhampton, UK)

Additional Reviewers

Arnaldo Candido Junior (ICMC/USP, Brazil)
Bento Dias da Silva (UNESP, Brazil)
Carmen Dayrell (COMET/USP, Brazil)
Christopher Shulby (ICMC/USP, Brazil)
Daniel Lucrédio (UFSCar, Brazil)
Erick Maziero (ICMC/USP, Brazil)
Heloisa Camargo (UFSCar, Brazil)
Leandro Mendonça de Oliveira (EMBRAPA, Brazil)
Lucia Specia (University of Sheffield, UK)
Maria Jorge (USP, Brazil)
Marilde Santos (UFSCar, Brazil)
Márcio Dias (UFG, Brazil)
Norton Roman (EACH/USP, Brazil)
Osvaldo de Oliveira Jr. (IFSC/USP, Brazil)
Paula Cardoso (ICMC/USP, Brazil)
Paulo Schreiner (UFRGS, Brazil)
Pedro Balage Filho (ICMC/USP, Brazil)
Renata Fortes (ICMC/USP, Brazil)
Roger Granada (PUC/RS, Brazil)
Roseli Francelin Romero (ICMC/USP, Brazil)
Sandra Maria Aluísio (ICMC/USP, Brazil)
Valéria Delisandra Feltrim (UEM, Brazil)

Brazilian Special Interest Group on Natural Language Processing

Thiago A. S. Pardo, Universidade de São Paulo, USP/São Carlos
Aline Villavicencio, Universidade Federal do Rio Grande do Sul - UFRGS
Helena M. Caseli, Universidade Federal de São Carlos – UFSCar
Sandra Maria Aluísio, Universidade de São Paulo, USP/São Carlos
Ariani Di Felippo, Universidade Federal de São Carlos – UFSCar

AgreeCalc: Uma Ferramenta para Análise da Concordância entre Múltiplos Anotadores

Alexandre Rossi Alvares[1], Norton Trevisan Roman[1]

[1]Escola de Artes, Ciências e Humanidades – Universidade de São Paulo (USP)
São Paulo, SP – Brazil

{alexandre.alvares,norton}@usp.br

Abstract. *In this paper we describe the prototype of a graphical tool – AgreeCalc – designed for the automatic calculation of agreement between multiple annotators, with no need for advanced knowledge by the user on the implemented coefficients of agreement. Although being attractive for the implemented coefficients, AgreeCalc also allows for (i) the application of filters on the data used to calculate them; (ii) the identification of the annotator pairs with the highest and lowest agreement (along with their mean); and (iii) the construction of a gold standard, with the opinion of the majority of annotators.*

Resumo. *Neste artigo descrevemos o protótipo de uma ferramenta gráfica – AgreeCalc – projetada para o cálculo automático do grau de concordância entre múltiplos anotadores, sem a necessidade de conhecimentos avançados do usuário sobre os coeficientes de concordância nele implementados. Ainda que seu maior atrativo seja o conjunto de coeficientes implementados, o AgreeCalc também permite (i) a aplicação de filtros aos dados usados para o cálculo desses coeficientes; (ii) a identificação do par de anotadores com maior e menor concordância (além da média); e (iii) a criação de um* gold standard, *com a opinião da maioria dos anotadores.*

1. Introdução

Nos últimos tempos, boa parte da pesquisa realizada em Linguística Computacional tem sido feita através do uso de *corpora*, com a finalidade de, por exemplo, observar e propor hipóteses, otimizá-las e por fim avaliá-las [Mitkov et al. 1999], ou mesmo aplicar alguma técnica de aprendizado de máquina para o modelamento de fenômenos linguísticos [Pustejovsky and Stubbs 2012]. Tais *corpora*, contudo, para que sejam úteis, devem receber um tratamento inicial, na forma de metadados que forneçam alguma informação sobre o fenômeno de interesse, ou seja, devem ser anotados [Pustejovsky and Stubbs 2012]. Por tratar-se de um processo de interpretação por parte de seus executores [Grouin et al. 2011], tais anotações invariavelmente apresentam diferenças, diferenças estas que devem ser quantificadas, para que seu efeito possa então ser avaliado.

Uma forma de quantificar as diferenças encontradas é medir o grau de concordância entre os anotadores, ou seja, a medida na qual anotadores diferentes atribuem o mesmo rótulo à mesma porção do texto anotado, determinando assim a consistência da anotação entre eles [Grouin et al. 2011]. A ideia por trás dessa medida é a de que nossa confiança na qualidade dos dados aumenta quanto maior for o número de pessoas concordando com sua classificação [Craggs and Wood 2005]. Mais do que isso, uma alta concordância também permite inferir que os anotadores de fato obtiveram um entendimento comum sobre as diretrizes do esquema usado para a anotação [Artstein and Poesio 2008]. Assim, essa concordância, usada como medida da confiabilidade tanto do esquema de anotação quanto dos dados produzidos, torna-se um pré-requisito para a demonstração da validade desse esquema [Artstein and Poesio 2008].

Considerando a importância atribuída à concordância entre anotadores, não é de se espantar que haja um número razoável de maneiras diferentes de quantificá-la, indo desde cálculos mais simples, como a fração das anotações em que os anotadores concordam (*e.g.* [Petasis 2012]), até coeficientes mais elaborados, como o κ de Cohen [Cohen 1960] e o α de Krippendorff [Krippendorff 2004]. De fato, ainda hoje há um grande debate acerca de quão apropriados esses índices são (*e.g.* [Geertzen and Bunt 2006, Artstein and Poesio 2008, Bayerl and Paul 2011]), com experimentos sendo feitos com os mais diferentes índices (*e.g.* [Grouin et al. 2011, Mathet et al. 2012, Fort et al. 2012]), e padrões defendidos para serem então refutados (*e.g.* [Carletta 1996, Eugenio and Glass 2004]), sendo que um consenso ainda parece estar longe de ser obtido.

Essa indefinição no que tange à adoção de um padrão, por sua vez, apresenta a indesejável consequência de que pesquisas diferentes reportam resultados usando índices diferentes, dificultando assim a comparação entre elas. Para se ter uma ideia da magnitude desse problema, em uma pesquisa compreendendo publicações em apenas três domínios da linguística computacional (transcrições prosódicas, fonéticas e desambiguação por extração do sentido da palavra[1]), foi encontrado que 56,1% dos índices reportados tratavam-se de porcentagem de concordância, 39,3% referiam-se ao κ (em alguma de suas várias versões), enquanto que 4,6% correspondiam a outros índices, como o α de Krippendorff, precisão, cobertura e medida-F[2], dentre outros [Bayerl and Paul 2011]. Além disso, foram também contabilizados um total de 972 índices de concordância nos 326 estudos analisados, levando a uma média de quase três índices diferentes reportados em cada estudo.

De fato, o relato de mais de um índice de concordância parece ser a estratégia atualmente adotada por muitos pesquisadores na área da Linguística Computacional (*e.g.* [Petasis 2012, Fort et al. 2012]). Naturalmente, isso implica o cálculo desses índices – algo nem sempre fácil de executar. Ainda que alguns deles estejam disponíveis em muitas ferramentas para anotação de *corpora* de uso geral (*e.g.* [Apostolova et al. 2010, Verhagen 2010, Petasis 2012]), pesquisadores na área encontram dificuldades em que (i) não necessariamente têm suas necessidades satisfeitas por uma dessas ferramentas, devendo assim construir seu próprio sistema e, consequentemente, seu próprio módulo para cálculo dos índices de concordância desejados; e (ii) a maioria das ferramentas existentes parece fornecer não mais que dois índices (*e.g.* [Müller and Strube 2006, Petasis 2012, Bontcheva et al. 2013]), reduzindo assim a chance de comparação com outros estudos, caso esses optem por índices diferentes.

Diante desse cenário, seria interessante haver uma ferramenta dedicada ao cálculo

[1]Word-sense disambiguation.

[2]Precision, recall e F-measure.

dos índices de concordância mais comumente usados, a partir de anotações fornecidas a ela. Dessa forma, bastaria que as anotações obedecessem ao formato aceito pela ferramenta para o pesquisador obter os resultados da concordância entre anotadores, conforme os índices de sua escolha. Neste artigo descrevemos o protótipo de uma ferramenta gráfica – AgreeCalc – projetada para esse fim, ou seja, dar ao pesquisador acesso aos índices de concordância mais comuns. Mais do que permitir ao pesquisador a escolha do índice mais apropriado, dentre uma lista de quatro até agora implementados, a ferramenta também permite o cálculo desses índices usando subconjuntos dos dados fornecidos, dando assim uma maior liberdade de exploração desses dados. Distribuída sob a GPL, essa ferramenta está disponível no endereço http://www.each.usp.br/norton/resdial/.

O restante desse trabalho está organizado como segue. A Seção 2 descreve algumas das atuais ferramentas que fornecem módulos para cálculo de coeficientes de concordância, comparando-as ao AgreeCalc. Na Seção 3 o sistema é descrito em maiores detalhes, sendo os resultados discutidos na Seção 4. Por fim, na Seção 5 são apresentadas as conclusões a esse trabalho, bem como futuras melhorias a serem implementadas no sistema.

2. Trabalhos Relacionados

Ferramentas ligadas à anotação de *corpora* são relativamente comuns no meio da Linguística Computacional, especialmente aquelas projetadas para uso geral, em que o pesquisador define seu próprio esquema de anotação, deixando a cargo da ferramenta a elaboração de uma interface gráfica que implemente esse esquema (*e.g.* [Müller and Strube 2006, Bontcheva et al. 2013]). Nesse cenário, cabe ao anotador final, por sua vez, o uso dessa interface para fazer a marcação do texto-alvo. Dadas essas características, é de se esperar que algumas dessas ferramentas apresentem algum módulo de suporte à análise da concordância entre múltiplos anotadores. Estas, contudo, ainda que bastante úteis, em geral apresentam de um a dois índices diferentes, limitando assim a escolha de seus usuários.

A questão, no entanto, não é somente a quantidade de índices apresentados, mas também sua escolha. Por exemplo, no MMAX2 [Müller and Strube 2006] é usado tanto o κ (*cf.* [Cohen 1960]) quanto uma medida estatística definida em [Vilain et al. 1995]. GATE Teamware [Bontcheva et al. 2013], por outro lado, fornece valores tanto para o κ quanto para a medida-F (*cf.* [Hripcsak and Rothschild 2005]). Implementado como um componente da plataforma Ellogon [Petasis et al. 2002], outro sistema disponível – SYNC3 [Petasis 2012] – herda as funcionalidades dessa plataforma, inclusive seu módulo para cálculo da concordância entre anotadores. Nesse caso, os índices fornecidos pelo SYNC3 são κ e porcentagem de concordância. Por fim, há também o Djangology [Apostolova et al. 2010], que apresenta os valores de precisão, cobertura e medida-F.

Essa disjunção no conjunto de índices fornecidos pelas ferramentas, sem mencionar a inexistência de índices cuja adoção foi aconselhada (*cf.* [Artstein and Poesio 2008]), como o α de Krippendorff [Krippendorff 2004], por exemplo, dificulta em muito a comparação dos resultados de diferentes pesquisas. Nesse ponto, o sistema aqui descrito busca amenizar esse problema apresentando quatro dos principais índices, a saber, κ de Cohen, κ de Fleiss [Davies and Fleiss 1982], α de Krippendorff e porcentagem de concordância (a serem tratados separadamente na

Seção 3). Ao fazer isso, o AgreeCalc permite que pesquisas possam ser comparadas aos resultados gerados pela maioria das ferramentas disponíveis, ainda que não cubra precisão, cobertura e medida-F, ou seja, as medidas de concordância emprestadas do campo da recuperação de informação.

Por fim, na ausência do índice pretendido nas ferramentas disponíveis, ou mesmo na impossibilidade do uso dessas ferramentas, resta ao pesquisador o uso de pacotes estatísticos, como o R[3], que contém funções implementando esses coeficientes. O uso desse tipo de sistema, contudo, implica não somente a formatação dos dados (*i.e.* das anotações por múltiplos anotadores) de forma aceitável pelo R, mas também o conhecimento, por parte do pesquisador, de como cada uma dessas funções deve ser usada. Conforme será visto no que segue, o AgreeCalc aproveita essas definições, usando o R como seu motor para cálculo de concordância, unindo assim o poder que esse pacote fornece, com a simplicidade de uma interface gráfica em que tudo que o pesquisador deve fazer é escolher qual índice usar.

3. Descrição do Sistema

Tomando como entrada anotações feitas em um *corpus*, codificadas como descrito em [Roman 2012], o AgreeCalc apresenta ao pesquisador uma interface gráfica para avaliação de esquemas de anotação, sem exigir deste um conhecimento profundo acerca dos cálculos envolvidos. Para tal, e usando do fato de ter sido desenvolvido em Java, o sistema faz uso das bibliotecas *irr*[4] e *RCaller*[5] para comunicação com o pacote estatístico R, pacote este usado para os cálculos de concordância. Dessa forma, o AgreeCalc une as funcionalidades presentes no R a uma interface em que os detalhes do uso de cada coeficiente tornam-se transparentes ao pesquisador.

Tão logo inicia a ferramenta, o pesquisador visualiza uma tela, em que deve indicar um diretório contendo as demarcações feitas pelos anotadores, codificadas conforme o padrão aceito. Após realizada a validação dos arquivos ali contidos, o AgreeCalc exibe sua tela principal, em forma de abas (Figura 1)[6]. Na primeira aba, o pesquisador tem acesso a uma breve descrição do *corpus* selecionado, contendo o nome do esquema de anotação, sua localização em disco, e o nome do *corpus* de origem, sobre o qual o esquema foi aplicado. Além disso, também são apresentados o total de unidades e documentos presentes no *corpus*, bem como o número de anotadores.

Na segunda aba, por sua vez, o pesquisador pode determinar quais anotadores farão parte do cálculo de concordância (Figura 2). Para tal, uma lista dos anotadores disponíveis é mostrada à direita, enquanto que à esquerda situa-se a lista daqueles excluídos pelo pesquisador. Dessa forma, é possível ao pesquisador limitar seu campo de avaliação. Ao clicar em *Aplicar Mudanças*, o AgreeCalc filtrará os documentos a serem usados para os cálculos de concordância levando em conta apenas os anotadores selecionados.

Na sequência, na aba *Documentos* (Figura 3) o pesquisador pode refinar mais os dados, selecionando os documentos que serão levados em conta quando do cálculo da

[3]http://www.r-project.org/
[4]http://cran.r-project.org/web/packages/irr/irr.pdf
[5]https://code.google.com/p/rcaller/
[6]As figuras correspondem a telas do programa, editadas por questões de espaço.

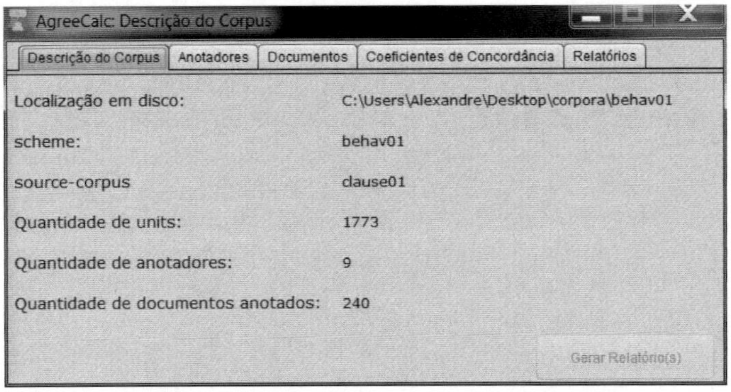

Figura 1. Tela principal da ferramenta.

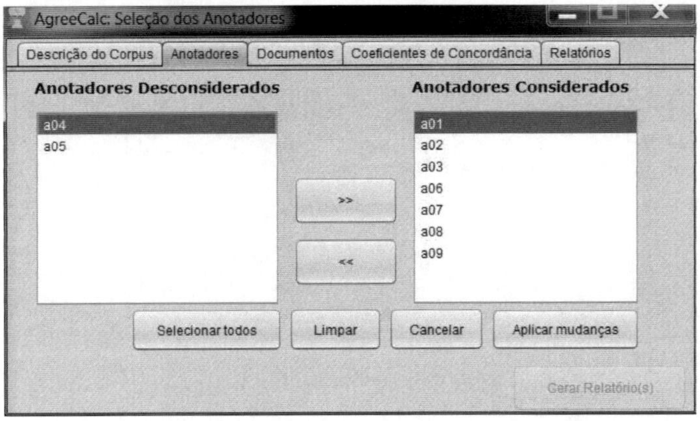

Figura 2. Definição do sub-conjunto de anotadores.

concordância (por padrão, todos os documentos já estão selecionados). Também aqui, ao clicar em *Aplicar Mudanças*, o AgreeCalc irá filtrar novamente os dados para o cálculo dos coeficientes de concordância, levando em conta tanto o subconjunto de dados quanto o de anotadores selecionados. Vale salientar, contudo, que um documento refere-se, de fato, a um texto completo, e não a uma unidade de anotação (*i.e.* a unidade mínima à qual é aplicada uma anotação). Em sua versão atual, o AgreeCalc permite a exclusão apenas de documentos inteiros, caso em que estes são retirados do cálculo para todos os anotadores envolvidos (selecionados na etapa anterior, conforme ilustrada na Figura 2).

A aba seguinte, por sua vez, apresenta ao pesquisador a lista dos coeficientes de concordância implementados (Figura 4). Nesse ponto, vale frisar que, a depender do número de anotadores selecionados para o estudo, alguns dos coeficientes podem não estar disponíveis (por limitações nos próprios coeficientes), como é o caso do κ de Cohen com mais de dois anotadores (ilustrado na figura). Outra funcionalidade útil da ferramenta é o cálculo da concordância entre pares de anotadores. Caso escolha essa opção, o sistema irá calcular o valor dos coeficientes selecionados para toda permutação dos anotadores escolhidos, tomados de dois em dois. Como resultado, a ferramenta apresentará, para cada índice, o par com a menor e a maior concordância, dando também a concordância média entre os pares.

No que diz respeito aos coeficientes implementados, a atual versão do AgreeCalc

Figura 3. Definição do sub-conjunto de documentos.

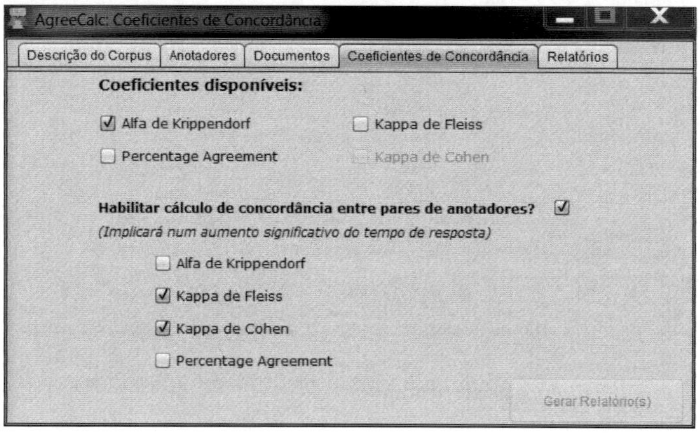

Figura 4. Definição dos coeficientes de concordância.

contempla os seguintes[7]:

- α *de Krippendorf*: Sem restrição quanto ao número de anotadores, e corrigindo os cálculos em relação ao esperado aleatoriamente, o α varia de 0 a 1, em que 0 indica a ausência de confiabilidade e 1 concordância perfeita [Krippendorff 2004] (valores negativos também são possíveis, devido a erros de amostragem ou discordância sistemática). Nesse sistema, o α é usado em sua versão nominal.
- κ *de Cohen*: Limitado a apenas dois anotadores [Cohen 1960], e corrigindo os cálculos em relação ao esperado aleatoriamente, também o κ varia de 0 a 1 (com a mesma interpretação do α).
- κ *de Fleiss*: Generalização do κ de Cohen para mais de dois anotadores [Artstein and Poesio 2008].
- *Porcentagem de Concordância*: Maneira mais simples de determinar a concordância entre anotadores, é calculada como a fração das classificações nas quais os anotadores concordam sobre a mesma unidade. Sofre, contudo, por não levar em conta o valor da concordância esperada aleatoriamente [Artstein and Poesio 2008].

[7]Para uma comparação detalhada dos índices consulte [Artstein and Poesio 2008].

Por fim, na aba *Relatórios* o usuário escolhe o formato em que os coeficientes calculados estarão apresentados, exportando o documento como HTML, XML ou PDF (Figura 5). Além disso, o pesquisador tem a possibilidade de obter dois conjuntos de dados extras, que nada mais são que documentos de anotação contendo, para cada unidade do corpus, respectivamente, a classificação mais popular entre os anotadores (moda), ou seja, a categoria mais frequentemente associada a cada unidade, independentemente de número mínimo de anotadores; ou a classificação atribuída pela sua maioria absoluta (ou seja, acima de 50%), caso em que unidades onde não se atingiu uma maioria permanecem como não anotadas. Tais anotações aparecem também codificadas como as demais, segundo o padrão definido em [Roman 2012]. Com isso, o pesquisador não somente tem os resultados numéricos dos índices de concordância, mas também um *gold standard*, construído conforme uma dessas duas métricas, que pode ser usado para pesquisas futuras.

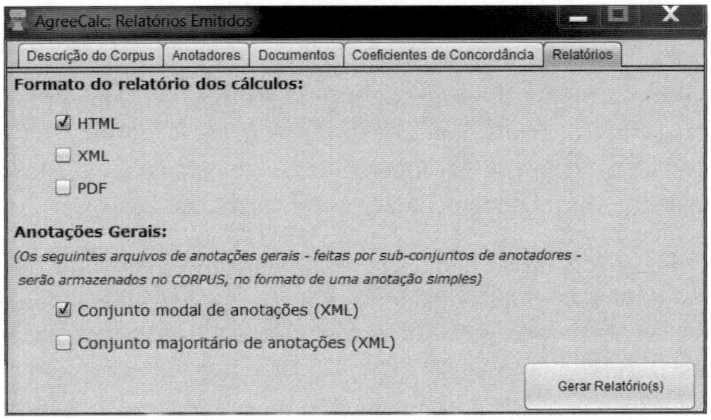

Figura 5. Definição dos relatórios a serem gerados.

4. Discussão

Em sua atual versão, o AgreeCalc permite não somente o cálculo de quatro dos mais populares coeficientes de concordância (*cf.* [Bayerl and Paul 2011]), mas também, semelhante ao sistema apresentado em [Ogren 2006], a aplicação de filtros aos dados a serem usados para esse cálculo. Esses filtros, por sua vez, são definidos mediante a seleção tanto dos anotadores quanto dos documentos que serão usados no cálculo, seleção esta feita de uma maneira bastante direta, conforme visto, através de uma interface gráfica. Assim, a ferramenta apresenta ao pesquisador um modo direto de identificar porções do *corpus* (ou mesmo subconjuntos de anotadores) em que a concordância é demasiado alta ou baixa, permitindo um estudo mais aprofundado acerca das razões para esse comportamento.

Além disso, o fato do sistema fornecer, juntamente com os valores gerais dos coeficientes, a maior e menor concordância obtida por pares, além da concordância média, permite não apenas um melhor entendimento da variabilidade de cada coeficiente, mas também a comparação com pesquisas que reportam algum desses valores (*e.g.* [Gut and Bayerl 2004]). Presente em alguns sistemas de anotação para uso geral (*e.g.* [Ogren 2006]), a construção de um *gold standard*, contendo a classificação de cada unidade pela maioria dos anotadores (ou alternativamente, a atribuição da classificação mais comum), também é de grande utilidade em casos onde o pesquisador pretenda usar esses resultados para outros fins, como o aprendizado de máquina, por exemplo.

Ainda que bastante útil em sua versão atual, vale ressaltar que um dos principais limitantes do AgreeCalc reside no fato de tratar apenas de classificações com categorias nominais, limitante este compartilhado pelos coeficientes nele implementados. Para o futuro, está em estudo a extensão da ferramenta para outras formas de classificação. Por fim, vale ressaltar que a ferramenta foi testada em um *corpus* de anotações feitas por nove anotadores, responsáveis pela classificação de 1773 unidades, contidas em 240 documentos (consulte [Roman and Carvalho 2010] para mais detalhes). Os resultados obtidos pelo sistema foram idênticos aos obtidos manualmente, aumentando assim a confiança na sua implementação.

5. Conclusão

Neste artigo foi apresentado o AgreeCalc – uma ferramenta desenvolvida para o cálculo automático do grau de concordância entre múltiplos anotadores de um *corpus*, sem a necessidade de conhecimentos avançados do usuário sobre os coeficientes nele implementados. Ainda que seu maior atrativo resida no conjunto de coeficientes apresentados, o AgreeCalc também oferece como vantagem a filtragem dos dados a serem usados para o cálculo desses coeficientes. Essa filtragem, por sua vez, se dá na forma da seleção de quais anotadores e documentos deverão fazer parte desse cálculo.

Juntamente com os valores dos coeficientes de concordância, o AgreeCalc permite o cálculo desses coeficientes par a par, possibilitando, dentre outras coisas, a identificação de comportamentos erráticos por parte dos anotadores. Além disso, a ferramenta apresenta também a possibilidade de criação de um *gold standard*, em que o corpus é anotado ou com a classificação atribuída pela maioria dos anotadores, ou com a mais comumente usada por eles. Tal documento, por sua vez, pode ser usado em outras aplicações, como aprendizado de máquina, por exemplo.

Como trabalhos futuros, pretende-se a inclusão de mais coeficientes de concordância, como o π de Scott (*cf.* [Artstein and Poesio 2008]), por exemplo. Além disso, futuras versões contarão também, a exemplo do que acontece com o MMAX2 [Müller and Strube 2006], com a apresentação de matrizes de confusão, bem como outras tabelas mais detalhadas. Também está em estudo a inserção de uma metodologia de cálculo de concordância para anotações com categorias hierarquicamente estruturadas, ou seja, anotações em que uma determinada categoria depende da escolha feita pelo anotador em outra (*cf.* [Geertzen and Bunt 2006]). Por fim, vale ressaltar que o AgreeCalc está disponível à comunidade acadêmica sob a GPL (GNU Public License), no endereço http://www.each.usp.br/norton/resdial/.

Agradecimentos

Esta pesquisa contou com o apoio do Programa de Educação Tutorial (PET) – MEC/SESu.

Referências

Apostolova, E., Neilan, S., An, G., Tomuro, N., and Lytinen, S. (2010). Djangology: A light-weight web-based tool for distributed collaborative text annotation. In *Proceedings of the Seventh International Conference on Language Resources and Evaluation (LREC'10)*, Valletta, Malta. European Language Resources Association (ELRA).

Artstein, R. and Poesio, M. (2008). Inter-coder agreement for computational linguistics. *Computational Linguistics*, 34(4):555–596.

Bayerl, P. S. and Paul, K. I. (2011). What determines inter-coder agreement in manual annotations? a meta-analytic investigation. *Computational Linguistics*, 37(4):699–725.

Bontcheva, K., Cunningham, H., Roberts, I., Roberts, A., Tablan, V., Aswani, N., and Gorrell, G. (2013). Gate teamware: a web-based, collaborative text annotation framework. *Language Resources and Evaluation*, pages 1–23.

Carletta, J. (1996). Assessing agreement on classification tasks: The kappa statistic. *Computational Linguistics*, 22(2):249–254.

Cohen, J. (1960). A coefficient of agreement for nominal scales. *Education and Psychological Measurement*, 20(1):37–46.

Craggs, R. and Wood, M. M. (2005). Evaluating discourse and dialogue coding schemes. *Computational Linguistics*, 31(3):289–296.

Davies, M. and Fleiss, J. L. (1982). Measuring agreement for multinomial data. *Biometrics*, 38(4):1047–1051.

Eugenio, B. D. and Glass, M. (2004). The kappa statistic: A second look. *Computational linguistics*, 30(1):95–101.

Fort, K., François, C., Galibert, O., and Ghribi, M. (2012). Analyzing the impact of prevalence on the evaluation of a manual annotation campaign. In *Proceedings of the Eighth International Conference on Language Resources and Evaluation (LREC-2012)*, pages 224–230, Istanbul, Turkey. European Language Resources Association (ELRA). ACL Anthology Identifier: L12-1233.

Geertzen, J. and Bunt, H. (2006). Measuring annotator agreement in a complex hierarchical dialogue act annotation scheme. In *Proceedings of the 7th SIGdial Workshop on Discourse and Dialogue*, pages 126–133, Sydney, Australia. Association for Computational Linguistics.

Grouin, C., Rosset, S., Zweigenbaum, P., Fort, K., Galibert, O., and Quintard, L. (2011). Proposal for an extension of traditional named entities: From guidelines to evaluation, an overview. In *Proceedings of the Fifth Linguistic Annotation Workshop (LAW V)*, pages 92—100, Portland, Oregon, USA.

Gut, U. and Bayerl, P. S. (2004). Measuring the reliability of manual annotations of speech corpora. In *Proceedings of the Second International Conference for Speech Prosody 2004 (SP2004)*, Nara, Japan. Poster.

Hripcsak, G. and Rothschild, A. S. (2005). Agreement, the f-measure, and reliability in information retrieval. *Journal of the American Medical Informatics Associati*, 12(3):296–298.

Krippendorff, K. (2004). *Content Analysis: An Introduction to its Methodology*. SAGE, 2nd edition.

Mathet, Y., Widlöcher, A., Fort, K., François, C., Galibert, O., Grouin, C., Kahn, J., Rosset, S., Zweigenbaum, P., and Zweigenbaum, P. (2012). Manual corpus annotation:

Giving meaning to the evaluation metrics. In *Proceedings of the 24th International Conference on Computational Linguistics (COLING 2012): Posters*, pages 809–818, Mumbai, India. The COLING 2012 Organizing Committee.

Mitkov, R., Orasan, C., and Evans, R. (1999). The importance of annotated corpora for nlp: the cases of anaphora resolution and clause splitting. In *Proceeding of "Corpora and NLP: Reflecting on Methodology Workshop", TALN'99*, pages 60 – 69, Cargese, Corse.

Müller, C. and Strube, M. (2006). Multi-level annotation of linguistic data with MMAX2. In Braun, S., Kohn, K., and Mukherjee, J., editors, *Corpus Technology and Language Pedagogy: New Resources, New Tools, New Methods*, pages 197–214. Peter Lang, Frankfurt a.M., Germany.

Ogren, P. V. (2006). Knowtator: A protégé plug-in for annotated corpus construction. In *Proceedings of the 2006 Conference of the North American Chapter of the Association for Computational Linguistics on Human Language Technology (NAACL 2006)*, volume companion volume: demonstrations, pages 273–275, New York, USA.

Petasis, G. (2012). The sync3 collaborative annotation tool. In *Proceedings of the Eighth International Conference on Language Resources and Evaluation (LREC-2012)*, pages 363–370, Istanbul, Turkey. European Language Resources Association (ELRA). ISBN 978-2-9517408-7-7.

Petasis, G., Karkaletsis, V., Paliouras, G., Androutsopoulos, I., and Spyropoulos, C. D. (2002). Ellogon: A new text engineering platform. In *In Proceedings of the 3rd International Conference on Language Resources and Evaluation (LREC 2002)*, pages 72–78, Las Palmas, Canary Islands, Spain. European Language Resources Association.

Pustejovsky, J. and Stubbs, A. (2012). *Natural Language Annotation for Machine Learning*. O'Reilly Media, 1 edition. ISBN: 978-1-4493-0666-3.

Roman, N. T. (2012). Resdial – descrição da codificação (v.1.0). Technical Report 001/2012, PPgSI-EACH-USP, São Paulo, SP – Brazil.

Roman, N. T. and Carvalho, A. M. B. R. (2010). A multi-dimensional annotation scheme for behaviour in dialogues. In *Proceedings of the 12th Ibero-American Conference on Artificial Intelligence (IBERAMIA 2010)*, volume 6433 of *Advances in Artificial Intelligence*, pages 386–395, Bahía Blanca, Argentina. Springer. ISBN: 978-3-642-16951-9.

Verhagen, M. (2010). The brandeis annotation tool. In *Proceedings of the Seventh International Conference on Language Resources and Evaluation (LREC'10)*, pages 3638–3643, Valletta, Malta.

Vilain, M., Burger, J., Aberdeen, J., Connolly, D., and Hirschman, L. (1995). A model-theoretic coreference scoring scheme. In *Proceedings of the 6th Message Understanding Conference (MUC-6)*, pages 45–52, San Mateo, CA, USA. Morgan Kaufmann.

MetaAnn: Um Gerador de Ferramentas para Anotação de Textos

Tiago Emanuel Infante Missão[1], Norton Trevisan Roman[1]

[1]Escola de Artes, Ciências e Humanidades – Universidade de São Paulo (USP)
São Paulo, SP – Brazil

{tiago.missao,norton}@usp.br

Abstract. *With the growing use of corpora in the field of Computational Linguistics, so increases the need for tools that are able to annotate these corpora. These tools, however, are generally aimed at the application of very specific annotation schemes, so that different schemes require the development of specific tools. The use of general tools, on the other hand, brings in extra complexity that is undesirable for the task. In this paper, this subject is approached by introducing the prototype of a meta-tool for generating the Java source code of* ad hoc *annotation tools, thereby retaining the advantages of a general tool, but without the cost in complexity that it brings to the task.*

Resumo. *Com o crescimento do uso de corpora no campo da Linguística Computacional, aumenta também a necessidade de haver ferramentas capazes de anotar esses corpora. Essas ferramentas, no entanto, em geral são construídas para a aplicação de esquemas de anotação bem específicos, fazendo com que diferentes esquemas exijam o desenvolvimento de diferentes ferramentas. O uso de ferramentas gerais, por outro lado, traz consigo uma complexidade extra que não é desejável à tarefa. Nesse artigo, essa questão é abordada através da apresentação do protótipo de uma meta-ferramenta capaz de gerar código-fonte Java de ferramentas de anotação* ad hoc, *mantendo assim as vantagens de uma ferramenta geral, mas sem o custo em complexidade que esta traz à tarefa.*

1. Introdução

Parte importante da Linguística Computacional, a anotação de *corpora* ainda é feita de maneira bastante rudimentar, com uma profusão de ferramentas não raro projetadas para a aplicação de esquemas de anotação específicos (*e.g.* [Craggs and Wood 2004, Maeda et al. 2008, Varasai et al. 2008, Andreas et al. 2012]). Nesse cenário, se algum outro pesquisador desejar, por exemplo, aplicar seu próprio esquema de anotação a um determinado *corpus* de estudo, terá que construir sua própria ferramenta, ainda que esta seja bastante semelhante às ferramentas já existentes para esse mesmo *corpus*, mas que aplicam esquemas de anotação diferentes.

Essa necessidade, por sua vez, resulta em uma considerável quantia de tempo e recursos, tanto humanos quanto financeiros, sendo devotados à construção dessa ferramenta, tempo e recursos estes que poderiam muito bem ser empregados em outras áreas da pesquisa. Como alternativa, o pesquisador poderia, por exemplo, utilizar algum programa de anotação para uso geral (*e.g.* [O'Donnell 2008, Verhagen 2010]). Tal generalização, no entanto, vem ao preço de uma redução na facilidade de uso por parte do usuário final (*i.e.* o anotador), devido aos desvios de foco durante o processo de anotação propriamente dito (em que, por exemplo, o anotador deve tanto segmentar o texto quanto classificá-lo, como em [O'Donnell 2008], ou deve lidar com uma estrutura de camadas abstrata, como em [Verhagen 2010]), além da adaptação da nomenclatura utilizada, necessários para se adequar a ferramenta às necessidades específicas da tarefa.

Consequentemente, o uso de sistemas mais gerais acarreta um aumento da carga cognitiva necessária para a execução da tarefa, potencialmente restringindo seu uso a um público-alvo mais específico, possuidor de conhecimento técnico especializado, e dificultando assim experimentos que envolvam um público mais abrangente. Por outro lado, uma maneira de evitar esse efeito colateral seria passar essa carga ao pesquisador, fornecendo a este um *workbench* sobre o qual ele pode construir mais facilmente seu programa de anotação específico (*e.g.* [Day et al. 2004]). Dessa forma, em vez de uma ferramenta de uso geral, o anotador lidaria com uma ferramenta com menor carga cognitiva, desenvolvida pelo pesquisador.

Embora interessante, essa alternativa tem como desvantagem a necessidade de programação, ainda que de um subconjunto das atividades necessárias à tarefa de anotação, por parte do pesquisador (ou de algum associado), levando novamente ao dispêndio de recursos que poderiam ser melhor aplicados na pesquisa. O desejável, nesse caso, seria um meio de se construir rapidamente ferramentas destinadas a uma única tarefa de anotação, reduzindo assim tanto a complexidade de seu uso quanto o custo de sua produção. Uma maneira de se atingir esse objetivo seria, por exemplo, a construção de uma meta-ferramenta capaz de automaticamente gerar código-fonte de ferramentas de anotação mais simples. Dessa forma, para fazer uso de um novo esquema de anotação, bastaria o pesquisador definir seus detalhes na interface da meta-ferramenta, sem a necessidade de programação, portanto. Esta, por sua vez, produziria um programa de anotação para uso do esquema definido, programa este que poderia então ser usado por um público menos especializado.

Motivada por esses fatores, e projetada para ser usada por não especialistas, a ferramenta aqui descrita – MetaAnn – atinge esses objetivos ao (i) fornecer uma interface gráfica a partir da qual o pesquisador pode definir categorias a serem aplicadas na anotação de um determinado *corpus*, sem a necessidade de desenvolvimento de código; e (ii) gerar uma ferramenta, escrita em Java, de visual "limpo", de modo a não exigir de seus usuários (*i.e.* os anotadores do *corpus*) conhecimento além do necessário para a aplicação do esquema de anotação definido. Embora ainda em sua versão beta, a meta-ferramenta aqui descrita já foi testada na aplicação do esquema de anotação e *corpus* definidos em [Roman and Carvalho 2010] . Distribuída sob a GPL, essa ferramenta está disponível no endereço http://www.each.usp.br/norton/resdial/. Por fim, ainda que tenha sido primariamente testada no *corpus* em questão, nada impede que a ferramenta seja aplicada a outros conjuntos de dados, provido que estes conjuntos estejam codificados segundo o mesmo modelo.

O restante desse trabalho está organizado como segue. Na Seção 2 é feita uma descrição mais detalhada do sistema, bem como sua forma de uso, enquanto que alguns exemplos de saída são encontrados na Seção 3. Na Seção 4, por sua vez, é feita uma comparação entre o sistema aqui descrito e alguns já existentes, apontando as principais diferenças entre eles. Por fim, a Seção 5 apresenta as conclusões e futuras direções para este trabalho.

2. Descrição do Sistema

O MetaAnn parte do princípio de que o pesquisador já possui um *corpus* de textos codificado conforme o padrão definido em [Roman 2012], segmentado em unidades básicas de anotação[1]. Vale ressaltar que, para o sistema, basta que o *corpus* esteja segmentado conforme esse padrão, não importando o significado dessa segmentação (ou seja, se ela se dá no nível sintático, léxico, semântico ou discursivo). O padrão seguido, por sua vez, corresponde a uma série de *tags* XML a serem aplicadas tanto ao texto em sua forma bruta quanto à sua segmentação e posterior anotação. Ainda que não siga estritamente o padrão de representação LAF[2] (ISO TC37/SC4) [Ide and Romary 2006], o padrão usado pelo MetaAnn é facilmente mapeado a este, uma vez que segue os mesmos princípios, a saber[3]:

- Isolamento do texto em estado bruto (armazenado em XML), sendo que anotações a este são adicionadas de modo *stand-off*, ou seja, via documentos separados ligados a este texto bruto por informação contida em cabeçalhos dentro de cada documento;
- Separação dos formatos usados pelo texto bruto e anotação. Nesse caso, muito embora o MetaAnn use o mesmo formato para ambos, nada impede que futuras versões criem ferramentas que sigam formatos diferentes para a anotação; e
- Separação da estrutura e conteúdo no texto bruto, ou seja, apenas cabeçalhos podem ser associados a ele, além de que deve haver a existência de um documento que defina a segmentação desse texto (*i.e.* suas unidades básicas de anotação).

Dentro do MetaAnn, esquemas de anotação são definidos como uma série de categorias a serem aplicadas a cada unidade básica de anotação do *corpus* de estudo. Assim, para definir um esquema de anotação, o pesquisador deve definir cada uma dessas categorias e seus respectivos valores. Para tal, ele deve acionar o botão *Adicionar* na interface principal do MetaAnn (Figura 1), visualizando então a interface para definição de uma categoria específica (Figura 2). Dentro da interface principal, também é possível ao pesquisador editar e remover as categorias já definidas, além de visualizar informações sobre alguma categoria de sua escolha. Na atual versão do MetaAnn, são apresentados o tipo da categoria (visto mais adiante), seu identificador e lista de opções, quando cabível.

Cada categoria, por sua vez, é tida como pertencendo a um de três tipos diferentes, a saber, Opções Mutuamente Exclusivas, Lista Simples e Texto Livre, que definem quais elementos gráficos serão incluídos na interface da ferramenta de anotação gerada, além de seu comportamento nessa interface. Nesse caso, o primeiro tipo (Opções Mutuamente Exclusivas) é usado quando ao anotador deve ser dada apenas uma opção de classificação, escolhida a partir de uma lista pré-definida, sendo a categoria então codificada como uma *combo box*. O segundo tipo, Lista Simples, oferece ao usuário uma maior flexibilidade, não restringindo-o apenas a uma escolha, porém ainda limitando as possíveis escolhas

[1]Essa segmentação pode ser feita através de uma ferramenta descrita em [Rodrigues et al. 2012], que segue o mesmo padrão de codificação descrito em [Roman 2012], potencialmente livrando o pesquisador da tarefa de desenvolver uma ferramenta assim.

[2]*Linguistic Annotation Framework.*

[3]Consulte [Roman 2012] para maiores detalhes e exemplos do padrão de codificação seguido.

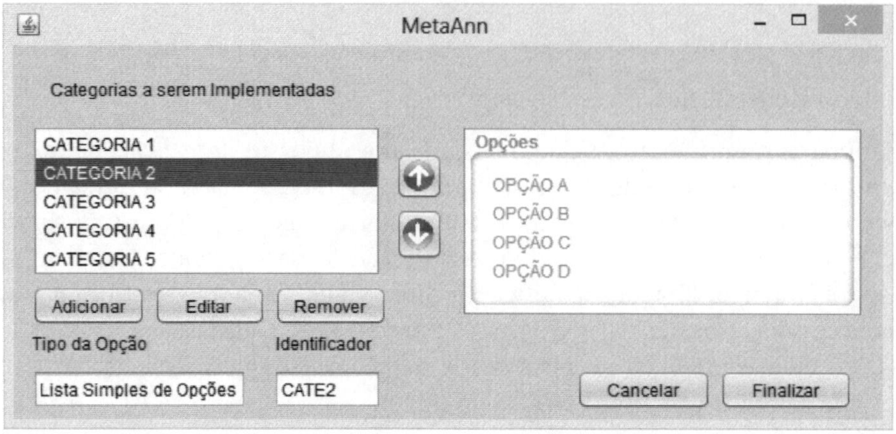

Figura 1. Interface principal do MetaAnn.

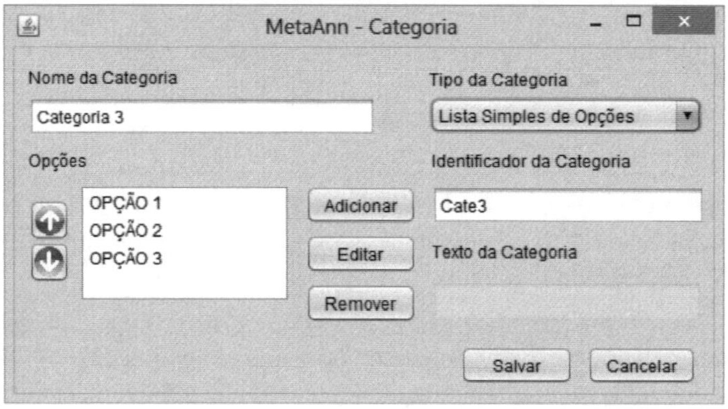

Figura 2. Definição de uma categoria no MetaAnn.

a uma lista pré-definida. Dessa forma, também aqui o elemento gráfico escolhido foi uma *combo box*, porém com a possibilidade de inclusão de múltiplos valores. Por fim, um Texto Livre significa que o anotador deve ter total liberdade para se expressar, sendo então caracterizada por uma *textbox* simples.

Além de definir o tipo ao qual a categoria registrada pertence, o pesquisador também deve fornecer um nome a essa categoria, nome este que constará da interface do programa gerado pelo MetaAnn. De modo a evitar confusões, cada categoria deve possuir um nome distinto das demais registradas. Definido o nome da categoria, o pesquisador deve também criar um identificador único para ela. Tal identificador será usado no código-fonte (Java) em todos os elementos referentes a essa categoria, possibilitando a fácil identificação, dentro do código-fonte, dos elementos envolvidos no funcionamento de cada categoria. Dessa forma, muito embora não seja exigida a edição do código-fonte da ferramenta de anotação, por parte do pesquisador, ela pode ser feita de maneira mais fácil, caso este a julgue necessária.

Caso a categoria a ser definida dependa de uma lista de opções pré-existentes (ou seja, pertença aos tipos Opções Mutualmente Exclusivas ou Lista Simples), o pesquisador deve adicioná-las, uma a uma, através do botão *Adicionar* na Figura 2. Uma janela com um campo textual aparecerá (Figura 3), no qual o pesquisador pode incluir o texto que será mostrado ao anotador na ferramenta. Esse texto, por sua vez, será repetido no XML resultante da anotação (*i.e.* a saída da ferramenta de anotação), caso o anotador escolha esse valor para a categoria[4]. Se, por outro lado, a categoria definida for do tipo Texto Livre, então o pesquisador pode apenas fornecer um texto inicial a ela, em *Texto da Categoria* (este elemento está desabilitado para os demais tipos). Por fim, terminado o processo de especificação das categorias e opções relevantes, deve-se dar início ao processo de implementação da ferramenta desejada, acionando-se o botão *Finalizar* presente na Figura 1.

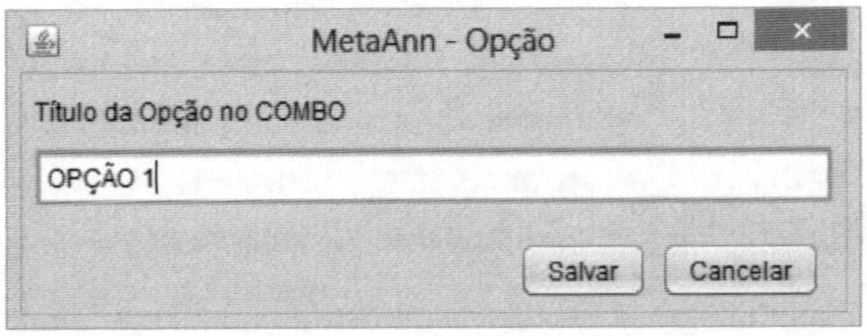

Figura 3. Definição de uma opção dentro de uma categoria.

3. Saída do Sistema

Ao finalizar o processo de definição do esquema de anotação no MetaAnn, o pesquisador terá, como resultado, quatro arquivos-fonte (em um diretório denominado *source*). O primeiro deles, *Arquivo.java*, tem como função controlar a entrada e saída da ferramenta de anotação gerada. O segundo, *Main.java*, tem como principal objetivo fornecer a interface gráfica do programa de anotação. Por fim, *PlainDocument.java* e *Document.java* existem como auxiliares, estabelecendo um canal de comunicação entre *Arquivo.java* e *Main.java*. Além desses arquivos, também é criado um arquivo *Main.jar*, para que possa ser rodado diretamente pelo anotador, bem como o diretório *corpus*, onde o pesquisador deverá disponibilizar o *corpus* a ser anotado e sua segmentação.

Para ilustrar, considere o sistema apresentado na Figura 4[5]. Semelhante ao sistema descrito em [Andreas et al. 2012], sua interface é dividida em contextualização, anotação e navegação[6]. Nesse caso, a parte superior da interface é dedicada à apresentação do corpus ao usuário – sua contextualização. Nela, o anotador tem acesso ao texto do documento em estado bruto, bem como ao identificador e texto da unidade a ser classificada (ou seja, que receberá a anotação). Na parte inferior da interface, por sua vez, o anotador tem acesso a alguns botões para navegação no *corpus*. Na ordem apresentada na figura, são estes: voltar ao início do corpus (<<), voltar à unidade de anotação anterior (<), ir à próxima unidade (>), e ir à última unidade do *corpus* (>>). Em seguida há um botão para que o anotador possa salvar o trabalho já feito (em arquivos segundo o padrão definido em [Roman 2012]), além de um campo em que o anotador pode digitar o identificador da unidade de anotação desejada, podendo então ir diretamente a ela. Por fim, há também um botão para deixar a ferramenta, caso em que todo o trabalho feito será também salvo.

---

[4]Para o futuro, essa etapa deverá permitir tanto a definição do texto para a interface do usuário quanto o texto usado como valor no arquivo XML.

[5]O exemplo apresentado na figura serve apenas para fins ilustrativos, correspondendo a um trecho da obra Dom Casmurro, de Machado de Assis.

[6]Ainda que contextualização e anotação apareçam juntas na interface descrita em [Andreas et al. 2012].

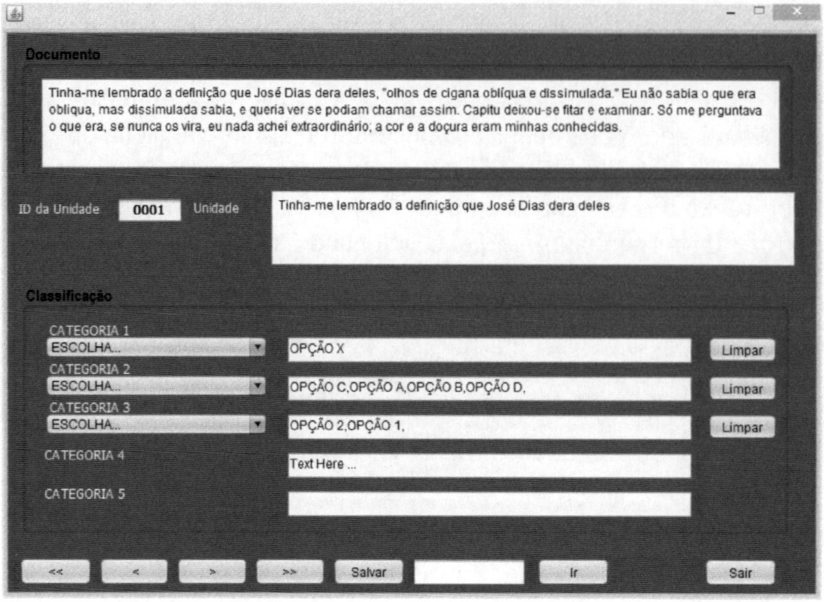

Figura 4. Exemplo de ferramenta gerada, com todos os tipos de categorias possíveis.

Por fim, a parte central da ferramenta é destinada à implementação do esquema de anotação em si, ou seja, a parte definida de acordo com a necessidade e interesse do pesquisador. No exemplo da Figura 4, ela é composta por uma categoria do tipo Opções Mutualmente Exclusivas, seguida por duas do tipo Lista Simples. As duas últimas categorias são do tipo Texto Livre (sendo que na primeira foi definido um texto inicial). Vale notar que, à exceção do texto livre, que é totalmente editável, as demais categorias possuem também um botão *Limpar*, para que o usuário possa remover a classificação já associada a essa categoria. Terminada a anotação, o programa gerará uma série de arquivos XML, contendo a classificação atribuída a cada documento do corpus, com um arquivo para cada documento, conforme definido em [Roman 2012]. Todos esses arquivos são armazenados em um diretório denominado *Annotations*.

4. Trabalhos Relacionados

Dos sistemas existentes para anotação de corpora que fornecem algum meio do pesquisador definir um esquema de anotação, talvez o que mais se aproxime do sistema aqui descrito seja o MMAX2 [Müller and Strube 2006]. Também escrito em Java, o MMAX2 toma por base um texto já segmentado em palavras, ao qual devem ser adicionadas anotações. Essas palavras, por sua vez, podem ser agrupadas em conjuntos contíguos, pelo pesquisador, para formar segmentos de anotação (que, na terminologia do MMAX2 seriam eles mesmos anotações ao *corpus*). A definição dos possíveis atributos e relações entre esses segmentos, feitas pelo pesquisador, constituem no MMAX2 um esquema de anotação, a ser aplicado por seus usuários finais (*i.e.* os anotadores).

Ainda que semelhante ao MetaAnn, o MMAX2 difere deste em que o mesmo sistema usado pelo pesquisador para criar um esquema de anotação é o usado pelo anotador final. Isso faz com que a definição de um esquema de anotação não seja algo tão trivial quanto cliques em uma interface, devendo ser feita por meio de um arquivo XML em separado. Além disso, toda e qualquer particularidade do esquema fica visível ao usuário final, ainda que por vezes isso não seja desejável (como quando busca-se de maneira indireta medir algum fenômeno). No caso do MetaAnn, além do pesquisador contar com uma interface gráfica para definição do esquema, este fica armazenado no código-fonte da ferramenta gerada, não permitindo acesso direto pelo anotador.

Da mesma forma que no MetaAnn, também no MMAX2 os atributos podem ser tanto do tipo texto livre quanto limitados aos valores de uma lista pré-determinada. A única diferença, contudo, é que no MMAX2 apenas um valor pode ser associado a cada unidade (ou seja, não há correspondente ao tipo Lista Simples do MetaAnn). Isso pode tornar-se um problema quando a unidade contiver mais de uma classificação plausível, de acordo com o esquema adotado, como é o caso de identificação textual de emoção (*e.g.* [Craggs and Wood 2004, Roman and Carvalho 2010]), em que uma mesma unidade pode conter a descrição de emoções distintas, às quais devem ser associados rótulos distintos. Nesse caso, o pesquisador teria que trabalhar com combinações de valores, aumentando assim o número de opções ao usuário, e potencialmente reduzindo a confiabilidade do resultado da anotação, conforme apontado em [Craggs and Wood 2004, Bayerl and Paul 2011].

Também desenvolvido em Java, outro sistema relacionado ao MetaAnn é o Callisto [Day et al. 2004]. Projetado para servir mais como um *workbench* que como uma ferramenta final, o Callisto permite a compilação e instalação de módulos para anotação, por meio de uma biblioteca de funcionalidades (denominadas "serviços de anotação"). Nesse caso, muito embora facilite o desenvolvimento de sistema de anotação *ad hoc*, o Callisto tem como grande desvantagem a necessidade de programação, por parte do pesquisador, do módulo responsável pela aplicação do esquema de anotação ao *corpus*. No MetaAnn isso é feito sem essa necessidade, ainda que, se desejar, o pesquisador possa modificar o código-fonte resultante.

Afastando-se da linha de sistemas desenvolvidos para rodar isoladamente em um computador, há aqueles projetados para uso, tanto por anotadores quanto por pesquisadores, via *web*. O primeiro deles, Brandeis Annotation Tool (BAT) [Verhagen 2010], modela cada tarefa de anotação como uma série de camadas, em que cada camada pode se referir a outras, sendo a primeira geralmente a segmentação do texto em estado bruto. Embora a ideia por trás desse enfoque seja de que, ao separar a tarefa em sub-tarefas (camadas), está-se de fato simplificando-a, a abstração necessária para tal pode gerar uma carga cognitiva extra no anotador, carga esta potencialmente danosa ao resultado geral da anotação. No MetaAnn, a anotação de segmentos de um texto consiste de uma etapa distinta das demais, executada pela ferramenta *ad hoc* gerada, fazendo assim com que o anotador esteja inteiramente focado na aplicação do esquema de anotação em si.

Semelhante ao MetaAnn, também no BAT o pesquisador pode definir a interface apresentada ao anotador, sendo que suas escolhas determinam os elementos gráficos da interface de anotação. Contudo, e do mesmo modo que no MMAX2, também BAT está limitado a um único valor por categoria, enquanto que o MetaAnn abre para a inclusão de múltiplos valores. Além disso, a necessidade de conexão com a internet pode ser um problema, especialmente para anotadores que disponham de pouco tempo extra para a execução da tarefa, sem mencionar que outro problema relatado com esse tipo de abordagem trata das inúmeras diferenças entre *browsers* [Verhagen 2010], o que faz com que o sistema possa não rodar em alguns deles.

Por fim, também dentro da linha de sistemas via *web*, e possuindo também os mesmos problemas de exigência de uma conexão de rede ativa, está o GATE Teamware [Bontcheva et al. 2013]. Da mesma forma que Callisto, MMAX2 e o próprio MetaAnn, esse sistema, através da definição de certos atributos pelo pesquisador, permite a adaptação da interface apresentada ao anotador. A diferença está em que, além desses papéis, o GATE Teamware possui o papel adicional de avaliador – uma pessoa responsável por resolver discordâncias entre anotadores. Além disso, esse é o único dos sistemas citados a possuir suporte ao padrão ISO TC37/SC4 que, embora não adotado pelo MetaAnn, é compatível ao seguido por ele.

Dentro desse sistema, contudo, esquemas de anotação são definidos por arquivos XML (de forma semelhante ao MMAX2), carregados pelo pesquisador. Tais esquemas, por sua vez, são responsáveis por especificar os tipos de atributos e anotações permitidos (*i.e.* *tags* válidos a serem aplicados ao *corpus*). Nesse ponto, a definição de um esquema de anotação torna-se algo não tão simples, exigindo algum conhecimento por parte do pesquisador de como esse arquivo XML deve ser montado. No MetaAnn, por outro lado, a definição é feita sem que o pesquisador tome ciência de como o esquema é codificado internamente.

5. Conclusão

Neste artigo foi apresentado o MetaAnn – uma meta-ferramenta para geração de ferramentas de anotação *ad hoc*, a partir de atributos definidos em sua interface principal. Em comparação às principais alternativas existentes, o MetaAnn tem como vantagens (a) o isolamento completo do sistema para anotação final, na forma de um utilitário java (e portanto multiplataforma); (b) a apresentação de uma interface gráfica, a partir da qual o pesquisador pode definir o esquema de anotação a ser seguido (através da definição de atributos, seus tipos e valores permitidos), sem a necessidade de criação à parte de arquivos XML ou mesmo de programação; e (c) a possibilidade de uso da ferramenta final, por parte dos anotadores, no momento que melhor lhes convier, sem a dependência de servidores centrais ou conexões de rede ativas.

Como trabalhos futuros, pretende-se permitir a inclusão de dependência entre categorias, como no MMAX2, em que uma delas se tornaria "ativa" somente quando um determinado subconjunto de valores, pertencente a outra categoria, fosse escolhido. Também será feita uma separação entre o texto que aparece como valor associado a uma categoria, na interface para o anotador, e seu valor no arquivo de anotação resultante, permitindo assim uma maior flexibilidade para o pesquisador. Por fim, um último recurso a ser implementado é a inclusão, na interface de anotação, de dados constantes no *corpus* que o pesquisador julgar relevantes.

Agradecimentos

Esta pesquisa contou com o apoio do CNPq – Conselho Nacional de Desenvolvimento Científico e Tecnológico, através do programa PibIC da USP.

Referências

Andreas, J., Rosenthal, S., and McKeown, K. (2012). Annotating agreement and disagreement in threaded discussion. In *Proceedings of the Eight International Conference on Language Resources and Evaluation (LREC'12)*, Istanbul, Turkey.

Bayerl, P. S. and Paul, K. I. (2011). What determines inter-coder agreement in manual annotations? a meta-analytic investigation. *Computational Linguistics*, 37(4):699–725.

Bontcheva, K., Cunningham, H., Roberts, I., Roberts, A., Tablan, V., Aswani, N., and Gorrell, G. (2013). Gate teamware: a web-based, collaborative text annotation framework. *Language Resources and Evaluation*, pages 1–23.

Craggs, R. and Wood, M. M. (2004). A two dimensional annotation scheme for emotion in dialogue. In *AAAI Spring Symposium: Exploring Attitude and Affect in Text: Theories and Applications*, Stanford, USA. Technical Report SS-04-07.

Day, D., McHenry, C., Kozierok, R., and Riek, L. (2004). Callisto: A configurable annotation workbench. In *Proceedings of the Fourth International Conference on Language Resources and Evaluation. (LREC 2004)*, pages 2073–2076, Lisboa, Portugal.

Ide, N. and Romary, L. (2006). Representing linguistic corpora and their annotations. In *Proceedings of the Fifth Language Resources and Evaluation Conference (LREC 2006)*, Genoa, Italy.

Maeda, K., Lee, H., Medero, S., Medero, J., Parker, R., and Strassel, S. (2008). Annotation tool development for large-scale corpus creation projects at the linguistic data consortium. In *Proceedings of the Sixth International Conference on Language Resources and Evaluation (LREC'08)*, Marrakech, Morocco.

Müller, C. and Strube, M. (2006). Multi-level annotation of linguistic data with MMAX2. In Braun, S., Kohn, K., and Mukherjee, J., editors, *Corpus Technology and Language Pedagogy: New Resources, New Tools, New Methods*, pages 197–214. Peter Lang, Frankfurt a.M., Germany.

O'Donnell, M. (2008). The UAM corpustool: software for corpus annotation and exploration. In *Proceedings of the XXVI Congreso de AESLA*, Almeria, Spain.

Rodrigues, F., Semolini, R., Roman, N. T., and Monteiro, A. M. (2012). Tseg – a text segmenter for corpus annotation. In *Proceedings of the VIII Brazilian Symposium on Information Systems (SBSI 2012)*, volume 1, pages 700–709, São Paulo – SP – Brasil.

Roman, N. T. (2012). Resdial – descrição da codificação (v.1.0). Technical Report 001/2012, PPgSI-EACH-USP, São Paulo, SP – Brazil.

Roman, N. T. and Carvalho, A. M. B. R. (2010). A multi-dimensional annotation scheme for behaviour in dialogues. In Kuri-Morales, A. and Simari, G. R., editors, *Proceedings of the 12th Ibero-American Conference on Artificial Intelligence (IBERAMIA 2010)*, volume 6433 of *Advances in Artificial Intelligence*, pages 386–395, Bahía Blanca, Argentina. Springer. ISBN: 978-3-642-16951-9.

Varasai, P., Pechsiri, C., Sukvari, T., Satayamas, V., and Kawtrakul, A. (2008). Building an annotated corpus for text summarization and question answering. In *Proceed-*

ings of the Sixth International Conference on Language Resources and Evaluation (LREC'08), Marrakech, Morocco.

Verhagen, M. (2010). The brandeis annotation tool. In *Proceedings of the Seventh International Conference on Language Resources and Evaluation (LREC'10)*, pages 3638–3643, Valletta, Malta.

Improving CoGrOO: the Brazilian Portuguese Grammar Checker

William D. Colen M. Silva[1], Marcelo Finger[1]

[1]Instituto de Matemática e Estatística – Universidade de São Paulo (IME/USP)
Rua do Matão, 1010 – Cidade Universitária – São Paulo – SP – Brasil – CEP 05508-090

{colen,finger}@ime.usp.br

Abstract. *This paper highlights the main results obtained in an effort to improve the grammar checker CoGrOO, a hybrid system which initially annotates the text using statistical Natural Language Processing (NLP) techniques, and then apply a rule-based analysis to identify possible grammar errors. The goal was to reduce omissions and false alarms while improving true positives without adding new error rules. The work contributed with a detailed evaluation of low-level NLP modules and the results were compared to state-of-the-art results. The low-level NLP modules are available as open source software, thus improvements on their effectiveness will make them robust, free and ready-to-use alternatives for other systems.*

1. Introduction

Apache OpenOffice is a multi-platform and multilingual office suite, and an open source project[1]. As with its sister project LibreOffice, it is the successor of the OpenOffice.org project, whose first release dates back to 2002. OpenOffice.org did not possess grammar-checking functionality, which made it less competitive compared to other non-open source alternatives. This motivated some NLP researchers to create CoGrOO[2], a Brazilian Portuguese grammar checker, a project initially sponsored by FINEP (a Research and Projects Funding agency). This research on CoGrOO began in 2004, and since its first release in 2006 it has been adopted by important companies like Petrobras - the biggest company in Brazil and the 8th biggest in the world in market value - and Celepar - the Paraná State information technology company, responsible for deploying software for government offices and public schools. CoGrOO accumulated over a hundred thousand downloads from its official website.

CoGrOO is an open source project. It is capable of identifying Portuguese mistakes like pronoun placement, noun agreement, subject-verb agreement, usage of the accent stress marker (`), and other common errors found in Brazilian Portuguese writing.

The CoGrOO grammar checker takes the user's text as input, and outputs a list of possible errors. To accomplish this, it performs a shallow parsing followed by rule-based checking. Initially it analyzes the text using Natural Language Processing (NLP) techniques. The text goes through a pipeline of annotators to identify sentence and token boundaries, to assign a part-of-speech (POS) tag for each word and to find phrase chunks

[1]Apache OpenOffice - Free and Open Productivity suite, `http://openoffice.org`, last accessed on 09/04/2013

[2]CoGrOO official website, `http://cogroo.org`, last accessed on 09/04/2013

and subject-verb relationships. The tagset is based on the Floresta tagset [Afonso 2003]. Then it matches a set of man-made error rules with the resultant structure. An error rule consists of a pattern of words, POS tags, or phrase tags, and some other information, like a description of the error and how an alternative suggestion can be generated.

Although CoGrOO is a successful project considering the number of downloads, which already surpasses 180 thousands[3], its internal components could benefit from several improvements, and that was the work proposed by [Silva 2013], which is surveyed in this work. The main contribution was an analysis of each module of the grammar checker (e.g. the sentence detector, tokenizer, POS tagger, chunker, shallow parser) to determine possible effectiveness bottlenecks and to propose changes to overcome them. To verify the effects of improvements in each module, no new error rules were created to improve coverage; the work focused only on the statistical modules of CoGrOO. Improvements in CoGrOO's modules have further impact in other free software that are based on them, as discussed in Section 6. Expanding the number of error rules was left for future studies.

As reviewed texts are expected to have very few grammar errors, the grammar checker was evaluated against false errors using the reviewed part of the Floresta corpus [Afonso 2003], which is extracted from newspaper articles.

The coverage of grammatical errors is checked with 3 corpora: *a*) a new corpus assembled from real texts submitted by CoGrOO users; *b*) the Metro corpus [Menezes et al. 2006], composed of authentic texts with manually annotated grammar errors; and *c*) the PROBI corpus [Martins 2002], composed of both correct and incorrect sentences, assembled to evaluate ReGra, a proprietary Brazilian Portuguese grammar checker.

The following sections describe the main results; for full details, see [Silva 2013]. Section 2 defines the problem and the objectives. Section 3 presents the architecture of the system, and Section 4 the dictionaries and corpora used during his work. Section 5 describes the development and the experimental results and Section 6 why these improvements in CoGrOO's modules have further impact in other free software. Finally, Section 7 shows future work opportunities and the conclusion.

2. Problem statement and objectives

A written text is subject to errors such as [Kinoshita et al. 2006]:

- Spelling errors: when a word is misspelled, for example as in `sugeito`, while the correct spelling is `sujeito` (subject);
- Grammatical errors: when grammatical rules are not observed, for example in `Nós vai para casa.` (We goes home). This error relates to subject-verb agreement.

Automatic proofreaders are useful to help write documents with fewer mistakes. Currently, CoGrOO only handles grammar error, checking if the text complies with some grammar rules. The task is difficult and complex. There is no established best strategy

[3]CoGrOO downloadscount from Source Forge, `http://sourceforge.net/projects/cogroo/files/stats/timeline?dates=2006-11-13+to+2013-04-09`, last accessed on 09/04/2013

for assembling this kind of application. It requires a number of dictionaries and language models, and it must be computationally efficient.

Grammar checker effectiveness can be evaluated by measuring the number of false alarms versus correctly pointed out error; the former occurs when the grammar checker points out an error where there is none, the latter means the program's goal was achieved. False alarms are known as *false positives* and the fewer the better. Correctly pointed out errors are known as *true positives*, and the higher the better.

The goal was to increase the number of true positives and decrease the number of false positives, without creating any new error rule, which was left for future studies.

3. Proposed system architecture

The Grammar Checker CoGrOO is a hybrid NLP system, in the sense that it employs statistical analysis to perform text segmentation and categorization, and uses hand-written rules to find error patterns. The system is composed of the following modules organized as a pipeline:

1. Sentence Boundary Detector: receives a text as input and divides it into sentences;
2. Tokenizer: receives a sentence and divides it into words and punctuation marks;
3. Name Finder: receives the sentence tokens and identifies the potential proper nouns, such as person, places and organization names, and merges them as one token;
4. Contraction Finder: receives the sentence tokens and identifies Portuguese contractions, such as `na` which is the contraction of `em + a`, and expands them;
5. Part-of-Speech Tagger: receives a sentence and assigns the most probable morphological tag to its lexical items, according to their context;
6. Featurizer: receives the tokens and the morphological tags associated to them, and outputs features such as gender, number, tense and person;
7. Chunker: receives a tagged text and finds its noun phrases, verbal phrases, prepositional phrases and adverbial phrases;
8. Chunk-Head Finder: receives a tagged sentence with the associated chunks and searches for the head of each chunk;
9. Shallow Parser: receives a tagged sentence with the associated chunks and searches for structures such as the predicate, subject and object of the sentence;
10. Grammar Error Detector: this module looks for grammar errors in the input sentence. It is activated after all the previous sentence analysis steps have been done.

This architecture, which is shown in Figure 1, differs from previous versions of the grammar checker. A Contraction Finder was already available, but it was unable to use contextual information to decide whether ambiguous tokens are contractions. For example, the token `consigo` can be the contraction of the preposition `com` and the pronoun `sigo`, or the present form of the verb `conseguir`, but previous version would always split it as if it were a contraction.

Another change is the introduction of the dedicated Featurizer module. In the previous versions, the featurizaton task was performed by the POS Tagger, which suffered from data sparseness due to the augmented tagset. Similarly with the Chunk-Head Finder, whose functionality was previously handled by the Chunker. A deeper justification for these changes can be found in [Silva 2013].

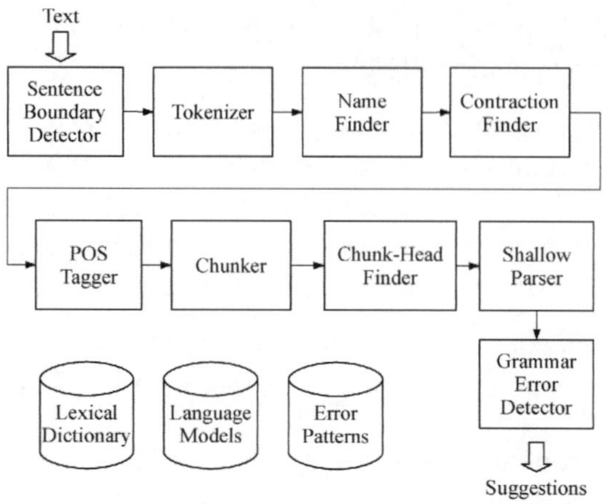

Figure 1. Grammar checker processing pipeline

A chunk-head is used by the algorithm of the Grammar Error Detector to assign a gender and a number to noun phrases. The module was trained using a binary tagset, which simply denotes whether a token is a chunk-head or not. The training data could be easily derived from the Portuguese corpora detailed in the next section.

All modules but the Grammar Error Detector were built using statistical machine learning techniques; more specifically, the Maximum Entropy [Ratnaparkhi 1996] and Perceptron [Collins 2002] frameworks. For most of the tasks, Perceptron proved consistently more effective compared to Maxent. CoGrOO relies on implementations from Apache OpenNLP framework.

The Grammar Error Detector is responsible for detecting possible errors in the input sentence through the use of hand-written error rules. An error rule is just a pattern that is searched in the input sentence. The rule patterns are compiled into a Finite State Machine and applied to the text. Aiming to observe how the other modules affect the effectiveness of the Grammar Error Detector, this module is not changed in this work.

4. Linguistic resources

A number of linguistic resources were used to develop the grammar checker: corpora, which are used both for training the machine learning modules, as well as to evaluate the grammar checker; and lexical dictionaries, which are used to support the POS Tagger and Featurizer tasks.

4.1. Corpora

Two different types of corpora were used during the development of this work: *a*) corpora annotated with morphology and syntax; and *b*) corpora annotated with grammar errors. The first type was used to train the statistical machine learning modules of the grammar checker, while the latter to evaluate the grammar checker effectiveness.

To train the statistical machine learning modules two corpora were effectively used. The first was Floresta Virgem (Virgin Forest), which is a set of trees automatically created from the Constraint Grammar (CG) output of the PALAVRAS parser[4]. It is a 96,000-sentence corpus, with both Brazilian and European variants of Portuguese, but only the Brazilian variant was used. The Brazilian portion is called the CETENFolha, and is a subset of the NILC Corpus. Its text material comes from the Folha de São Paulo newspaper. This corpus is useful for training and test modules when quantity is better than quality.

The second was Bosque (Grove) which is a subset of Floresta Virgem, with fully revised annotations of 186,000 words and 9,368 sentences, again with both Brazilian and European variants of Portuguese, but only the Brazilian variant were used. It is available in flat CG format, or as trees in Árvores Deitadas format (Lying Trees) (AD) [Afonso 2006] according to the Floresta Symbolset[5]. From AD format, it is easier to extract structural information, like chunks and clauses. This corpus is useful to train and test modules when quality is better than quantity.

To evaluate the grammar checker four corpora were used. The first is the previously mentioned Bosque corpus, which being a professionally revised text is supposed to have very few grammar errors. This corpus is used to measure the number of false positives.

PROBI [Martins 2002] is the second used corpus. Developed to evaluate the ReGra grammar checker, it is composed of 11,625 sentences supposedly verifiable in the written record of Brazilian Portuguese users. It provides: *a*) a set of correct and legitimate sentences; *b*) a set of sentences which, although belonging to dialectal varieties of Brazilian Portuguese and practised by a significant subset of native speakers, are not considered standard Portuguese nor recommended or tolerated by dictionaries and grammars; *c*) a set of sentences with typos or editing mistakes that do not belong to any variety of Portuguese. 2,616 of its sentences have mistakes, which are categorized.

The third is the Metrô Corpus, which was assembled to evaluate an old version of CoGrOO grammar checker [Menezes et al. 2006]. The texts were extracted from the São Paulo subway company's institutional website [Metro 2011], in December 2006. From its 781 sentences, 53 were manually annotated as having grammar errors.

Finally, the CoGrOO Community Corpus. CoGrOO Community is a web application that provides collaborative tools for grammar-checker users. Users of CoGrOO were invited to join the Community portal and submit sentences that caused CoGrOO to fail, indicating whether it is a false negative or false positive. In each case the user provides relevant classification details. The corpus has 457 sentences from which 188 were manually annotated as having grammar errors.

4.2. Dictionary

The lexical dictionaries are used to support the POS tagging task, for example, by restricting which tags should be assigned to tokens. The entries in a lexical dictionary include word class and inflection information.

[4]The Constraint Grammar category set of Palavras `http://beta.visl.sdu.dk/visl/pt/info/portsymbol.html`, last accessed on 09/04/2013

[5]Grammatical categories (tags) used in the Floresta project `http://beta.visl.sdu.dk/visl/pt/info/symbolset-floresta.html`, last accessed on 09/04/2013

The CoGrOO lexical dictionary derives from JSpell, which is a morphological analysis tool created by the Natura Project [Almeida 2011]. Jspell.br is an initiative of the CoGrOO team and its contributors which objective is to translate the JSpell dictionary to the Brazilian variant of Portuguese. The work is currently under development, but the dictionaries are already available and can be used by CoGrOO modules. Both dictionary and sources are available online[6].

5. Experiments and development

The objective of the experimental phase was to spot bottlenecks of the grammar checker processing pipe, especially those causing false positives. The experiments were divided into three phases:

Initial evaluation In this phase the current version of CoGrOO, version 3.1.2, is tested for true positives and false positives using the evaluation corpora.

NLP Development and Evaluation During this phase, each of the CoGrOO proposed modules was individually developed and tested. The development consists of the creation of a new implementation module, followed by an evaluation of each different implementation using a 10-fold cross-validation. Finally, each implementation is evaluated by measuring its impact in the grammar checker effectiveness. After this process, the best module is added to the new grammar checker baseline, which is used in the development of the following modules.

Final evaluation The final evaluation measured how the new modules impacted the grammar checker effectiveness and compares the results with the initial evaluation.

A detailed discussion of all experiments can be found in [Silva 2013], but due to space restrictions, only the final results are shown here.

5.1. Low-level NLP modules

Table 1 highlights the evaluation results of the low-level NLP components, and Table 2 the configuration which obtained the best result. It is important to notice that for this work not only the best F_1 or accuracy score was important, but also the impact of the configuration in the grammar checker effectiveness.

According to Table 2, Perceptron models performed better than Maximum Entropy (Maxent) for all modules but for Chunk Head Finder. The modules that benefited from the size of Floresta Virgem CETENFolha (VCF) were Sentence Detector, Tokenizer and Contraction Finder, while the others were more effective while trained with Bosque CETENFolha (CF).

The Apache OpeNLP defaults were sufficient to train efficient models for Name Finder and Chunker, but others required some additional tuning. This was the case of the Sentence Detector, which F_1 raised from 98.928% to 99.237% with the additional contextual predicates (ACP) designed for Portuguese and the abbreviation dictionary (ABB).

[6] JSpell.br website, `http://github.com/cogroo/jspell.br`, last accessed on 09/04/2013

Module	Accuracy	Precision	Recall	F_1
Sentence Detector		99.215	99.259	99.237
Tokenizer		99.949	99.933	99.941
Name Finder		89.019	86.002	87.484
Contraction Finder		99.948	99.945	99.947
POS Tagger	96.291			
Featurizer	96.743			
Chunker		96.341	96.431	96.386
Chunk Head Finder	99.777			
Shallow Parser		83.818	82.493	83.150

Table 1. Final 10-fold cross-validation score for each of the CoGrOO models.

Tokenizer also benefited by the abbreviation dictionary and by the alphanumeric optimization (AO), which skips tokens composed only by alphanumeric characters, and the F_1 raised from 99.921% to 99.941%. To the default POS Tagger were added: the JSpell.br dictionary (DIC), as well as a dictionary based on the training data (MDIC); additional context from the Name and Contraction Finder modules (AC), which allows using decisions taken by that modules as features; and a custom context generator (CCG) to boost the handling of the tokens `a` and `que`. This improved the accuracy from 94.672% to 96.291%. All these values refer to 10-fold cross-validation experiments.

Contraction Finder, Featurizer, Chunker Head Finder and Shallow Parser were implemented from scratch because there are no OpenNLP modules for such tasks.

Module	Algorithm	Cutoff	Corpus	Options
Sentence Detector	Perceptron	0	VCF	ACP, ABB
Tokenizer	Perceptron	0	VCF	ABB, AO
Name Finder	Perceptron	0	CF	
Contraction Finder	Perceptron	8	VCF	
POS Tagger	Perceptron	0	CF	DIC, MDIC, CCG, AC
Featurizer	Perceptron	0	CF	DIC, WHNCS
Chunker	Perceptron	0	CF	
Chunk Head Finder	Maxent	8	CF	
Shallow Parser	Perceptron	0	CF	

Table 2. The configurations which generated the best models.

Table 3 shows how the changes in the low-level modules affected the grammar checker effectiveness. The changes affected especially the precision. For PROBI corpus the precision raised from 23.21% to 60.03%, and for Metro corpus from 19.28% to 44.12%. For Bosque corpus, which have been proof-read, the number of false positives decreased from 245 to 69 in 9,368 sentences. This improvement is significant to the user experience because the less false positives, the less the user is interrupted by the grammar checker and the higher is the user's trust in it.

Recall values did not improve significantly. To improve recall it would be required adding new error rules, which was left for future studies.

Category	Version	Precision	Recall	F_1	Target	TP	FP
PROBI	3.1.2	23.21%	13.65%	17.19%	2616	357	1181
	4.0.0	60.03%	14.41%	23.24%		377	251
Metrô	3.1.2	19.28%	30.19%	23.53%	53	16	67
	4.0.0	44.12%	28.30%	34.48%		15	19
Comunidade	3.1.2	2.47%	3.85%	3.01%	104	4	158
	4.0.0	44.12%	28.30%	34.48%		24	61
Bosque	3.1.2						245
	4.0.0						69

Table 3. Effectiveness results for each corpus. CoGrOO Version 3.1.2 was original without improvements, and 4.0.0 is the improved version with modifications proposed in [Silva 2013].

6. Impact

Improving the grammar checker not only benefited its community of users, which now has access to a more accurate software, but also to a number of other projects, because its internal modules are in use by a range of projects.

For example, OnAIR (Ontology Aided Information Retrieval) is a system developed for searching within digital video databases. CoGrOO POS Tagger and Chunker is used as part of the computational tools to analyse audio transcription linguistic information [Torres 2012], and also as part of a pipeline to analyse natural language queries [Luz 2012].

In health informatics, a study applies CoGrOO annotators to the task of Information Retrieval on Clinical Data [Oleynik 2012], another to perform pattern identification in discharge summaries [Souza 2012], and finally to a study which classifies whether there is continuity of care in hospital discharge summaries [Oliveira et al. 2012].

In linguistic research, CoGrOO is used to annotate texts with morphology and syntactic information, and later allow researchers to use these annotations in semiotic research [Matte et al. 2012].

7. Future Work and Conclusion

The work of [Silva 2013] left a large number of future work opportunities. For example, the work did not cover the introduction of new error rules to improve coverage. Adding a machine learning component trained to identify grammar errors is a challenge that would also improve coverage. Finally, an individual and deep study of key modules, like the shallow parser, or the introduction of new modules, like a clause identifier, would boost the analysis power and consequently the grammar checker effectiveness.

The work presented was broad in the sense that it covers many of the basic Natural Language Processing tasks, but it is also shallow because it does not deepen any of these tasks, even though frequently the effectiveness of the modules achieved values close to the state-of-the-art. The main purpose of his work was to improve the Portuguese grammar checker by tuning its language processing modules, which as shown, was very effective.

References

Afonso, S. (2003). A floresta sintá(c)tica como recurso. *Documentaçao disponıvel na Linguateca.*

Afonso, S. (2006). Árvores deitadas: Descrição do formato e descrição das opções de análise na floresta sintá(c)tica. Technical report, Floresta Sintática.

Almeida, J. (2011). Natura project, natural language processing group. `http://natura.di.uminho.pt/wiki/doku.php?id=projectonatura`.

Collins, M. (2002). Discriminative training methods for hidden markov models: Theory and experiments with perceptron algorithms. In *Proceedings of the ACL-02 conference on Empirical methods in natural language processing-Volume 10*, pages 1–8. Association for Computational Linguistics.

Kinoshita, J., Salvador, L. N., and de Menezes, C. E. D. (2006). Cogroo: a brazilian-portuguese grammar checker based on the cetenfolha. In *Proceedings LREC 2006*.

Luz, F. F. (2012). Consulta à ontologias em língua portuguesa através do português controlado. Master's thesis, Computer Science Department, University of São Paulo.

Martins, R. (2002). Probi: um corpus de teste para o revisor gramatical regra. `http://www.nilc.icmc.usp.br/nilc/download/NILC-TR-02-10.zip`.

Matte, A. C. F., Ribeiro, R. T., de Moura Silva, W. D. C., and Canalli, H. L. (2012). Dadossemiotica: coleta e processamento de análises semióticas de texto escrito. In *WSL Workshop Internacional de Software Livre*.

Menezes, C. E. D., Gusukuma, F. W., and Uliano, S. (2006). Uma análise do cogroo, um corretor gramatical acoplável ao openoffice. `http://www.pcs.usp.br/~cogroo/papers/analise-cogroo-corpus-metro.html`.

Metro (2011). `http://www.metro.sp.gov.br`.

Oleynik, M. (2012). Extração de informações de narrativas clínicas. Master's thesis, Computer Science Department, University of São Paulo.

Oliveira, L. E. S., Moro, C. M. C., Souza, A. C., Nohama, P., and Cancian, P. S. (2012). Identificação de continuidade de cuidado em sumários de alta hospitalar. In *XIII Congresso Brasileiro em Informática em Saúde*.

Ratnaparkhi, A. (1996). A maximum entropy model for part-of-speech tagging. In *Proceedings of the conference on empirical methods in natural language processing*, volume 1, pages 133–142.

Silva, W. D. C. M. (2013). Refining the CoGrOO grammar checker. Master's thesis, Computer Science Department, University of São Paulo.

Souza, A. C. (2012). Identificação do Conteúdo Padronizado do Sumário de Alta. Master's thesis, PUCPR.

Torres, C. E. A. (2012). Uso de informação linguística e análise de conceitos formais no aprendizado de ontologias. Master's thesis, Computer Science Department, University of São Paulo.

Uma Investigação sobre Algoritmos de Diferentes Abordagens de Aprendizado Supervisionado na Classificação de Papéis Retóricos em Resumos Científicos

Vinícius M. A. de Souza[1] e Valéria D. Feltrim[2]

[1]Instituto de Ciências Matemáticas e de Computação (ICMC)
Universidade de São Paulo (USP)
São Carlos – SP – Brasil

[2]Departamento de Informática (DIN) – Universidade Estadual de Maringá (UEM)
Maringá – PR – Brasil

vsouza@icmc.usp.br, valeria.feltrim@din.uem.br

Abstract. *This paper presents the results of an investigation concerning the performance of machine learning (ML) algorithms from different approaches when applied to the problem of categorize the rhetoric's role of scientific abstracts sentences. The used example sentences are from theses abstracts written in Portuguese, in the field of Computer Science. The purpose of this investigation was to identify the best ML algorithms for the implementation of systems for the automatic detection of rhetoric structures in scientific texts, aiming at the development of flexible and powerful classifiers. Results indicate that more representative and interpretable models can replace the classifier currently used without addition computational cost.*

Resumo. *Este artigo apresenta os resultados de uma investigação sobre o desempenho de algoritmos de diferentes abordagens de aprendizado de máquina (AM) quando aplicados ao problema da classificação do papel retórico de sentenças provenientes de textos científicos, mais especificamente de resumos de teses e dissertações escritos em português, na área da Ciência da Computação. Tal investigação teve como objetivo identificar os melhores algoritmos de AM a serem utilizados na implementação de sistemas para a detecção automática da estrutura retórica de textos científicos, visando à geração de classificadores robustos e flexíveis. Os resultados apontam que modelos mais representativos e interpretáveis podem substituir o algoritmo atual de classificação sem adição de custo computacional.*

1. Introdução

A natureza padronizada do discurso científico tem motivado várias propostas de modelos estruturais, em termos de componentes da estrutura retórica, para textos do gênero acadêmico [Huckin and Olsen 1991], [Weissberg and Buker 1990], [Swales 1990], [Trimble 1985]. Tais modelos podem ser aplicados em diferentes contextos, como no auxílio à escrita científica por meio de ferramentas computacionais [Aluísio et al. 2001], [Anthony and Lashkia 2003], [Feltrim et al. 2004], [Souza and Feltrim 2013].

Uma vertente de ferramentas computacionais de auxílio à escrita que tem sido explorada nos últimos anos está relacionada ao uso de classificadores automáticos da estrutura retórica [Burstein et al. 2003], [Anthony and Lashkia 2003], [Feltrim et al. 2004], [Gênoves et al. 2007], [Dayrell et al. 2012]. Tais classificadores utilizam algoritmos de aprendizado de máquina para atribuir automaticamente uma ou mais categorias para cada sentença, de acordo com o papel retórico desempenhado pela sentença (ou por suas partes) no texto. A classificação é feita com base em um conjunto de características extraído automaticamente a partir das sentenças e pode ser mono-rótulo, quando atribui uma única categoria a cada sentença, ou multi-rótulo, quando pode atribuir mais de uma categoria a cada sentença. De fato, classificadores dessa natureza têm sido aplicados não só em ferramentas de auxílio à escrita, mas também em tarefas como a avaliação da escrita (*scoring systems*) [Attali and Burstein 2006], [Yao 2013], sumarização automática [Teufel and Moens 2002], [Saggion and Poibeau 2013] e análise automática de coerência [Souza and Feltrim 2011].

Um classificador automático de estrutura retórica desenvolvido especificamente para resumos científicos escritos em português é o AZPort — *Argumentative Zoning for Portuguese* [Feltrim et al. 2004]. Esse classificador compõe o sistema de crítica do ambiente SciPo — *Scientific Portuguese* [Feltrim et al. 2006], [Souza and Feltrim 2013], um ambiente baseado em corpus e em sistemas de crítica voltado para o auxílio à escrita de resumos e introduções de dissertações e teses em Ciência da Computação. O AZPort utiliza um algoritmo Naïve Bayes similar ao utilizado pelo classificador AZ [Teufel and Moens 2002], porém adapta a extração dos atributos para a língua portuguesa e as categorias ao modelo estrutural aplicado a resumos de teses e dissertações pelo SciPo.

O classificador AZ implementa a técnica *Argumentative Zoning*, que segmenta automaticamente um artigo científico em "zonas argumentativas", isto é, trechos de texto que possuem determinados papéis retóricos dentro da estrutura retórica do texto como um todo. Essa técnica assume que o papel retórico de uma sentença pode ser "lido" da superfície do texto e representado por características que, posteriormente, poderão ser aprendidas por um algoritmo de aprendizado de máquina.

Embora outros autores tenham relatado resultados semelhantes aos alcançados com o algoritmo Naïve Bayes ao utilizar outros algoritmos de aprendizado para a tarefa de análise de estrutura retórica [Teufel and Moens 2002], [Anthony and Lashkia 2003], [Genovês et al. 2007], a realização de experimentos para a confirmação dessa hipótese no contexto do AZPort se fez necessária, em especial por dois motivos: (i) o modelo estrutural utilizado pelo AZPort é específico para resumos de teses e dissertações, enquanto os outros sistemas baseiam-se em modelos mais genéricos voltados para resumos de artigos científicos que, em geral, são textos mais curtos e condensados; e (ii) o AZPort trata textos escritos em português, enquanto os outros sistemas descritos na literatura tratam textos em inglês.

Desse modo, este artigo apresenta os resultados da investigação acerca do desempenho de algoritmos de diferentes abordagens de aprendizado de máquina supervisionado quando aplicados à classificação de papéis retóricos que compõem a estrutura de resumos científicos em português. Mais especificamente, utilizando-se o mesmo conjunto de atributos e as mesmas categorias empregadas pelo AZPort, foram realizados experimentos com algoritmos de classificação provenientes de cinco abordagens de aprendizado: (1) *bayesiano*; (2) baseado em funções; (3) baseado em instâncias; (4) baseado em regras; e (5) árvores de decisão. O principal objetivo desta investigação foi verificar a influência do algoritmo de aprendizado empregado nos resultados de classificação e verificar se o desempenho do algoritmo *bayesiano* atualmente empregado no AZPort e em outros sistemas similares da literatura de fato supera o desempenho obtido por algoritmos de outras abordagens de aprendizado.

2. Trabalhos Relacionados

Além do AZ [Teufel and Moens 2002] e do AZPort [Feltrim et al. 2004], outros sistemas que se propõem a realizar a classificação automática da estrutura retórica de resumos científicos são o Mover [Anthony and Lashkia 2003], o AZEA [Gênoves et al. 2007] e o MAZEA [Dayrell et al. 2012]. Embora a comparação direta entre os sistemas não seja possível devido a diferenças de língua, domínio e modelo estrutural, a análise dos resultados de cada um deles permite estabelecer uma margem de desempenho para a tarefa. Nesta seção é feita uma breve apresentação dos classificadores AZ, Mover e AZEA. O MAZEA não será abordado por se tratar de um classificador multi-rótulo, diferenciando-se dos demais na tarefa a que se propõe. O AZPort, por ser o classificador base dos experimentos descritos neste artigo, será apresentado na Seção 3.

O AZ foi desenvolvido com o objetivo de sumarizar artigos científicos e utiliza um conjunto de 16 atributos que busca caracterizar o papel retórico da sentença por meio da extração de conhecimento em nível léxico, sintático e estrutural. Como algoritmo de aprendizado é utilizado o Naïve Bayes. O sistema classifica cada sentença de um artigo científico em uma das categorias descritas na Tabela 1.

Tabela 1. Descrição das categorias (modelo estrutural) utilizadas pelo AZ

Categoria	Descrição
Propósito	Afirmações sobre o propósito do autor
Contraste	Afirmações sobre diferenças relativas a outros trabalhos
Base	Afirmações sobre a base teórica
Outro	Descrição neutra de outro trabalho
Contexto	Afirmações gerais aceitas na área
Estrutura	Afirmações sobre a estrutura do artigo
Próprio	Todas as outras afirmações relativas ao trabalho do autor

Os resultados obtidos pelo AZ foram estimados aplicando-se 10-*fold stratified cross-validation* em um corpus de 80 artigos publicados em conferências na área de Linguística Computacional e superaram as *baselines* utilizadas (a descrição das *baselines* pode ser encontrada em Teufel and Moens (2002)). Em termos de *Macro-F*, o AZ alcançou 0,50 e, em termos da medida *Kappa*, 0,45. Essas e outras medidas utilizadas na avaliação dos classificadores serão detalhadas na Seção 4.

O Mover, desenvolvido para auxiliar escritores não nativos na leitura e escrita de *abstracts* científicos, também emprega um classificador Naïve Bayes. Seu conjunto de atributos é modelado como um *bag of clusters*, que é uma adaptação do modelo *bag of words* em que expressões contendo até cinco palavras são utilizadas em vez das palavras separadas. Em adição aos *clusters*, também é considerada a posição da sentença no texto para a realização de otimizações baseadas no modelo estrutural do *abstract*. O modelo estrutural usado nos experimentos relatados por Anthony and Lashkia (2003) é baseado no modelo *CARS* de Swales (1990), de modo que seu conjunto de categorias é um subconjunto das categorias previstas por Swales.

O Mover foi treinado com 554 sentenças e testado com 138 sentenças extraídas de um corpus com 100 *abstracts* de artigos da área de Tecnologia da Informação. Na avaliação o Mover obteve precisão média de 68% e superou as *baselines* consideradas: classificação aleatória (16,6%) e categoria mais frequente (26%).

O AZEA, desenvolvido para auxiliar na anotação de corpora e também no auxílio à escrita científica, utiliza um conjunto de 22 atributos para classificar sentenças de resumos de artigos científicos escritos em inglês em uma de seis categorias possíveis:

Background, *Gap*, *Purpose*, *Methodology*, *Results* e *Conclusion*. Essas categorias se diferenciam das categorias usadas pelo AZPort apenas pela exclusão da categoria *Outline*. O sistema utiliza um classificador de Máquinas de Vetores de Suporte.

Os resultados obtidos pelo AZEA foram estimados aplicando-se 10-*fold stratified cross-validation* em um corpus de 74 *abstracts* extraídos de artigos publicados em revistas científicas na área de Farmácia. O desempenho medido como a porcentagem de acerto foi de 80,39%, superando a *baseline* utilizada (associação da categoria mais frequente (44,86%)). Em termos das medidas *Kappa* e *Macro-F*, os resultados obtidos foram 0,73 e 0,78, respectivamente.

3. Argumentative Zoning for Portuguese – AZPort

Assim como o AZ e o Mover, o AZPort utiliza um classificador Naïve Bayes para estimar a probabilidade de que uma sentença *S* tenha a categoria *C*, dados os valores dos atributos extraídos de *S*. A categoria com a maior probabilidade é escolhida como saída para *S*. Os oito atributos utilizados pelo AZPort foram adaptados do conjunto de 16 atributos utilizados por Teufel and Moens (2002) e são descritos na Tabela 2.

Tabela 2. Descrição dos oito atributos utilizados pelo AZPort

Atributo	Descrição
Tamanho	Qual é o tamanho da sentença em comparação aos dois limiares (20 e 40 palavras)?
Localização	Qual a posição da sentença no resumo?
Citação	A sentença contém citações?
Expressão	Que tipo de expressão padrão a sentença contém?
Tempo	Qual o tempo do primeiro verbo finito da sentença?
Voz	Qual a voz do primeiro verbo finito da sentença?
Modal	O primeiro verbo finito da sentença é modal?
Histórico	Qual é a categoria da sentença anterior?

Todos os atributos são determinados automaticamente a partir do texto de entrada por meio de um *pipeline* de operações que envolve a identificação de expressões padrão (por ex., "o objetivo deste trabalho", "no entanto", etc) [Feltrim and Souza 2009], [Machado Jr and Feltrim 2009] e o uso de ferramentas de pré-processamento como *tokenizer*, delimitador de sentenças e etiquetador morfossintático.

Para o treinamento do classificador foram utilizados 52 resumos do CorpusDT, [Feltrim et al. 2003] manualmente anotados segundo um esquema pré-definido de sete categorias, a saber: (1) Contexto; (2) Lacuna; (3) Propósito; (4) Metodologia; (5) Resultado; (6) Conclusão; e (7) Estrutura. No total foram anotadas 366 sentenças. A distribuição das sentenças por categoria é apresentada na Tabela 3.

Tabela 3. Distribuição das sentenças anotadas de acordo com as categorias retóricas consideradas no modelo estrutural

Categoria	*Contexto*	*Lacuna*	*Propósito*	*Metodologia*	*Resultado*	*Conclusão*	*Estrutura*
Quantidade de sentenças (%)	77 (21,04%)	36 (9,84%)	65 (17,76%)	45 (12,29%)	117 (31,97%)	20 (5,46%)	6 (1,64%)

3.1. Avaliação Intrínseca do AZPort

Os resultados da classificação foram computados aplicando-se 13x13-*fold cross-validation* aos 52 resumos manualmente anotados, obtendo acurácia (% de acerto) igual a 72% e *Macro-F* igual a 0,71. Como comparação, foram utilizadas duas *baselines*: (1) escolha aleatória da categoria considerando-se a distribuição do corpus e (2) atribuição da categoria mais frequente a todas as sentenças. Os resultados obtidos pelo classificador Naïve Bayes e pelas *baselines* são apresentados na Tabela 4.

Tabela 4. Resultados do AZPort em termos de acurácia e medida *Kappa*

Medida	AZPort	*Baseline 1*	*Baseline 2*
Acurácia (%)	**72**	20	32
Kappa	**0,65**	0	0,26

Conforme mostrado na Tabela 4, quando comparado a um anotador humano, a concordância entre eles medida por meio da medida *Kappa* foi de 0,65. Esse resultado é bastante encorajador se comparado com o resultado relatado por Teufel and Moens (2002) (*K*=0,45). Cabe destacar que existem diferenças significativas entre os dois sistemas quanto ao conjunto de categorias e ao corpus utilizados, o que pode justificar a diferença de desempenho. Uma análise detalhada dos resultados do AZPort incluindo o desempenho por categoria, por atributo e outras medidas de avaliação é apresentada em Feltrim et al. (2006).

Os resultados da avaliação intrínseca do AZPort mostraram que, embora seu desempenho esteja abaixo do desempenho humano para a mesma tarefa (que é em torno de *K*=0,69 para dois anotadores treinados), é bastante promissor e encontra-se no nível de desempenho alcançado por outros classificadores retóricos da literatura [Burstein et al. 2003], [Anthony and Lashkia 2003], [Genovês et al. 2007], encorajando o seu aperfeiçoamento. Investigações para tal aperfeiçoamento têm sido conduzidas de dois modos: (i) por meio da aplicação de outros algoritmos de aprendizado e (ii) por meio da investigação de novos atributos de classificação. Como a investigação (ii) ainda não foi concluída, o foco deste artigo são os resultados alcançados em (i).

4. Metodologia

A escolha dos algoritmos de aprendizado investigados neste trabalho foi norteada pela natureza do conjunto de dados utilizado pelo AZPort. Desse modo, foram selecionados algoritmos de aprendizado supervisionado que manipulam categorias e atributos nominais. Como material de treinamento e teste foram utilizadas as 366 sentenças empregadas na avaliação intrínseca e descritas na Tabela 3. Também foi utilizado o mesmo conjunto de atributos e procedimentos para a avaliação dos resultados.

Os algoritmos foram avaliados aplicando-se 13x13-*fold stratified cross-validation*, de modo que o conjunto de dados foi dividido em 13 subconjuntos mutuamente exclusivos de mesmo tamanho a partir da escolha aleatória dos dados. Em seguida, 12 subconjuntos foram utilizados para treinamento e o subconjunto remanescente foi utilizado para o teste do algoritmo. Esse procedimento foi repetido 13 vezes alternando-se os subconjuntos, de modo que todos sejam utilizados no teste. Por ser um procedimento de amostragem estratificada, as categorias são representadas com aproximadamente a mesma proporção tanto no teste como no treinamento. Para maior variação dos exemplos, o procedimento foi repetido 13 vezes alterando-se os dados aleatoriamente para a formação dos subconjuntos.

Os resultados obtidos foram expressos em termos das medidas *Macro-F* e *Kappa*. A medida *Macro-F* corresponde à média das *F-measures* de todas as categorias e é uma medida interessante para avaliar se o classificador não sacrifica o desempenho de uma ou outra categoria com poucos exemplos em troca de uma melhora na taxa de acerto. A medida *F-Measure* é a média harmônica das medidas *Precision* e *Recall*, sendo um modo conveniente de expressá-las em um único valor. A medida estatística

Kappa é empregada para determinar a concordância entre o classificador e a anotação manual. O valor de *Kappa* varia entre -1 e 1, sendo que -1 indica máxima discordância, 0 indica concordância ao acaso e 1 indica concordância perfeita. O uso da medida *Kappa* serve como um bom indicativo do desempenho da classificação quando o classificador automático é comparado com a anotação manual.

Com base nos algoritmos presentes no sistema Weka [Witten and Frank 2005], foram realizados experimentos que contemplaram cinco abordagens diferentes de aprendizado. Assim, para avaliar a abordagem *baysiana* foram analisados os algoritmos *NaiveBayes*, *NaiveBayesSimple* e *BayesNet*. Para a abordagem baseada em instâncias foi analisado o algoritmo *IBk*. Para a abordagem baseada em regras foram analisados os algoritmos *JRip*, *OneR*, *NNge* e *DecisionTable*. Para a abordagem baseada em funções foram analisados os algoritmos *Logistic*, *SimplesLogistic* e *SMO* (com 3 diferentes *kernels*). Por fim, para a abordagem baseada em árvores de decisão foram analisados os algoritmos *J48*, *RandomForest* e *Id3*. Desse modo, os experimentos abrangeram um total de 14 algoritmos diferentes e algumas de suas variações.

Vários dos algoritmos utilizados nos experimentos dependem de parâmetros, de modo que a otimização de seus valores pode exercer grande influência no desempenho. Por isso, durante os experimentos foi realizada uma etapa preliminar de variação dos principais parâmetros de cada algoritmo avaliado. Devido à escassez de dados para a formação de um conjunto de validação que pudesse ser utilizado exclusivamente na otimização dos parâmetros, optou-se pela variação e análise dos resultados em uma etapa de validação cruzada para a escolha dos melhores valores para os parâmetros.

Para confirmar a validade da hipótese de que determinado algoritmo apresenta de fato um desempenho superior ao algoritmo *bayesiano* Naïve Bayes, não basta apenas comparar as estimativas de erro obtidas por ambos os algoritmos, devido ao fato de ser possível que as diferenças nos resultados sejam causadas pelos procedimentos de validação utilizados no cálculo das estimativas. Assim, para uma melhor confiança na análise dos resultados, realizou-se também um teste de hipóteses. Em específico, para o contexto deste trabalho, foi realizado o Teste *T-Student* Pareado.

5. Resultados Experimentais

Os resultados obtidos na fase experimental após a etapa de otimização de parâmetros dos algoritmos são apresentados na Tabela 5. Nesta tabela é mostrada a abordagem de cada algoritmo avaliado, o nome atribuído pelo sistema Weka, os valores considerados para os principais parâmetros, os resultados obtidos pelas medidas *Macro-F* e *Kappa,* a quantidade de vitórias (>) e a quantidade de derrotas (<) de cada algoritmo sobre os demais considerando-se a medida *Macro-F* e 0,05% de nível de significância.

Pode ser observado na Tabela 5 que o algoritmo *J48* (árvores de decisão) apresentou o melhor desempenho nas duas medidas consideradas: *Macro-F* = 0,731 e *Kappa* = 0,673, superando o desempenho do algoritmo *NaiveBayes* utilizado pelo AZPort: *Macro-F* = 0,714 e *Kappa* = 0,656. Os algoritmos *DecisionTable* e *SimpleLogistic* apresentaram o segundo melhor desempenho, ambos com *Macro-F* = 0,727 e *Kappa* = 0,672 e 0,669, respectivamente. Os piores resultados foram obtidos pelos algoritmos baseados em regras *NNge* (*Macro-F* = 0,639 e *Kappa* = 0,562) e OneR (*Macro-F* = 0,650 e *Kappa* = 0,571).

Tabela 5. Desempenho dos algoritmos na classificação de papéis retóricos

Paradigma	Algoritmo	Valores dos parâmetros	Macro-F	Kappa	>	<
Bayesiano	BayesNet	--	0,722	0,664	5	0
	NaiveBayes	--	0,714	0,656	4	0
	NaiveBayesSimple	SimpleEstimator; a=0,5	0,714	0,656	4	0
Baseado em funções	SimpleLogistic	W=0,11; H=10	0,727	0,669	5	0
	Logistic	R=0,001	0,708	0,644	2	0
	SMO	Poly, C=1; e=1E-6	0,703	0,639	2	0
	SMO	RBF; C=3; P=1E-6; G=0,001	0,695	0,643	2	1
	SMO	Pearson; C=2; S=2; O=1; G=0,001	0,676	0,611	0	6
Baseado em instâncias	*IBk*	K=3, 1/dist	0,677	0,609	0	6
Baseado em regras	DecisionTable	--	0,727	0,672	5	0
	JRip	N=1,06; F=3	0714	0,650	2	0
	OneR	B=1	0,650	0,571	0	10
	NNge	G=3; I=1	0,639	0,562	0	11
Árvores de decisão	J48	C=0,43	**0,731**	**0,673**	**7**	**0**
	RandomForest	I=30; K=4	0,689	0,620	1	1
	Id3	--	0,675	0,598	0	4

É possível observar a partir da quantidade de vitórias (>) e de derrotas (<) listados na Tabela 5, que do total de 16 algoritmos avaliados, o algoritmo *J48* obteve resultado estatisticamente superior a sete outros: *SMO* (*kernel RBF* e *Pearson*), *IBk*, *Id3*, *RandomForest*, *NNge* e *OneR*, e resultado estatisticamente inferior a nenhum dos outros algoritmos. Os algoritmos *DecisionTable* e *SimpleLogistic* apresentaram resultados estatisticamente superiores a cinco algoritmos e resultados inferiores a nenhum dos outros algoritmos. Já o algoritmo de comparação *NaiveBayes*, obteve resultado estatisticamente superior a quatro outros algoritmos. Uma quantidade menor de vitórias se comparado aos algoritmos *J48*, *DecisionTable* e *SimpleLogistic*.

Os resultados descritos podem sugerir que os algoritmos *J48*, *DecisionTable* e *SimpleLogistic* apresentam desempenhos superiores ao *NaiveBayes*. Entretanto, ao aplicar um teste estatístico com 0,05% de nível de significância, nota-se que nenhum deles apresenta diferença no desempenho que seja estatisticamente significante.

Assim, o critério de escolha do algoritmo para um classificador como o AZPort deve considerar outros fatores além do desempenho, como a representatividade e a interpretabilidade do modelo gerado. Tais características podem, por exemplo, auxiliar anotadores humanos na extensão do conjunto de dados com maior confiança de anotação. Outro fator a ser considerado é a complexidade do algoritmo, que pode impactar no desempenho do sistema de classificação em termos do custo de execução.

Para o conhecimento dos erros cometidos pelos classificadores em termos das categorias retóricas, selecionamos o resultado de uma das execuções do algoritmo *J48* por ser um algoritmo que apresentou desempenho competitivo e ter a vantagem de apresentar um modelo facilmente interpretável. Assim, os erros cometidos por esse classificador são expressos na matriz de confusão apresentada na Tabela 6. É possível observar, por exemplo, que as maiores dificuldades do classificador se encontram na distinção das categorias Estrutura vs. Resultado e Conclusão vs. Resultado. Esse tipo de erro pode ser atribuído à presença de expressões padrão típicas da categoria Resultado nas categorias Estrutura e Conclusão, principalmente em sentenças mais longas, bem como ao alto desbalanceamento entre essas categorias (conforme pode ser observado na Tabela 3).

Tabela 6. Matriz de confusão obtida por uma execução de teste do algoritmo *J48* com C=0,43

		Predito						
		Contexto	*Lacuna*	*Propósito*	*Metodologia*	*Resultado*	*Conclusão*	*Estrutura*
Real	*Contexto*	**60**	9	1	1	6	0	0
	Lacuna	3	**31**	0	0	2	0	0
	Propósito	5	0	**47**	2	10	1	0
	Metodologia	1	0	1	**27**	16	0	0
	Resultado	3	1	4	10	**96**	3	0
	Conclusão	0	0	1	0	9	**10**	0
	Estrutura	0	0	0	0	3	0	**3**

7. Conclusões e Trabalhos Futuros

Este trabalho apresentou os resultados de uma investigação sobre o desempenho de algoritmos pertencentes a diferentes abordagens de aprendizado de máquina aplicados ao problema da classificação de papéis retóricos em sentenças de resumos científicos escritos em português. Após uma etapa de otimização de parâmetros, foram realizados experimentos para a avaliação de 14 algoritmos aplicados a um corpus de 52 resumos.

Na avaliação dos resultados experimentais, os testes de hipóteses mostraram que não há diferenças estatísticas entre o classificador *bayesiano* atualmente implementado no AZPort e os algoritmos *J48, DecisionTable* e *SimpleLogistic*. Entretanto, o uso de modelos de classificação baseados em árvores de decisão ou em regras apresentam vantagens que devem ser consideradas quando comparadas a modelos estatísticos (*bayesianos* ou baseados em função). Tais vantagens se devem principalmente ao fato de algoritmos estatísticos induzirem modelos "caixa preta", em que a representação do conhecimento está implícita no modelo aprendido. Por outro lado, algoritmos que induzem modelos baseados em árvores de decisão ou em regras são facilmente interpretáveis e fornecem uma representação expressiva dos dados que podem ser úteis para a compreensão dos modelos estruturais utilizados nos textos científicos. Modelos mais legíveis também podem auxiliar a anotação manual de novos textos.

A busca por melhores resultados pode ser conduzida de diferentes modos em trabalhos futuros. Primeiro, nota-se que o conjunto de dados é pequeno e relativamente desbalanceado, sendo uma extensão natural deste trabalho a coleta de novos dados e o uso de técnicas para o balanceamento das classes. Em segundo, atualmente o AZPort realiza as classificações sentença-a-sentença sem considerar uma visão global do resumo analisado, tendo apenas o atributo *Histórico* como indicativo do fluxo retórico do texto. Assim, o uso de modelos como *Hidden Markov Models* [Baum et al. 1970] que consideram a ordem das sentenças durante o processo de classificação pode levar a melhores resultados. A inclusão de um novo atributo que indique a categoria da próxima sentença (*Futuro*) também pode ser considerada. Para isso, pode-se utilizar um algoritmo que realize mais de uma rodada de classificações por todo o resumo, de modo que essas classificações sejam utilizadas para o cálculo dos atributos *Histórico* e *Futuro*.

É comum, principalmente em sentenças mais longas, que mais de uma categoria retórica caracterize uma única sentença. Esse fato exerce influência até mesmo nos resultados de anotações humanas. Assim, a construção de classificadores multi-rótulos é uma vertente importante para sistemas como o AZPort. De fato, essa vertente já vem sendo explorada para a língua inglesa, como é caso do MAZEA – *Multi-label Argumentative Zoning for English Abstracts* [Dayrell et al. 2012].

Referências

Aluísio, S.M.; Barcelos, I.; Sampaio, J.; Oliveira Jr., O.N. (2001). "How to Learn the Many Unwritten "Rules of the Game" of the Academic Discourse: A Hybrid Approach Based on Critiques and Cases", In: Proceedings of the IEEE International Conference on Advanced Learning Technologies, p. 257–260.

Anthony, L.; Lashkia, G.V. (2003). "Mover: A Machine Learning Tool to Assist in the Reading and Writing of Technical Papers", In: IEEE Transactions on Professional Communication, 46(3), p. 185–193.

Attali, Y.; Burstein, J. (2006). "Automated essay scoring with e-rater v.2", In: *Journal of Technology, Learning and Assesment*, 4(1), p. 1–31.

Baum, L.E; Petrie, T.; Soules, G.; Weiss, N. (1970). "A maximization technique occurring in the statistical analysis of probabilistic functions of markov chains", In: *Annals of Mathematical Statistics*, v. 41, p. 164–171.

Burstein, J.; Marcu, D.; Knight, K. (2003). "Finding the Write Stuff: Automatic Identification of Discourse Structure in Student Essays", In: IEEE Intelligent Systems: Special Issue on Natural Language Processing, 18(1), p. 32–39.

Dayrell, C.; Candido Jr, A.; Lima, G.; Machado Jr, D.; Copestake, A.; Feltrim, V.D.; Tagnin, S.; Aluisio, S. (2012). "Rhetorical Move Detection in English Abstracts: Multi-label Sentence Classifiers and their Annotated Corpora", In: Proceedings of the 8th International Conference on Language Resources and Evaluation, p. 1604–1609.

Feltrim, V.D.; Aluísio, S.M.; Nunes, M.G.V. (2003). "Analysis of the Rhetorical Structure of Computer Science Abstracts in Portuguese", In: Proceedings of the Corpus Linguistics 2003, Dawn Archer, Paul Rayson, Andrew Wilson and Tony McEnery (Eds.), *UCREL Technical Papers*, Vol 16, Part 1, Special Issue. p. 212-218.

Feltrim, V.D.; Pelizzoni, J.M.; Teufel, S.; Nunes, M.G.V.; Aluísio, S.M. (2004). "Applying Argumentative Zoning in an Automatic Critiquer of Academic Writing", In: Proceedings of the 17th Brazilian Symposium on Artificial Intelligence, São Luis-MA, Brazil. *Lecture Notes in Artificial Intelligence*, 3171, Springer, p. 214-223.

Feltrim, V.D.; Teufel, S.; Nunes, M.G.V.; Aluísio, S.M. (2006). "Argumentative Zoning Applied to Critiquing Novices' Scientific Abstracts", In: James G. Shanahan, Yan Qu and Janyce Wiebe (Eds.) *Computing Attitude and Affect in Text*. Dordrecht, The Netherlands: Springer, p. 233-246.

Feltrim, V.D.; Souza, V. M. A. (2009). "PyGER: Uma Ferramenta Geradora de Expressões Regulares a partir de um Conjunto de Expressões em Linguagem Natural", In: Proceedings of the 1st Student Workshop on Information and Human Language Technology (TILic – STIL), 2009, São Carlos – SP, p. 1–5.

Genovês Jr., L.; Feltrim, V.D.; Dayrell, C.; Aluísio, S. (2007) Automatically detecting schematic structure components of English abstracts. In Proceedings of the Recent Advances in Natural Language Proceesing, Workshop on Natural Language Processing for Educational Resources, Borovets, Bulgaria, pp. 23-29.

Huckin, T.N.; Olsen, L.A. (1991). "Technical Writing and Professional Communication For Nonnative Speakers of English", New York, USA: McGraw-Hill.

Machado Jr, D.; Feltrim, V.D. (2009). "Extração Automática de Expressões Indicativas para a Classificação de Texto Científicos", In: Proceedings of the 1st Student Workshop on Information and Human Language Technology (TILic – STIL), 2009, São Carlos – SP, p. 1–5.

Saggion, H.; Poibeau, T. (2013). "Automatic Text Summarization: Past, Present and Future", In: Multi-source, Multilingual Information Extraction and Summarization - Theory and Applications of Natural Language Processing, p. 3–21.

Souza, V.M.A.; Feltrim, V.D. (2011). "Automatic Analysis of Semantic Coherence in Academic Abstracts Written in Portuguese", In: Proceedings of the 5th International Joint Conference on Natural Language Processing, p. 1144–1152.

Souza, V.M.A.; Feltrim, V.D. (2013). "A coherence analysis module for SciPo: providing suggestions for scientific abstracts written in Portuguese", In: *Journal of the Brazilian Computer Society*, 13(1), p. 59–73.

Swales, J. (1990). "Genre Analysis: English in Academic and Research Settings", Cambridge, UK: Cambridge University Press.

Teufel, S.; Moens, M. (2002). "Summarising Scientific Articles — Experiments with Relevance and Rhetorical Status", In: *Computational Linguistics*, 28(4), p. 409–446.

Trimble, L. (1985). "English for Science and Technology: A Discourse Approach", Cambridge, UK: Cambridge University Press.

Witten, H. I.; Frank, E. (2005) "Data mining - practical machine learning tools and techniques", 2nd Edition, Morgan Kaufmann, Elsevier.

Yao, X. M. (2013). "Automated Essay Scoring: A Comparative Study", In: *Applied Mechanics and Materials*, v. 274, p. 650–653.

O Subframe Sentença no Complexo Frame Processo de Conhecimento no Direito Processual Civil

Thaís Domênica Minghelli[1], Anderson Bertoldi[1], Rove Chishman[1]

[1]Programa de Pós-Graduação em Linguística Aplicada–
Universidade do Vale do Rio dos Sinos (UNISINOS)
Av. Unisinos n.950 –São Leopoldo – RS – Brasil

thaisdomenica@hotmail.com, andersonbertoldi@yahoo.com, rove@unisinos.br

Abstract. *This article aims to develop the subframe SENTENCING, which is part of the complex frame Knowledge Process frame in the Civil Procedural Law. Having the parent frame and its frame elements previously structured, we here elaborate the sentence subframe according to Frame Semantics and based on the FrameNet feature. To it so, we present the theory, the legal domain, the subframe sentence and annotation of real occurrences.*

Resumo. *Este artigo objetiva desenvolver o subframe SENTENÇA, o qual é parte do complexo frame Processo de Conhecimento no Direito Processual Civil. Tendo o frame pai e seus elementos de frame previamente estruturados, elabora-se o subframe sentença seguindo a Semântica de Frames e baseando-se no recurso FrameNet. Para tanto, aborda-se a Semântica de Frames, o domínio jurídico, o subframe sentença e anotam-se ocorrências reais.*

1. Introdução

Construir *frames* e *subframes*, de acordo com os princípios da Semântica de Frames (doravante SF), exige, além da descrição de uma cena e definição de seus elementos constituintes, a descrição semântica e sintática, o estudo de elementos de frame (doravante EF), unidades lexicais (doravante UL) evocadoras, relação entre frames e anotação de um corpus para a verificação real das ocorrências. Projeto lexicográfico nesta perspectiva em língua portuguesa e segundo a pioneira FrameNet [Fillmore et al. 2003] é a FrameNet Brasil [Salomão 2009] e o projeto FrameCorp[1].

O foco deste artigo é avançar na criação do frame `Processo_de_conhecimento_no_direito_processual_civil` [Minghelli, 2012], descrevendo o *subframe* `Sentença` consoante a teoria da SF e com base no *subframe* `Sentencing` do recurso lexicográfico FrameNet[2]. Para tanto, estrutura-se este artigo da seguinte forma: na seção 2, trazem-se noções sobre SF, aborda-se o recurso FrameNet, contrastando os EF do *subframe* `Sentencing` aos que ora se propõe; na seção 3, fala-se do domínio jurídico, alvo da parte aplicada do trabalho, descreve-se o *subframe* proposto expondo seus EF, definem-se algumas UL evocadoras

[1]Projeto FrameCorp (http://projeto.unisinos.br/semantec/index.php/projetos/8-projetos/2-framecorp).

[2] Este trabalho representa a primeira etapa na construção de um recurso lexicográfico, o qual poderá ser utilizado, posteriormente, na anotação de textos jurídicos. Assim, não há a pretensão, nesse momento, de gerar um produto, um corpus anotado.

e anotam-se ocorrências referentes ao evento *sentença*, mostrando uma aplicação da parte teórica estudada. Encerra-se com algumas reflexões linguísticas advindas das anotações.

2. Noções sobre Semântica de Frames e o subframe `Sentencing`

A SF corresponde a uma teoria que leva em consideração o significado enciclopédico [Evans 2007] e a representação do significado da palavra, buscando desvelar o conhecimento associado às palavras, um conhecimento convencional atrelado à experiência e à cultura, representado no nível conceitual e armazenado na memória a longo prazo. Fillmore (1982) explica que a SF oferece um modo peculiar de olhar o significado e os princípios para a criação de palavras e frases, acrescentando novos significados aos itens lexicais e construindo o significado em um contexto, dentro de seu significado total.

Conforme esta teoria, o significado da palavra é descrito em *frames*, "representações esquemáticas das estruturas conceituais e padrões de crenças, práticas, instituições, imagens, etc., que fornecem uma base para uma interação significativa em uma determinada comunidade de fala" [Fillmore, 1982]. Assim, frames representam esquematizações da experiência, uma estrutura do conhecimento detalhada ou esquemas que emergem de experiências do dia a dia, representadas em nível conceitual e armazenadas na memória a longo prazo, em que se relacionam elementos e entidades associadas a uma cena específica da experiência. Trata-se da representação de uma situação, um objeto ou evento, a qual está inserida em um plano de fundo (*background*). Sob esta perspectiva, o entendimento e o uso apropriado de itens lexicais ou frases do significado de uma palavra dependem do conhecimento do frame individual ao qual ela está associada. Logo, conhecer o significado de uma palavra implica conhecer o *frame* evocado por ela.

O recurso lexicográfico FrameNet [Baker, Fillmore and Lowe, 1998] representa uma aplicação dessa teoria. Extraindo informações sobre as propriedades semânticas e sintáticas de palavras retiradas de *corpora*, usando procedimentos manuais e automáticos, essa aplicação identifica e descreve frames semânticos, analisando a relação de unidades lexicais com os frames por elas evocados. A FrameNet estuda as propriedades sintáticas e semânticas, lembrando que um de seus maiores objetivos é a identificação de padrões valenciais [Fillmore 2003a].

Tal recurso trabalha com EF, lemas, lexemas, formas de palavras, partes de discurso, relações de frame para frame, sentenças anotadas baseadas em corpora e um conjunto de camadas anotadas para os EF, tipos sintagmáticos e padrões valenciais, oferecendo toda a informação necessária para a caracterização de uma UL [Fillmore, et. al. 2003a]. Abordando mais a fundo alguns conceitos centrais da FrameNet, aproveita-se para tratar de forma mais detalhada o subframe `Sentencing`.

Os *frames* da FrameNet trazem os papéis dos participantes ou aspectos de uma situação, sendo estes denominados de ***elementos de frame*** (EF). Junto à FrameNet, `Sentencing` tem como EF nucleares CONVICT (condenado), COURT (júri, juiz), OFFENSE (ofensa, ato ilegal), SENTENCE (sentença, decisão) e TERM OF SENTENCE (aludindo à duração da pena). Note-se que os EF são grafados em fonte maiúscula para mostrar que não se trata de léxico utilizado ordinariamente, sendo denominados mnemonicamente[3], como também que há duas categorias de EF, nucleares (*core*) e periféricos (*non-core*). Os primeiros trazem os participantes centrais, arrolados acima, e os periféricos não são necessariamente conceptuais, isto é, os EF não centrais não fazem parte da predicação e representam informações não essenciais para o *frame*, como tempo e lugar. Os EF periféricos do *subframe* citado são: DEPCTIVE (referindo-se a presença do condenado no julgamento), PLACE (lugar do julgamento), TIME (tempo, quando ocorre) e TYPE (o tipo de pena, se de reclusão em regime fechado, por exemplo).

A FrameNet faz uso do conceito de ***unidades lexicais*** (UL), seguindo a definição de Cruse (1986) de que uma UL corresponde a uma palavra ou uma expressão em um de seus sentidos. Vale referir que cada um dos sentidos de uma palavra pode estar ligado a um frame específico, quando se diz que o sentido da palavra evoca o frame [Fillmore, 2003a,b]. Evocadores de frame, comumente, são verbos; contudo, substantivos eventivos também têm esta prerrogativa, ao contrário dos nomeadores de artefatos e coisas da natureza [Fillmore, 2003b]. Atendo-se ao subframe `Sentencing`, suas UL são: *condem* (condenar), *order* (ordenar), *send up* (enviar), *sentence n.* (sentença,) e *sentence v.* (sentenciar).

A FrameNet também descreve ***relações entre frames***, havendo diferentes tipos, tal como a de ***herança***, em que um frame filho é mais específico, elaborado e complexo que o frame pai, permitindo a apresentação de um estado sequencial e transacional entre *frames*, como também a representação individual do *frame* mais específico. Em tais casos, todos os EF, *subframes* e tipos semânticos do frame pai têm correspondentes no frame filho, sendo possível que este tenha características adicionais, isto é, EF e tipos semânticos que não estejam no frame pai. É interessante notar, ademais, que um frame filho pode herdar de mais de um frame pai.

Logo, `Sentencing` tem uma relação de herança com o frame pai `Criminal_process` na FrameNet, assim como o *subframe* `Sentença` é frame filho no frame do português. A relação de ***precedência*** é outra que está presente no recurso lexicográfico, a qual vem organizar a ordem de subeventos em um evento mais complexo. Contextualizando, verifica-se a relação de precedência entre os demais subframes e o subframe `Sentença`, os quais compõem o frame maior, o que ficará evidente na figura da seção seguinte.

Outra relação importante é a de ***perspectiva***, a qual permite representar diferentes olhares sobre uma mesma cena. No domínio jurídico, ilustra-se a noção de perspectiva em *A juíza **inquiriu** o réu,* quando a perspectiva é da julgadora; enquanto em *O réu **depôs*** mostra a perspectiva do réu. Assim, a noção de perspectiva possibilita explorar e representar os diferentes pontos de vista de participantes de um frame em um cenário maior. Esclarece-se que em ambas as sentenças, criadas para fins exemplificativos, a unidade evocadora é *condenar*, a qual evoca o subframe `sentença`.

---

[3] A definição do nome dos frames ocorre mnemonicamente, ou seja, o nome é escolhido de forma que sua memorização ou associação ao o que ele se refere seja facilitada. Assim, a definição do frame relaciona-se diretamente com a descrição da situação por ele representada [Lönneker-Rodman, 2007].

Por fim, deve-se ter em mente que junto às palavras há toda uma cena de fundo e saber quais os demais elementos que a compõem é relevante para a construção do seu significado. Tendo-se, outrossim, estudado os principais conceitos atinentes à SF e ao recurso lexicográfico FrameNet, segue-se à breve apresentação do domínio jurídico e definição dos conceitos centrais para a parte aplicada deste trabalho.

3. O evento sentença no Direito Processual Civil

P*rocesso de conhecimento no Direito Processual Civil* corresponde à primeira fase de um processo orientado pelo Processo Civil. Descrever esta realidade em *frames* implica representar seus subeventos desde o ingresso da petição inicial pela parte interessada, autora da ação, junto à justiça competente, provocando o juiz a se manifestar e instruir o processo, até o momento em que se profere uma sentença de mérito, declarando qual das partes tem razão, decidindo, assim, pela procedência, a improcedência ou a parcial procedência da ação. Representando, graficamente, o *frame pai* `processo_de_conhecimento_no_direito_processual_civil` e seus subframes, segue a Figura 01, chamando-se a atenção para as relações de precedência e herança entre eles:

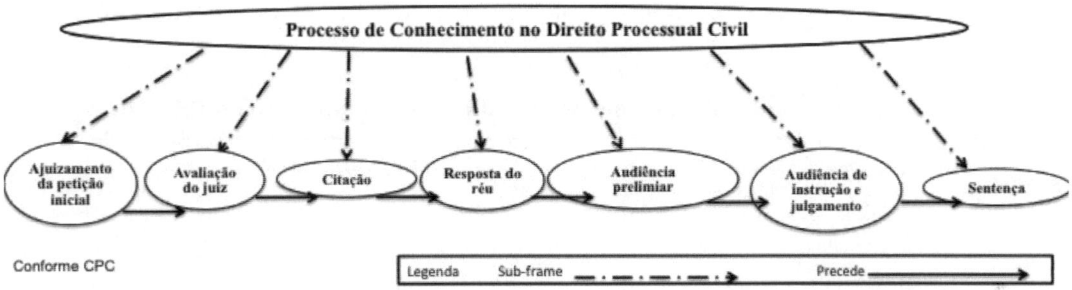

Figura 01: O *frame pai* e seus *subframes*. Fonte: Elaborado pela autora.

Analisando a figura, nota-se a existência de uma série ordenada e processual de atos formalizados pela lei para um litígio judicial, iniciando pelo ajuizamento da petição inicial, seguindo para a avaliação do juiz, a citação do réu e sua resposta, partindo para a audiência preliminar e de instrução e julgamento, finalizando com a prolação da sentença. Percebe-se que o subframe proposto é o último da cadeia de eventos, tendo uma relação de herança com o frame pai, além de todos os demais subframes, os quais precedem este último evento *sentença*.

Conforme definição retirada de dicionário especializado, *sentença* significa "a decisão que resolve a causa ou questão controvertida sobre a relação de direito litigioso" [Náufel 2008]. Importa acrescentar que esta decisão resolve o caso litigioso em primeira instância, quando o processo está em fase de conhecimento pelo juiz, pois caso uma das partes litigantes ou ambas apelem, recorram, uma nova fase inicia, a chamada fase recursal.

4. O *subframe* `Sentença`

A presente seção está dividida em duas partes. A primeira define o subframe, seus EF e as UL evocadoras, contrastando-os ao *subframe* `Sentencing` da FrameNet[4] e a segunda apresenta o *corpus*, a metodologia utilizada e a anotação de algumas ocorrências reais referentes ao evento *sentença*.

4.1. O *subframe* `Sentença` no Direito Processual Civil

Com base na definição acima descrita formula-se a definição do *subframe* `Sentença`, marcando em fonte maiúscula os EF que o compõem:

`Sentença` corresponde à DECISÃO proferida por JULGADOR, representante do PODER JUDICIÁRIO, que em determinado LUGAR e TEMPO, acerca de um CASO CONCRETO, envolvendo LITIGANTE AUTOR e LITIGANTE RÉU profere uma decisão. Neste documento, relata-se o PEDIDO, expõem-se a FUNDAMENTAÇÃO da decisão, a BASE LEGAL e a PENA.

A partir da definição acima e seguindo os critérios da FrameNet, apresenta-se na tabela abaixo os EF nucleares e periféricos, contrastando-os com o *subframe* `Sentencing`. Acrescenta-se o sinal de asterisco (*) ao lado do EF herdado do *frame pai* [Minghelli 2012].

Tabela 01: Subframes sentence e sentencing e seus respectivos EF e UL.

	Subframe: `sentença`	Subframe: `sentencing`
EF Nuclear	LITIGANTE AUTOR*	---
	LITIGANTE RÉU*	CONVICT
	JULGADOR*	COURT
	CASO CONCRETO	OFFENSE
	DECISÃO*	SENTENCE
	PEDIDO*	---
	FUNDAMENTAÇÃO	---
	BASE LEGAL*	---
	PENA*	---
EF Periférico	LUGAR	PLACE
	TEMPO	TIME
	---	DEPICTIVE
	Vide EF nuclear PENA	TYPE (tipo de pena)
	PODER JUDICIÁRIO	---
UL Evocadora	*Condenar*	*Condemn*
	----	*Order*
	---	*Send up*
	Sentença	*Sentence n.*
	Sentenciar	*Sentence v.*
	Absolver	---

Passa-se, assim, à definição dos EF, estabelecendo um estudo contrastivo com o *subframe* `Sentencing` e referindo quais advêm do *frame* pai

[4] Vale esclarecer que, apesar de o *subframe* `Sentencing` pertencer ao complexo *frame* `Criminal_Process` (Processo Criminal), componente da área penal, como evento ele se aproxima do evento *sentença* presente em qualquer subdomínio jurídico, razão pela qual se vale dele como base para a elaboração do *subframe* ora proposto.

`Processo_de_conhecimento_no_direito processual_civil`, tendo como apoio o dicionário jurídico [Náufel 2008].

LITIGANTE AUTOR corresponde "àquele que propõe (...) uma ação em juízo (...) parte em um processo judicial", herdado do *frame* `Processo_de_conhecimento_no_direito_processual_civil` e não está presente no *subframe* `Sentencing`. LITIGANTE RÉU refere-se "aquele que (...) contesta uma ação em juízo (...) parte em um processo judicial", equivalendo ao EF CONVICT no recurso FrameNet. Tal como o primeiro EF acima descrito, ele também é herdado. JULGADOR e *COURT* equiparam-se. JULGADOR é herdado do *frame* pai, entendendo-se como a "autoridade judiciária ou administrativa a quem cabe decidir uma questão" e *court* trata-se de uma palavra polissêmica no direito americano, a qual tanto remete ao *juiz, júri*, quanto ao prédio *corte, tribunal.*

CASO CONCRETO e OFFENSE aludem a uma mesma questão, qual seja ao caso palpável, de existência real. DECISÃO, EF herdado do frame pai, e SENTENCING (aqui no sentido de EF) assemelham-se na medida em que correspondem ao "ato pelo qual uma autoridade administrativa ou judiciária resolve uma questão submetida à sua apreciação e julgamento (...)", relatando o caso concreto, o trâmite processual, a fundamentação e a decisão propriamente dita. PEDIDO, BASE LEGAL, PENA e FUNDAMENTAÇÃO não encontram correspondência no estudo contrastivo junto à FrameNet, o que não ocorre pelo fato do *subframe* Sentencing estar atrelado a um *frame* da esfera criminal, pois qualquer sentença deve contemplar estes quesitos *pedido, base legal, pena e fundamentação.* A falta de correspondência desses EF (*pedido, base legal, pena e fundamentação*) decorre da inexistência no recurso FrameNet, quiçá pelo fato de não ter tido interesse em aprofundar o *subframe* `Sentencing`.

Assim, herdados do *frame* `Processo_de_conhecimento_no_direito processual_civil` PEDIDO, BASE LEGAL e PENA, são definidos, respectivamente, da seguinte maneira: (i) *pedido* é "aquilo que alguém que vai a juízo, depois de fazer a exposição de suas razões, pede-lhe seja assegurado pelos poderes públicos, por intervenção do órgão judiciário. É o objeto da demanda. Aquilo que se indica como fim desta"; (ii) *base legal* é o fundamento legal e *pena* (iii) a "sanção de natureza pecuniária que a lei impõe àqueles que infringem determinações legais ou administrativas. Multa" e o EF específico do *subframe* `Sentença` FUNDAMENTAÇÃO (derivação de fundamentar) significa "dar fundamento. Expor razões e motivos de modo a justificar o pedido, a contestação ou a decisão. Basear em motivos e documentos".

Não se pode dizer que os EF periféricos LUGAR e TEMPO, presentes na FrameNet e no *subframe* proposto, tenham sido herdados, haja vista sua generalidade e uso em frames diversos. No que tange ao EF TYPE, entende-se que esteja abrangido pelo EF nuclear PENA, essencial, portanto, ao evento *sentença.* O EF DEPICTIVE não se viu como relevante quando da anotação do *corpus*, motivo pelo qual ele não foi acrescentado ao rol de EF. E o EF PODER JUDICIÁRIO, presente em muitas ocorrências, mas não essencial ao subevento *sentença*, compôs o rol de EF periféricos, sendo definido pelo dicionário especializado como "aquele que é formado pelo conjunto de órgãos a que incumbe a distribuição da justiça (...) são órgãos do Poder Judiciário: O Supremo Tribunal Federal, O Supremo Tribunal de Justiça, juízes (...)".

A partir do estabelecimento dos EF nucleares, nota-se que, dos nove EF existentes, sete são herdados do frame pai, quatro equivalem ao *subframe* americano e apenas um é específico ao *subframe* `Sentença`. Isso demonstra o relevante papel da herança na criação de *frames*, uma aproximação cultural quanto ao evento sentença entre os dois sistemas legais (brasileiro e americano) e subdomínios legais (Penal e Cível), bem como a importância do EF $_{\text{FUNDAMENTAÇÃO}}$ em uma decisão, o qual é peculiar ao *subframe* em elaboração. No que tange às UL, em um total de cinco, três advieram do estudo contrastivo e uma foi criada, totalizando quatro UL evocadoras, das quais três são verbos e uma substantivo. Esta constatação, de que as UL se equivalem nos *frames* cível em português e penal em inglês, frise-se no que tange ao subevento *sentença*, reforça a proximidade entre os sistemas e subdomínios (cível e penal) no ato de sentenciar, ainda que pertençam a sistemas legais distintos (brasileiro e americano).

Consoante consulta aos verbetes no dicionário jurídico [Náufel 2008], foram encontradas as seguintes definições, utilizadas nas ocorrências a seguir: *condenar*, "pronunciar sentença contra o acusado ou contra um dos litigantes no processo civil, obrigando-o a praticar ou deixar de praticar determinado ato ou fato ou a fazer determinada prestação (...)"; *sentença* (substantivo) (ou na forma verbal *sentenciar*), "é a decisão que resolve a causa ou questão controvertida sobre a relação de direito litigioso" e, por fim, *absolver*, "Julgar improcedente a ação proposta em relação ao réu".

4.2. O corpus, a metodologia e anotações de ocorrências

O corpus corresponde a excertos de textos jornalísticos publicados em mídia digital, cujas ocorrências elucidam adequadamente os EF estudados. A partir da leitura das notícias, foram selecionadas as ocorrências em que as UL *absolver* e *condenar* (e suas derivações) estavam presentes e que melhor pudessem ilustrar o subframe. A metodologia implicou (i) seleção de ocorrências; (ii) anotação dos EF e (iii) exposição de comentário acerca das anotações.

A seleção das ocorrências levou em conta a orientação de Fillmore et al. (2003), no sentido de que ilustrassem o subframe que se descreve e as possibilidades valenciais de cada evocador. Ou seja, a ocorrência deve ser elucidativa a ponto de explicar o sentido da UL alvo, apontando, ainda, os EF componentes da cena. A sentença deve, ainda, ser uma estrutura simples, que elucide o comportamento gramatical básico da UL alvo, sua valência, evitando-se sentenças que desloquem o complemento da palavra alvo de modo que nada tenha a ver com suas propriedades sintáticas e semânticas.

(1) (...) é grande o número de [empresas e (...) $_{\text{LITIGANTE AUTOR}}$] que, **condenadas** [pela Justiça $_{\text{JULGADOR}}$], pagam com cheque sem fundos ou descumprem os [acordos de pagamento parcelado $_{\text{DECISÃO}}$]. Isso leva o [credor $_{\text{LITIGANTE AUTOR}}$] a continuar demandando o [Poder Judiciário $_{\text{PODER JUDICIÁRIO}}$] para receber [o que tem direito $_{\text{PEDIDO}}$], tornando mais demorado o encerramento do processo. Com o uso do cartão, a dívida é quitada imediatamente [na sala de audiências $_{\text{LOCAL}}$].

(2) (...) em nome da transparência (...)[dos tribunais $_{\text{PODER JUDICIÁRIO}}$], divulga-se [o extrato do acórdão $_{\text{DECISÃO}}$] proferido pelo [tribunal de Lousada $_{\text{JULGADOR}}$], [no dia (...)$_{\text{TEMPO}}$], que **absolveu** o arguido [Afonso (...) $_{\text{LITIGANTE RÉU}}$] do [crime de rapto $_{\text{CASO CONCRETO}}$] (...)

(3) [O júri popular $_{\text{JULGADOR}}$] do [caso Eliza(...)$_{\text{CASO CONCRETO}}$] **condenou**, na [noite desta (...)$_{\text{TEMPO}}$], no [Fórum $_{\text{PODER JUDICIÁRIO}}$] [de Contagem (...)$_{\text{LOCAL}}$] os [réus (...)$_{\text{LITIGANTE RÉU}}$] [por participação nas ações que resultaram na morte da (...) $_{\text{FUNDAMENTAÇÃO}}$]. (...) Conforme [a sentença $_{\text{DECISÃO}}$] da [juíza (...) $_{\text{JULGADOR}}$], [Macarrão $_{\text{LITIGANTE RÉU}}$] foi condenado a [12 anos

em regime fechado PENA] por [homicídio triplamente qualificado (...) FUNDAMENTAÇÃO] e mais [três anos em regime aberto PENA] por [sequestro(...) FUNDAMENTAÇÃO].

(4) O [Tribunal de Justiça do RN PODER JUDICIÁRIO– JULGADOR] reformou [a sentença DECISÃO] proferida pela [11ª Vara (...) JULGADOR] e **absolveu** a [Associação (...) LITIGANTE RÉU]da [acusação de (...) CASO CONCRETO] movida por [um aluno da instituição LITIGANTE AUTOR]. O [Desembargador (...) JULGADOR] constatou que não houve falha no serviço prestado pela APEC, [ante a divulgação de informações exatas (edital oficial), FUNDAMENTAÇÃO] o que configura assim [a exclusão da responsabilidade civil da instituição DECISÃO].

As palavras *justiça e tribunal,* presentes nas anotações (1) e (2) *são polissêmicas* devido a metonímia, ou seja, quando o todo representa a parte, evidenciado pelos EF JULGADOR *e* PODER JUDICIÁRIO. A ocorrência (1) comprova este fenômeno ao referir "**condenadas** [pela Justiça JULGADOR]", onde *justiça* (todo) remete a JULGADOR (parte) quem profere a decisão e não à instituição PODER JUDICIÁRIO. Já, a ocorrência (2) traz *tribunais* no sentido de PODER JUDICIÁRIO, a instituição e *tribunal* como JULGADOR em "atividade [dos tribunais PODER JUDICIÁRIO]" e "proferido pelo [tribunal de Lousada JULGADOR]". Em (3) não há polissemia entre *júri* e *fórum*, referindo-se o primeiro ao JULGADOR e o segundo ao PODER JUDICIÁRIO. No exemplo (4), o grau de polissemia, em face da metonímia, é ainda maior e este duplo sentido se deve ao fato de "O Tribunal de Justiça do RN" aludir à *instituição*, bem como ao verbo que vem em seguida *reformou* remeter ao *julgador*, ato realizado por ente animado. Assim, há de se chamar a atenção à existência de uma relação metonímica entre PODER JUDICIÁRIO e JULGADOR, em que o primeiro representa o *todo* e o segundo a *parte*, podendo um ser utilizado pelo outro.

Outra constatação averiguada foi a proximidade entre CASO CONCRETO e FUNDAMENTAÇÃO. O exemplo (2) elucida o primeiro, trata-se de uma acusação, do fato litigioso "do [crime de rapto CASO CONCRETO"; da mesma forma que a primeira parte da ocorrência (3) "do [caso Eliza(...) CASO CONCRETO], ao passo que a última parte deste mesmo parágrafo, "[por participação nas ações (...) FUNDAMENTAÇÃO]", elucida o EF FUNDAMENTAÇÃO, remetendo ao fato que restou provado. Linguisticamente, percebe-se que a preposição *por* ressalta o motivo de algo, indo ao encontro da *fundamentação* e a preposição *de* alude à *acusação*. Tais preposições justificam o argumento que se sustenta acerca da distinção entre CASO CONCRETO e FUNDAMENTAÇÃO. Neste mesmo sentido, a ocorrência (4) "**absolveu** a (...) da [acusação de (...) CASO CONCRETO]", chama-se atenção para a preposição *da* e "ante a divulgação (...) FUNDAMENTAÇÃO]", quando *ante* corresponde à fundamentação.

5. Considerações Finais

Entender o significado das palavras no domínio jurídico sem compreender as instituições sociais ou as estruturas experienciais pressupostas é complexo. O entendimento de uma UL exige um plano de fundo, uma cena. Assim, criar um *frame* conforme a SF requer mais do que a descrição de uma cena, exige apresentar o domínio com seus EF, UL, abordar as relações entre *frames* e anotar ocorrências reais, analisando o que delas surgem. Finalizando este estudo, destacam-se, a relação de herança entre o frame *Processo_de_conhecimento_no_direito processual_civil* e o subframe Sentença, a proximidade entre o evento Sentença nos sistemas e subdomínios legais, a polissemia causada pela relação metonímica presente em alguns EF e, por fim, que é por meio da anotação de ocorrências que, realmente, se elabora um *frame*, constatando-se o comportamento valencial. Assim, tem-se presente que conhecimentos linguísticos e jurídicos são fundamentais para construir um *frame* que cumpra aos fins de uma válida e eficaz anotação.

Referências

Baker, Collin F., Charles J. Fillmore, and John B. Lowe. The Berkeley FrameNet project." COLING-ACL '98: Proceedings of the Conference. Montreal, Canada 1998. 86-90.

Cruse, D. A. "Lexical Semantics". Cambridge: Cambridge University Press, 1986.

Evans, V. Green, M. Cap. 7 "The encyclopaedic view of meaning". P. 206-244. In Geerarerts, D. & Cuyckens, H. The Oxford Handbook of Cognitive Linguistics. OUP: 2007.

Fillmore, C. J. "Frame semantics". In: The linguistic society of Korea (org). Linguistics in the Morning Calm. Seoul, Hanshin Publishing Co., 111-137, 1982.

Fillmore, C. J., et al. "Background to FrameNet". International Journal of Lexicography, Vol. 16 No. 3. 2003, a.

Fillmore, Charles J., Petruck, Miriam R. L., Ruppenhofer, Josef and Wright, Abby. "FrameNet in action: The case of attaching". International Journal of Lexicography, 16.3: 297-332, 2003, b.

Lönneker-Rodman. "Birte Multilinguality and FrameNet". Berkeley, CA: ICSI, 2007.

Minghelli, Thaís Domênica. "Pensando na criação do Frame Processo de conhecimento no Direito Processual Civil". In: I SUL LETRAS, 2012, São Leopoldo, Anais do evento, Unisinos, RS.

Náufel, José. "Novo dicionário jurídico brasileiro". 11 ed. Rio de Janeiro: Forense, 2008.

Salomão, M. M.M. "FrameNet Brasil: um trabalho em progresso". Calidoscópio. Vol.7, n°.3, 2009, p.171-182.

Corpus:

http://asmego.jusbrasil.com.br/noticias/2783502/caixa-e-bb-estudam-uso-de-cartao-de-credito-na-justica

http://www.asjp.pt/info/para-a-comunicacao/divulgacao-de-decisoes-judiciais/

http://g1.globo.com/minas-gerais/julgamento-do-caso-eliza-samudio/noticia/2012/11/macarrao-e-condenado-15-anos-de-prisao-ex-namorada-de-bruno-pega-5.html

http://tj-rn.jusbrasil.com.br/noticias/2930627/tj-absolve-instituicao-de-ensino-acusada-de-propaganda-enganosa

Subtopic Annotation in a Corpus of News Texts: Steps Towards Automatic Subtopic Segmentation

Paula C. F. Cardoso[1], Maite Taboada[2], Thiago A. S. Pardo[1]

[1]Núcleo Interinstitucional de Linguística Computacional (NILC)
Instituto de Ciências Matemáticas e de Computação, Universidade de São Paulo
Av. Trabalhador São-carlense, 400 – Centro
Caixa Postal: 668 – CEP: 13566-970 – São Carlos/SP

[2]Department of Linguistics – Simon Fraser University
8888 University Dr., Burnaby, B.C., V5A 1S6 - Canada

pcardoso@icmc.usp.br, mtaboada@sfu.ca, taspardo@icmc.usp.br

Abstract. *Subtopic segmentation aims at finding the boundaries among text passages that represent different subtopics, which usually develop a main topic in a text. Being capable of automatically detecting subtopics is very useful for several Natural Language Processing applications. This paper describes subtopic annotation in a corpus of news texts written in Brazilian Portuguese. In particular, we focus on answering the main scientific questions regarding corpus annotation, aiming at both discussing and dealing with important annotation decisions and making available a reference corpus for research on subtopic structuring and segmentation.*

Resumo. *Segmentação topical visa segmentar um texto em passagens que representam subtópicos diferentes, os quais desenvolvem um tópico principal de um texto. A identificação de subtópicos é útil para diversas aplicações de Processamento de Linguagem Natural. Este artigo descreve a anotação de subtópicos em um córpus de textos jornalísticos em Português do Brasil. Em particular, foca-se em responder as questões cientificas a respeito da anotação do córpus, visando discutir e lidar com questões importantes de anotação e disponibilização de um córpus de referência para pesquisas sobre estruturação e segmentação topical.*

1. Introduction

Subtopic segmentation aims at finding the boundaries among text passages that represent different subtopics, which usually develop the main topic in a text. For example, a text about a football match would have "football" as the main topic and passages that might represent the subtopics "preparation and training for the match", "moves of the match and final score", and "schedule of next matches".

This task is useful for many important applications in Natural Language Processing (NLP), such as automatic summarization, question answering, and information retrieval and extraction. For instance, Prince and Labadie (2007) explain that information retrieval with the identification of subtopics in the retrieved texts may provide the user with text fragments that are semantically and topically related to a given query. This makes it easier for the user to quickly find the information of interest. Oh et al. (2007) suggest that a question answering system, which aims to answer a question/query submitted by the user, may link this query to the subtopics in a text in order to increase the accuracy of the identification of the answer. Wan (2008) says that, given some subtopic segmentation, automatic summarization may produce summaries that select different aspects from the collection of texts, producing better summaries.

Given its usefulness, it is common to prepare a reference segmentation that supports not only the study and understanding of the phenomenon, but also the development and evaluation of systems for automatic subtopic segmentation. As the construction of corpora is a time consuming and very expensive task, it is necessary to follow procedures to systematize it and to ensure a reliable annotation, in order to produce a scientifically sound resource. Hovy and Lavid (2010) claim that it is necessary to be concerned with the reliability, validity, and consistency of the corpus annotation process. Because of this, many researchers, with such procedure in mind, suggest some methodological research questions, which may be summarized in the following 7 steps: (1) choosing the phenomenon to annotate and the underlying theory, (2) selecting the appropriate corpus, (3) selecting and training the annotators, (4) specifying the annotation procedure, (5) designing the annotation interface, (6) choosing and applying the evaluation measures, and (7) delivering and maintaining the product.

In this paper, we report the subtopic annotation of a corpus of news texts written in Brazilian Portuguese. The corpus, called CSTNews[1] (Cardoso et al., 2011), was originally designed for multi-document processing and contains 50 clusters, with each cluster having 2 or 3 texts on the same topic. In particular, we focus on answering the 7 research questions cited above, aiming at both discussing and dealing with important annotation decisions and making available a reference corpus for research on automatic subtopic structuring and segmentation.

The remainder of this paper is organized into two main sections. Section 2 shows a brief discussion about relevant issues related to corpus annotation and some work on subtopic segmentation. Section 3 describes our annotation under the light of the 7 annotation questions, including the description of our dataset and the quality evaluation of the subtopic segmentation. Section 4 presents final remarks.

2. Related work

There are several initiatives to create corpora that are linguistically annotated with varied phenomena from diverse perspectives, both for written and for spoken/transcribed data. We briefly overview some of these works in what follows.

Hearst (1997) was one of the pioneer works in the area of subtopic segmentation with the proposal of the TextTiling algorithm. The author used a corpus of 12 magazine (expository) articles that had their subtopics segmented by technical researchers. The size of the texts varied from 1,800 to 2,500 words. In order to produce a reference

---

[1] CSTNews corpus - http://www2.icmc.usp.br/~taspardo/sucinto/cstnews.html

segmentation, Hearst considered that a boundary was true if at least three out of the seven enrolled judges placed a boundary mark there. Kazantseva and Szpakowicz (2012), in turn, chose a fiction book (with 20 chapters) to be segmented by at least six undergraduate students. For each topic boundary, the annotator provided a brief one-sentence description, effectively creating a chapter outline. In these two studies, texts were segmented based on paragraph boundaries. The agreement among annotators was 0.64 in Hearst's annotation and 0.29 in Kazantseva and Szpakowicz's study.

Passonneau and Litman (1997) used a corpus composed of 20 transcribed narratives about a movie to be segmented by seven untrained annotators. The size of the narratives was roughly 13,500 words. The authors requested judges to mark boundaries using their notion of communicative intention as the segmentation criterion. Galley et al. (2003) worked on a sample of 25 meetings transcribed from the ICSI Meeting corpus (Janin et al., 2003). They had at least three human judges to mark each speaker change (which is a potential boundary) as either a boundary or non-boundary. The final segmentation was based on the opinion of the majority. Gruenstein et al. (2007) used 40 meetings from the same corpus and 16 additional ones from the ISL Meeting Corpus (Burger et al., 2002). The authors asked to two annotators to segment the texts at two levels: major and minor, corresponding to the more and less important topic shifts. The authors noticed many cases where topic boundaries were annotated as a major shift by one annotator and as a minor shift by other, suggesting low agreement. Mohri et al. (2010) used 447 news of the TDT corpus of broadcast news speech and newspaper articles. The corpus has human-labeled story boundaries treated as topic boundaries.

Other researchers automatically produce reference segmentation. Choi (2000) produced an artificial test corpus of 700 documents from the Brown corpus. For document generation, the procedure consists extracting, for instance, ten segments of 3-11 sentences each, taken from different documents and combining them to form one document. Chang and Lee (2003), in turn, collected 1285 writings to be segmented into subtopics using their method for topic segmentation.

It is interesting to notice how varied the annotation procedures in the above works were. This is expected, since corpora are created for several different (linguistic and computational) purposes. However, corpus annotation practices have evolved with time and some basic steps are expected to be followed in the research. As already cited in the first section, Hovy and Lavid (2010) split the corpus annotation in seven steps. The authors claim that it is necessary to follow these steps in order to have reliable corpora and, therefore, trustworthy applications. In what follows, we present our corpus annotation following the 7 steps proposed by Hovy and Lavid.

3. Subtopic annotation in the CSTNews corpus

3.1. The decision on the linguistic phenomenon to annotate

The phenomenon to be investigated is subtopic segmentation in news texts. Koch (2009) describes that a text can be considered coherent if it displays continuity, i.e., the topical progression must take place so that there are no breaks or interruptions overly long on topic in progress. In this work, following Hearst (1997), we assume that a text or a set of texts develop a main topic, exposing several subtopics as well. We also assume that a topic is a particular subject that we write about or discuss (Hovy, 2009), and subtopics are represented in pieces of text that cover different aspects of the main topic (Hearst, 1997; Hennig, 2009). News texts usually do not have explicit marking of subtopics; however, the topicality exists as an organizing principle of the text. As an example, Figure 1 shows a short text (translated from one of the texts in CSTNews corpus) with sentences identified by numbers between square brackets and a possible segmentation. We also show the identification of each subtopic in angle brackets after the corresponding text passages. The main topic is a plane crash. The first text block is about the victims and where the plane was; the second block describes the plane; and the last one describes the crew.

[S1] A plane crash in Bukavu, in the Eastern Democratic Republic of Congo, killed 17 people on Thursday afternoon, said the spokesman of the United Nations.
[S2] The victims of the accident were 14 passengers and three crew members.
[S3] All died when the plane, hampered by the bad weather, failed to reach the runway and crashed in a forest that was 15 kilometers from the airport in Bukavu.
[S4] The plane exploded and caught fire, said the UN spokesman in Kinshasa, Jean-Tobias Okala.
[S5] "There were no survivors", said Okala.
<subtopic: plane crash in the Congo>

[S6] The spokesman said the plane, a Soviet Antonov-28 and Ukrainian manufacturing and ownership of the Trasept Congo, a Congolese company, also took a mineral load.
<subtopic: details about the plane >

[S7] According to airport sources, the crew members were Russian.
<subtopic: details about the flight crew>

Figure 1. Example of a text with identified subtopics

It is usual to find subtopics that are repeated later on in the same text, and should therefore be connected, and marked with the same label. Another important matter is that the granularity of a subtopic is not defined, as a subtopic may contain one or more sentences or paragraphs. Some researchers use paragraphs as the basic information unit (e.g., Hearst, 1997; Kazantseva and Szpakowicz, 2012), while others employ sentences (e.g., Chang and Lee, 2003; Riedl and Biemann, 2012).

We also do not distinguish among the notions of subtopic shift and subtopic drift, as proposed by Carlson and Marcu (2001). According to Carlson and Marcu, a subtopic shift is a sharp change in focus, while a drift is a smooth change from the information presented in the first span to the information presented in the second. In our annotation, they were both classified as a change in subtopic.

3.2. Selecting the corpus

We used a corpus composed of 50 clusters of news texts written in Brazilian Portuguese, collected from several sections of mainstream news agencies in Brazil: Politics, Sports, World, Daily News, Money, and Science. The corpus contains 140 texts altogether, amounting to 2,088 sentences and 47,240 words. On average, the corpus contains, for each cluster, two or three texts, and 41.76 sentences and 944.8 words, on average.

The choice for news texts was due to our interest in pursuing general purpose subtopic segmentation. News texts make use of everyday language and are widely accessible by ordinary people. Such texts usually do not present structural demarcation (as the sections of a scientific paper, for instance), causing automatic subtopic segmentation to be more desirable for NLP tasks and equally challenging.

Each cluster contains texts on the same topic as the corpus was built to foster research in multi-document processing, mainly in multi-document summarization. It is interesting to notice that, since the selection of texts to compose the corpus was driven by which topics were current at the time (because current topics are likely to be commented and covered by different news sources), the distribution of texts is not uniform among sections and agencies. For instance, some sections, as World and Daily News, have far more texts than Science and Money sections. We consider that such differences are not relevant for the envisioned task. Instead, we favor news language, regardless of from which section each text came from.

3.3. Selecting and training the annotators

Our subtopic annotation was performed by 14 annotators, all computational linguists with experience in corpus annotation, including undergraduate and graduate students, as well as professors.

The annotators went through training sessions during three days in one-hour daily meetings. During this step, the annotators were introduced to the task, its basis, and its relevance for NLP (for motivational purposes), segmented some news texts (which were not from the CSTNews corpus, in order to avoid bias in the actual annotation) and discussed their annotations, concepts and definitions related to the task, as well as compared their annotations. These training sections were conducted by two experienced annotators (who already had contact with the matter and performed subtopic segmentation in previous occasions).

We believe that all the annotators had some intuitive notion about the task. The three days of training proved to be enough for the annotators to acquire maturity in the process and to achieve a satisfactory agreement. This agreement was empirically checked during the discussions. As in other studies, as expected, agreement among judges was not perfect, since there is a (healthy) degree of subjectivity in the task (once it involves reading and interpreting texts), but overall agreement might be clearly observed.

3.4. Specifying the annotation procedure

In this work, the annotation phase took seven days in a daily one-hour meeting basis. On every annotation day, the annotators were organized in two groups, with at least five or seven annotators. The groups were randomly formed in each annotation session in order to avoid bias in the process. The annotators were instructed to read each text and to split it into subtopic blocks. The annotation was individual and the participants might not dialogue with each other. This process is similar to Hearst's methodology (1997).

The segmentation granularity was not defined and a subtopic could be formed by one or more sentences. Paragraph boundaries should not be taken into account, since a subtopic may be described inside a paragraph with other subtopics or even in more than one paragraph. One of the purposes of this work was to verify the subtopic segmentation in news texts to check how they are distributed and whether or not paragraph boundaries are relevant for this task.

For each subtopic, one annotator was asked to identify it with a brief description using keywords. The description should be inserted in a concise and representative tag such as *<t label="keywords">*. The boundaries identified by the majority of the annotators were assumed to be actual boundaries.

3.5. Design of the annotation interface

Hovy and Lavid (2010) say that a computer interface designed for annotation must favor speed at the same time that it avoids bias in the annotation. Leech (2005), in turn, says that we may annotate texts using a general-purpose text editor, but this means that the job has to be done by hand, which may cause it to be slow and prone to error.

Since there is not a large set of tags for our annotation (only one), we did not develop a specific interface. The annotators used their preferred text editor and added a tag whenever they found a topic boundary. Thus, the annotators had the ability to go back and look over the parts that they had already looked at and change markings if desired, because they were manipulating a tool they already knew.

On the other hand, allowing the annotators to use the editor they were more familiar with meant that we had to check the encoding (since different editors and operating systems may use varied encoding standards, as Unicode and UTF-8), to make it uniform.

3.6. Choosing and applying evaluation measures

The underlying premise of an annotation is that if people cannot agree enough, then either the theory is wrong (or badly stated or instantiated), or the process itself is flawed (Hovy and Lavid, 2010). At first, it may seem intuitive to determine possible subtopic boundaries, but the task is very subjective and levels of agreement among humans tend to be low (see, e.g., Hearst, 1997; Passonneau and Litman, 1997; Sitbon and Bellot, 2006; Kazantseva and Szpakowicz, 2012). Agreement also varies depending on the text genre/type that is segmented. For example, technical reports have headings and subheadings, while other genres, such as news texts, have little demarcation.

The quality of annotation may refer to the agreement and consistency with which it is applied. As adopted by Hearst (1997), we used the traditional kappa measure (Carletta, 1996), which is better than simple percent agreement measures because it subtracts from the counts the expected chance agreement among judges. The kappa measure produces results up to 1, when agreement is perfect. It is assumed in the area that a 0.60 value is enough to the annotation to be reliable and conclusions may be drawn; however, it is known that such value highly depends on the subjectivity of the task at hand. In our case, we expect a lower value, since determining subtopics boundaries is a difficult task.

From left to right, Table 1 shows the days of annotation, the groups of annotators (represented by A and B letters), the number of annotators in each group, the number of texts that were annotated in each group per day, and the obtained agreement value. For instance, we see that the first day produced the best agreement among annotators, with a

0.656 agreement value for group A and 0.566 for group B. On the other hand, the lowest agreement was in the second day, with 0.458 for group A and 0.447 for group B. It is difficult to explain the fluctuations according to the day, but it may be the case that, on the first day, the annotators benefitted from the recent training, and that, on the second day, their confidence faltered as they encountered new cases. Agreement measures after the second day seem to improve, with some fluctuation. The average agreement was 0.560. Since this task is very subjective, such agreement is considered satisfactory. However, it is a bit lower than the agreement score obtained by Hearst (1997) in her seminal work, which was 0.647. This may be explained by the fact that her work used fewer texts (only 12), which were expository texts, where subtopic boundaries are usually more clearly indicated.

Table 1. Agreement values

Day	Groups	Number of annotators	Texts per group	Kappa
1	A	6	10	0.656
	B	7		0.566
2	A	5	10	0.458
	B	5		0.447
3	A	7	10	0.515
	B	5		0.638
4	A	5	10	0.544
	B	7		0.562
5	A	5	10	0.643
	B	5		0.528
6	A	5	12	0.570
	B	5	13	0.549
7	A	5	15	0.611
			Average	**0.560**

From the annotated texts, the reference segmentation was established. We computed the opinion of the majority (half plus one) in the boundaries. We adopted this strategy because we were looking for more course-grained subtopic boundaries, and we believed that these would have the consensus of most of the annotators. It is interesting that we observed only two cases with total agreement and others with more or less variation on segmentation. The variation in segmentation is related to factors such as the interpretation of the text and prior knowledge about the subject, mainly.

As an example of segmentation, Figure 2 shows different segmentations for the text in Figure 1. The rows numbered from 1 to 5 represent the segmentation made by each of the five annotators. Each box represents a sentence and the segmentation is indicated by vertical lines. The last line, labeled "Final", represents the reference segmentation, obtained from the majority of the annotators.

One may see, for instance, that the first annotator did not place any subtopic boundary. The last boundary, after the last sentence, is expected, since the text ends. The second annotator placed boundaries after the fifth and sixth sentences, besides the one in the end of the text. These boundaries were the most indicated by the annotators and, therefore, were considered the ideal segmentation for the text, as shown in the last row.

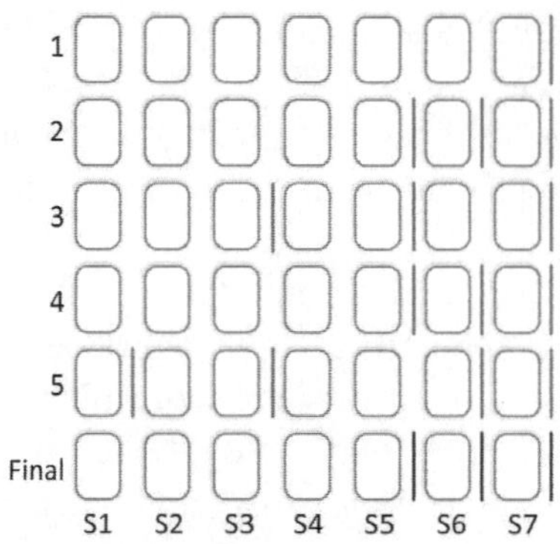

Figure 2. Example of different segmentations

Figure 3 shows the number of subtopics in the reference segmentation. It may be seen that there were eight texts (6% of the corpus) with only one subtopic, 24 texts (17%) with 2 subtopics, 50 texts (36%) with 3 subtopics, 32 texts (23%) with 4 subtopics, 18 texts (13%) with 5 subtopics, 4 texts (3%) with 6 subtopics, 2 texts (1%) with 7 subtopics, and 2 texts (1%) with 8 subtopics. Overall, the average number of subtopic boundaries in a text is 3. Most of them (99%) happen among paragraphs. This is related to how people structure their writings, using paragraphs as basic discourse units for the organization of the text. The descriptions given by each judge after a topic boundary were not used to define the final annotation. In this study, the descriptions were used only for better understanding the annotators' decisions.

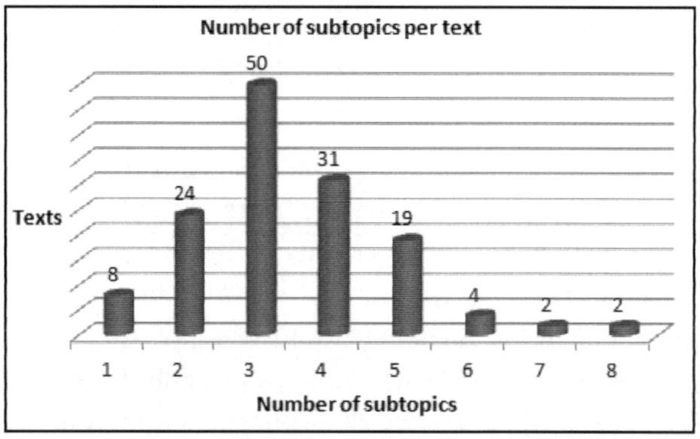

Figure 3. Number of subtopics in the texts

3.7. Delivering and maintaining the product

The corpus and its annotation are made available for research purposes. For each text, we provide the reference annotation and all the segmentations performed by each annotator. We considered important to make all these data available for researchers that are interested in investigating not only subtopic segmentation, but the influence of other text characteristics on each annotator behavior.

The annotation data is available in plain text format, which we adopted due to its simplicity. Even though the task of subtopic segmentation is very subjective, its representation (once it is done) is very straightforward.

4. Final remarks

This paper presented the main questions regarding corpus annotation for the phenomenon of subtopic segmentation. Our main contributions are two-fold: discussing and performing the annotation process in a systematic way, and making available a valuable reference corpus for subtopic study.

The corpus does not only contain the reported annotations, but several other annotations and information that are useful for several NLP tasks. It also includes single and multi-document discourse annotation, text-summary alignments, different types of summaries for each text and cluster, temporal and aspect annotations, and word sense annotation for nouns, among others. In the future, it is possible to look for annotation correlations, e.g., the correspondence of subtopic changes with discourse organization.

There are certainly several other research questions that deserve some attention in the future. For instance, it may be interesting to investigate whether annotators with different backgrounds identified different subtopic boundaries, or what the subtopic boundaries that were not identified by the majority of annotators may be indicating.

Acknowledgments

The authors are grateful to FAPESP, CAPES, CNPq and Natural Sciences and Engineering Research Council of Canada (Discovery Grant 261104-2008) for supporting this work.

References

Burger, S.; MacLaren, V.; Yu, H. (2002) The ISL meeting corpus: The impact of meeting type on speech style. In: *Proceedings of the International Conference Spoken Language Processing*, pp. 1-4.

Cardoso, P.C.F.; Maziero, E.G.; Castro Jorge, M.L; Seno, E.M.R.; Di Fellipo, A.; Rino, L.H.M.; Nunes, M.G.V.; Pardo, T.A.S. (2011) CSTNews – A discourse-annotated corpus for single and multidocument summarization of texts in Brazilian Portuguese. In: *Proceedings of the 3rd RST Brazilian Meeting*, pp. 88-105.

Carletta, J. (1996) Assessing Agreement on Classification Tasks: the Kappa Statistic. *Computational Linguistics*, Vol. 22, N. 2, pp. 249-254.

Carlson, L. and Marcu, D. (2001) *Discourse Tagging Reference Manual.* Technical Report ISI-TR-545. University of Southern, California.

Chang, T-H and Lee, C-H. (2003) Topic segmentation for short texts. In: *Proceedings of the 17th Pacific Asia Conference Language*, pp. 159-165.

Choi, F.Y.Y. (2000) Advances in domain independent linear text segmentation. In: *Proceedings of the 1st Meeting of the North American Chapter of the Association for Computational Linguistics,* pp. 26-36.

Galley, M.; Mckeown, K.; Fosler-Lussier, E.; Jing, Hongyan. (2003) Discourse segmentation of multi-party conversation. In: *Proceedings of the 41st Annual Conference of the Association for Computational Linguistics*, pp. 562-569.

Gruenstein, A.; Niekrasz, J.; Purver, M. (2007) Meeting structure annotation: Annotations collected with a general purpose toolkit. In: *Recent Trends in Discourse and Dialogue*. Series Text, Speech and Language Technology Springer Dordrecht, Vol. 39, pp. 247-274.

Hearst, M. (1997) TextTiling: Segmenting Text into Multi-Paragraph Subtopic Passages. *Computational Linguistics*, Vol. 23, N. 1, pp. 33-64.

Hennig, L. (2009) Topic-based multi-document summarization with probabilistic latent semantic analysis. In: *Recent Advances in Natural Language Processing*, pp. 144-149.

Hovy, E. (2009) Text Summarization. In: Ruslan Mitkov. *The Oxford Handbook of Computational Linguistics*, pp. 583-598. United States: Oxford University.

Hovy, E. and David, J. (2010) Towards a science of corpus annotation: a new methodological challenge for Corpus Linguistics. *International Journal of Translation Studies*, Vol. 22, N. 1, pp. 13-36.

Janin, A.; Baron, D.; Edwards, D.E.; Gelbart, D.; Morgan, N.; Peskin, B.; Pfau, T.; Shriberg, E.; Stolcke, A.; Wooters, C. (2003) The ICSI meeting corpus. In: *Proceedings of the International Conference on Acoustics, Speech and Signal Processing*, pp. 364-367.

Kazantseva, A. and Szpakowicz, S. (2012) Topical Segmentation: a study of human performance and a new measure of quality. In*: Proceedings of the 2012 Conference of the North American Chapter of the Association for Computational Linguistics: Human Language Technologies*, pp. 211-220.

Koch, I.G.V. (2009) *Introdução à linguística textual*. São Paulo: Contexto.

Leech, G. (2005) Adding linguistic annotation. In: Martin Wynne. *Developing Linguistic Corpora: a guide to good practice*, pp. 25-38. Oxford: Oxbow Books.

Mohri, M.; Moreno, P.; Weinstein, E. (2010) Discriminative topic segmentation of text and speech. *Journal of Machine Learning*, Vol. 9, pp. 533-540.

Oh, H-J; Myaeng, S.H.; Jang, M-G. (2007) Semantic passage on sentence topics for question answering. *Information Sciences*, Vol. 177, N. 18, pp. 3696-3717.

Passonneau, R.J. and Litman, D.J. (1997) Discourse segmentation by human and automated means. *Computational Linguistics*, Vol. 23, N. 1, pp. 103-109.

Prince, V and Labadié, A. (2007) Text segmentation based on document understanding for information retrieval. In: *Proceedings of the 12th International Conference on Applications of Natural Language to Information Systems*, pp. 295-304.

Riedl, M. and Biemann, C. (2012) TopicTiling: a text segmentation algorithm based on LDA. In: *Proceedings of the 2012 Student Research Workshop*, pp. 37-42.

Sitbon, L. and Bellot, P. (2006) Tools and methods for objective or contextual evaluation of topic segmentation. In: *Proceedings of the 5th Edition of the International Conference on Language Resources and Evaluation*, pp. 2498-2503.

Wan, X. (2008) An exploration of document impact on graph-based multi-document summarization. In: *Proceedings of the Conference on Empirical Methods in Natural Language Processing*, pp. 755-762.

O Reconhecimento de Entidades Nomeadas por meio de *Conditional Random Fields* para a Língua Portuguesa

Daniela O. F. do Amaral[1], Renata Vieira[1]

[1]Faculdade de Informática – Pontifícia Universidade Católica do Rio Grande do Sul (PUCRS)

Caixa Postal 6681 – 90.619-900 – Porto Alegre – RS – Brazil

daniela.amaral@acad.pucrs.br, renata.vieira@pucrs.br

Abstract. Conditional Random Fields (CRF) is a probabilistic method for structured prediction and it has been widely applied in various areas such as Natural Language Processing (NLP), including the Named Entity Recognition (NER), computer vision, and bioinformatics. Therefore, this paper proposes to perform the task of applying the method CRF NER and an evaluation of its performance based on the corpus of HAREM. In summary, the system NERP-CRF achieved the best Precision results when compared to the systems evaluated in the same corpus, proving to be a competitive and effective system.

Resumo. Conditional Random Fields *(CRF) é um método probabilístico de predição estruturada e tem sido amplamente aplicado em diversas áreas, tais como Processamento da Linguagem Natural (PLN), incluindo o Reconhecimento de Entidades Nomeadas (REN), visão computacional e bioinformática. Sendo assim, neste artigo é proposta a realização da tarefa de REN aplicando o método CRF e, sequencialmente, é feita uma avaliação do seu desempenho com base no corpus do HAREM. Conclui-se que, nos testes realizados, o sistema NERP-CRF obteve os melhores resultados de Precisão quando comparado com os sistemas avaliados no mesmo corpus, com plenas condições de ser um sistema competitivo e eficaz.*

1. Introdução

A Extração da Informação (EI) é uma importante tarefa na mineração de texto e tem sido amplamente estudada em vários grupos de pesquisa, incluindo o processamento da linguagem natural, recuperação de informação e mineração na Web. O Reconhecimento de Entidades Nomeadas (REN) é uma tarefa primordial na área de EI, juntamente com a extração de relação entre Entidades Nomeadas (EN) [Jing 2012].

Dentro desse contexto, o REN em textos tem sido amplamente estudado por meio de métodos como aprendizagem supervisionada para classificar entidades do tipo pessoa, lugar e organização em textos ou, ainda, doenças e genes nos resumos das áreas médicas e biológicas [Chinchor et al. 1994]. Esses métodos dependem de recursos caros e extensos para a etiquetagem manual, a qual realiza a identificação das entidades. Os dados etiquetados e o conjunto de *features* extraídas automaticamente são então usados para treinar modelos tais como os Modelos de Markov de Máxima Entropia (MEMMs) [McCallum et al. 2000] ou *Conditional Random Fields* [Lafferty et al. 2001].

Os MEMMs são modelos de uma sequência probabilística condicional, [McCallum et al. 2000], onde cada estado inicial tem um modelo exponencial que captura as características de observação e a distribuição sobre os próximos estados possíveis. Esses modelos exponenciais são treinados por um método apropriado de dimensionamento iterativo no framework de máxima entropia.

O modelo denominado *Conditional Random Fields* (CRF) é um *framework* de modelagem de sequência de dados, que tem todas as vantagens do MEMM e, além disso, resolve o problema do viés dos rótulos. A diferença crítica entre CRF e MMEM é que o MMEM utiliza modelos exponenciais por estados para as probabilidades condicionais dos próximos estados, dado o estado atual. Já o CRF tem um modelo exponencial único para uma probabilidade conjunta de uma sequência de entrada de rótulos, dada uma sequência de observação. Portanto, as influências das diferentes características em estados distintos podem ser tratadas independentemente umas das outras [Lafferty et al. 2001].

Este artigo é estruturado como segue: a Seção 2 elucida o assunto REN e CRF. A Seção 3 expõe uma revisão dos trabalhos relacionados à pesquisa proposta. A Seção 4 descreve o desenvolvimento do sistema NERP-CRF, sua modelagem, implementação e o processo de avaliação. A Seção 5 apresenta os resultados obtidos, bem como a análise de erros. Por fim, a Seção 6 aponta as conclusões e os trabalhos futuros.

2. Reconhecimento de Entidades Nomeadas e *Conditional Random Fields*

O REN consiste na tarefa de identificar as ENs, na sua maioria nomes próprios, a partir de textos de forma livre e classificá-las dentro de um conjunto de tipos de categorias pré-definidas, tais como pessoa, organização e local, as quais remetem a um referente específico [Mota et al. 2007]. Adicionalmente, o REN em textos que abordam os mais variados domínios, além do emprego de extração de relações entre ENs, é uma das tarefas primordiais dentro do trabalho de EI.

Segundo Sureka et al. [Sureka et al. 2009], o REN e a posterior classificação de tais entidades é uma técnica amplamente utilizada no PLN e consiste na identificação de nomes de entidades-chave presentes na forma livre de dados textuais. A entrada para o sistema de extração de entidade nomeada é o texto de forma livre, e a saída é um conjunto das chamadas anotações, ou seja, grupo de caracteres extraídos de trechos do texto de entrada. A saída do sistema de extração de entidades nomeadas é, basicamente, uma representação estruturada a partir da entrada de um texto não estruturado.

As três principais abordagens para extração de entidades nomeadas são: sistemas baseados em regras, sistemas baseados em aprendizado de máquina e abordagens híbridas. Sistemas baseados em regras ou sistemas baseados no conhecimento consistem em definir heurísticas na forma de expressões regulares ou de padrões linguísticos. Sistemas baseados em aprendizado de máquina utilizam algoritmos e técnicas que permitam ao computador aprender.

O objetivo deste trabalho é utilizar o aprendizado de máquina, ou seja, aplicar CRF para REN em textos da Língua Portuguesa e, em sequência, avaliar o desempenho do método com base no corpus do HAREM.

CRF são modelos matemáticos probabilísticos, baseados numa abordagem condicional, utilizados com o objetivo de etiquetar e segmentar dados sequenciais

[Lafferty et al. 2001]. O CRF é uma forma de modelo grafo não direcionado que define uma única distribuição logaritmicamente linear sobre sequências de rótulos, dada uma sequência de observação particular. A vantagem primária dos modelos de CRF sobre outros formalismos, como por exemplo, os *Hidden Markov Model* (HMM) [Lafferty et al. 2001], é a sua natureza condicional, pois resulta no abrandamento de pressupostos sobre a independência dos estados, necessários para os modelos HMM, a fim de assegurar uma inferência tratável.

3. Trabalhos Relacionados

Conforme Chatzis e Demiris [Chatzis e Demiris 2012], durante os últimos anos temos assistido a uma explosão de vantagens nos modelos de CRF, à medida que tais modelos conseguem alcançar uma previsão de desempenho excelente em uma variedade de cenários. Sendo assim, uma das abordagens de maior sucesso para o problema de predição de saída estruturada, com aplicações bem sucedidas, inclui o processamento de texto e áreas como da bioinformática e do processamento da linguagem natural.

A importância de aplicar o CRF para o REN em textos da língua portuguesa deve-se ao fato de que essa técnica de aprendizado de máquina possibilita a extração automática de EN a partir de um grande conjunto de dados com uma capacidade de resposta mais rápida do que outras técnicas já utilizadas, como a implantação de heurísticas ou de sistemas baseados em regras [Mota e Santos 2008]. Além disso, o CRF tem sido muito pouco explorado em corpora do nosso idioma, uma vez que trabalhos que visem o processo de identificação e classificação de EN para o português são raros na literatura.

Dentre outros trabalhos relacionados, destacam-se os de Sutton e McCallum [Sutton e McCallum 2005], Lafferty et al. [Lafferty et al. 2001] e Chatzis e Demiris [Chatzis e Demiris 2012], os quais apresentam um *framework* para a construção de modelos probabilísticos para segmentação e etiquetagem de dados sequenciais baseados em CRF.

O trabalho de Ratinov e Roth [Ratinov e Roth 2009] investigou a aplicação do Reconhecimento de Entidades Nomeadas a partir da necessidade de usar o conhecimento prévio e decisões não locais para a identificação de tais entidades nomeadas em um texto.

O sistema *Hendrix* [Batista et al. 2010] foi elaborado com o propósito de extrair entidades geográficas de documentos em português e produzir o seu resumo geográfico. O processo dividiu-se em três partes: (i) Reconhecer Entidades Geográficas em um documento, ou seja, nomes de ruas, rios, serras, utilizando CRF; (ii) Desambiguar significados geográficos a fim de eliminar nomes idênticos aos extraídos dos textos; (iii) Geração de um resumo geográfico: criar uma lista de entidades geográficas descoberta em uma base de conhecimento externa, por exemplo, em uma ontologia.

4. NERP-CRF

Esta seção descreve o desenvolvimento do sistema denominado NERP-CRF: desde o pré-processamento dos textos, o modelo gerado pelo CRF para o REN até a avaliação empregada.

4.1 Modelagem do Sistema

A elaboração do modelo consiste em duas etapas: treino e teste. Dessa forma, adotamos um corpus, para este trabalho, que é dividido em um conjunto de textos para treino e um conjunto de textos para teste. O corpus adotado foi criado pelo HAREM, evento de avaliação conjunta da língua portuguesa, organizado pela Linguateca [Santos e Cardoso 2008]. Seu objetivo é o de realizar a avaliação de sistemas reconhecedores de EN [Santos 2009]. Entre as edições do HAREM temos: o Primeiro HAREM, decorrido no ano de 2004, e o Segundo HAREM, em 2008. A Coleção Dourada (CD) é um subconjunto da coleção do HAREM, sendo utilizada para tarefa de avaliação dos sistemas que tratam REN. As ENs foram identificadas e classificadas por todos os sistemas participantes do evento, sendo que a sua classificação foi dividida em categorias, tipos e subtipos. Destacam-se para essa pesquisa dez categorias: Abstração, Acontecimento, Coisa, Local, Obra, Organização, Pessoa, Tempo, Valor e Outro.

Optou-se, especificamente, por trabalhar com os corpora do HAREM, por serem, primeiramente, a principal referência na área, utilizados pela maioria dos trabalhos relacionados ao REN, e, segundo, devido ao fato de eles disponibilizarem um conjunto de textos anotados e validados por humanos (CD), o que facilita a avaliação do método em estudo [Mota e Santos 2008].

Os textos, utilizados como entrada para o NERP-CRF, estão no formato XML com a marcação das entidades e sofreram dois procedimentos, os quais pertencem ao pré-processamento do sistema: primeiro, a etiquetagem de cada palavra por meio do *Part-of-Speech* (POS) *tagging* [Schmid 1994] e segundo, a segmentação em sentenças a fim de que a complexidade seja menor ao aplicar o algoritmo de CRF nos textos de entrada.

Após a conclusão da etiquetagem POS e da segmentação das sentenças, determinou-se como as ENs seriam identificadas. Para tal, foi feito um estudo de duas notações citadas na literatura: BIO e BILOU [Ratinov e Roth 2009]. A primeira possui o seguinte significado: B (*Begin*) significa a primeira palavra da EN; I (*Inside*) uma ou mais palavras que se localizam entre as entidades; e O (*Outside*) a palavra não é uma EN. Já a segunda notação tem a mesma descrição do BIO, acrescentando-se as seguintes particularidades: L (*Last*) a última palavra reconhecida como EN e U (*Unit*) quando a EN for uma única palavra.

Para o presente trabalho, utilizou-se a notação BILOU por dois motivos: (i) Testes aplicados sob a CD do Segundo HAREM, empregando ambas notações, demonstraram que a notação BILOU se equivale a BIO, conforme os resultados apresentados. Isso porque o BILOU facilita o processo de classificação feito pelo sistema desenvolvido por possuir mais duas identificações: L(*Last*) e U(*Unit*); e (ii) os autores [Ratinov e Roth 2009] também fizeram testes com as duas notações, concluindo também com os seus resultados obtidos que, apesar do formalismo BIO ser amplamente adotado, o BILOU o supera significativamente.

Depois da identificação das EN por meio do BILOU, foi gerado o vetor de *features*. Tal vetor corresponde aos dados de entrada que serão aplicados ao sistema de aprendizado do CRF. As *features* têm o objetivo de caracterizar todas as palavras do corpus escolhido para esse processo, direcionando o CRF na identificação e na classificação das ENs. A Tabela 1 apresenta a lista de *features* criadas.

Dois vetores são considerados como entrada para o CRF na etapa de treino: primeiro, o vetor contendo a etiquetagem POS, as categorias estabelecidas pela Conferência do HAREM e a notação BILOU, e segundo, o vetor de *features*.

Na etapa de teste um conjunto de textos é enviado ao NERP-CRF. O referido sistema cria o vetor de POS e o vetor de *features*; envia esses vetores para o modelo de CRF gerado que, por sua vez, treina e classifica as ENs do corpus trabalhado. Por fim, são apresentados aos usuários do sistema as ENs extraídas e as métricas precisão e abrangência. O sistema é concluído com o vetor de saída, o qual classifica o texto com a notação BILOU e com as dez categorias conforme o Segundo HAREM.

Tabela 1. : *Features* implantadas no NERP-CRF.

Features	Descrição das *features*
1) 'tag'	Etiqueta POS de cada palavra de acordo com a sua classe gramatical;
2) 'word'	A própria palavra, ignorando letras maiúsculas e minúsculas;
3) 'prevW'	A palavra anterior, ignorando letras maiúsculas e minúsculas;
4) 'prevT'	Classe gramatical da palavra anterior;
5) 'prevCap'	A palavra anterior totalmente formada por letras minúsculas, formada por letras minúsculas e maiúsculas ou por letras maiúsculas;
6) 'prev2W'	Igual a *feature* 3, porém considerando a palavra que está na posição p-2;
7) 'prev2T'	O mesmo que a *feature* 4, considerando a palavra que está na posição p-2;
8) 'prev2Cap'	Igual a *feature* 5, porém considerando a palavra que está na posição p-2;
9) 'nextW'	A palavra subsequente àquela que está sendo analisada, ignorando maiúsculas e minúsculas;
10) 'nextT'	A classe gramatical da palavra subsequente à que está sendo analisada;
11) 'nextCap'	o mesmo que a *feature* 5, levando em consideração a palavra subsequente àquela que está sendo analisada;
12)'next2W', 'next2T', 'next2Cap'	Semelhante as *features* 3, 4 e 5, mas para a palavra na posição p + 2;
13) 'cap'	O mesmo que a *feature* 5, mas para palavra atual que está sendo analisada;
14) 'ini'	Se a palavra iniciar com letra maiúscula, minúscula ou símbolos;
15) 'simb'	Caso a palavra seja composta por símbolos, dígitos ou letras.

4.2 Descrição dos Testes Realizados

Dois testes foram realizados utilizando o sistema NERP-CRF, com as seguintes características:

'Teste 1': empregou a CD do Segundo HAREM para treinar e testar o modelo de CRF, o qual faz a classificação de dez categorias: Abstração, Acontecimento, Coisa, Local, Obra, Organização, Pessoa, Tempo, Valor e Outro. A avaliação do desempenho do modelo treinado para o "teste 1 utilizou a técnica de *Cross Validation* [ARL10], com cinco repetições (*5 – fold cross validation*). Trabalhou-se com 5 *folds* porque foi empregado uma pequena quantidade de textos, 129, para os testes iniciais. Dado o conjunto de textos da CD do Segundo HAREM, utilizou-se a cada *fold,* 80% do conjunto de textos para treino e 20% para teste, de modo que a cada repetição do *Cross Validation,* não se empregasse o mesmo conjunto de teste das *folds* anteriores e assim, não reduzisse, significativamente, o número de casos para teste. A finalidade de executar esse experimento foi para verificar o desempenho do NERP-CRF utilizando apenas o corpus citado.

'Teste 2': caracteriza-se por trabalhar com a CD do Primeiro HAREM para treino, a qual abrange 129 textos e a CD do Segundo HAREM para teste formada por mais 129 textos. O novo corpus recebe a classificação do CRF abordando as dez categorias do HAREM, citadas no "Teste 2". Essa estrutura foi arquitetada com o objetivo de verificar o desempenho do CRF em um maior número de textos e avaliá-lo perante os resultados obtidos por ele com os outros sistemas participantes do Segundo HAREM (Tabela 2).

5. Resultados

A comparação dos resultados do NERP-CRF com os sistemas que participaram da Conferência do Segundo HAREM foram obtidos por meio do SAHARA [Mota e Santos 2008], o qual determinou as métricas Precisão, Abrangência e Medida-F a cada um deles nas tarefas de reconhecimento e classificação de EN. O NERP-CRF, no 'Teste 1', apresentou o melhor resultado para Medida-F (57,92%) em relação aos outros sistemas. Esse resultado é tendencioso uma vez que utilizamos um único corpus para treino e teste, apesar de validá-lo com *Cross-validation.*

Com a finalidade de resolver esse problema, realizamos o 'Teste 2', o qual apresentou 80,77% de Precisão como o melhor resultado do NERP-CRF (Tabela 2). A Medida-F ocupou a terceira posição em relação aos sistemas em comparação, 48,43%. Essa última métrica não alcançou a melhor posição como no 'Teste 1' devido a uma baixa Abrangência de classificação, 34,59%.

A desigualdade dos resultados entre os dois testes ocorreu, principalmente, por dois motivos: a mudança do corpus de treino e de validação além do número reduzido de exemplos para determinadas categorias, por exemplo, Coisa, Abstração. Isso faz com que o CRF treine menos com essas categorias e gere um modelo menos abrangente para elas. Nesse cenário, consideram-se os nossos resultados muito positivos, principalmente no que tange ao valor de Precisão alcançado pelo NERP-CRF.

Tabela 2. NERP-CRF comparado com os sistemas apresentados para o 'Teste 2'.

Sistemas	Precisão	Abrangência	Medida-F
NERP-CRF	80,77%	34,59%	48,43%
Priberam	64,17%	51,46%	57,11%
R3M	76,44%	25,20%	37,90%
Rembrandt	64,97%	50,36%	56,74%
SEI-Geo	74,85%	11,66%	20,17%
CaGE	44,99%	27,57%	34,19%

5.1. Análise de Erros

Com base em uma análise dos textos utilizados como entrada para testar o CRF, constata-se que o sistema, tanto para o 'Teste 1' quanto para o 'Teste 2', não identificou determinadas ENs ou não as identificou corretamente. Percebeu-se que a má formatação de alguns textos, como por exemplo, a falta de pontuação e a anotação incorreta pelo *POS tagger* afetou significativamente os resultados. A delimitação errônea de ENs, como em "Ministério da Cultura", marcado pelo CRF como BIU, mas identificado pela CD como B I L, prejudicou também o resultado do sistema. Outro erro em destaque foi a não identificação da preposição 'de' e suas combinações com artigos, como I (*Inside*), no caso de ENs compostas, como "Fenando de Bulhões" e "Igreja dos Mártires".

Outro ponto relevante foram os erros de classificação das ENs. Podemos citar as siglas "RF" e "IFF", consideradas como ENs, deveriam ter sido classificadas como "Coisa", porém o sistema considerou-as como "Organização". As palavras estrangeiras sofreram o mesmo tipo de erro, como por exemplo, a EN "*Friendly*" que foi classificada como "Local", ao passo que deveria ter recebido "Abstração" como classificação correta. Percebeu-se também que houve pouco contexto para classificar corretamente certas ENs, como por exemplo, a categoria "Abstração", a qual tem pouca exemplificação na CD anotada. Além disso, são ENs que não seguem padrão algum de escrita, ou seja, não há uma sintaxe própria para essa categoria que faça com que o sistema aprenda corretamente a identificá-la. Já a categoria "Tempo" apresenta-se num formato que a identifica com mais clareza, isto é, possui um padrão bem rígido de sintaxe como <um número> de <outro número>, indicando data, ou até mesmo outras palavras indicativas de tempo como "desde", "enquanto" e "quando". Mesmo assim, o sistema teve dificuldade de classificá-la, pois esse tipo de EN pode não iniciar com letra maiúscula, o que prejudicou o aprendizado feito pelo NERP-CRF.

6. Conclusões e Trabalhos Futuros

CRF oferece uma combinação única de propriedades: modelos treinados para etiquetar e segmentar sequências de dados; combinação de arbitrariedade, *features* de observação aglomeradas, decodificação e treinamento eficiente baseado em programação dinâmica e estimativa de parâmetro garantida para encontrar o ótimo global [Lafferty et al. 2001] [Ratinov e Roth 2009].

O NERP-CRF foi o sistema desenvolvido para realizar duas funções: a identificação de ENs e a classificação dessas com base nas dez categorias do HAREM: Abstração, Acontecimento, Coisa, Local, Obra, Organização, Pessoa, Tempo, Valor e Outro.

Dois testes foram realizados. Um deles utilizou a CD do Segundo HAREM para treino e teste, obtendo Medida-F de 57,92%. Um outro teste empregou a CD do Primeiro HAREM para treinar o modelo de CRF e a CD do Segundo HAREM para testar o mesmo modelo gerado. Nesse caso, as métricas obtidas foram: 80,77% de Precisão, 34,59% de Abrangência e 48,43% de Medida-F. A Precisão foi o melhor resultado quando comparado com os outros sistemas. Já a Medida-F apresentou o terceiro melhor resultado, ficando abaixo dos sistemas Priberam e Rembrandt, que apresentaram maior abrangência. O modelo proposto, baseado em CRF e no conjunto de *features* estabelecidas, gerou um sistema eficaz, competitivo, sendo ainda passível de fácil adaptação e modificação.

Os trabalhos futuros, os quais podem dar melhoria aos resultados apresentados, determinam-se em duas abordagens de pesquisa: algoritmos de indução de *features* e classificação de EN consideradas ambíguas. O CRF pode implementar, eficientemente, a seleção de *features* e de algoritmos de indução de *features*. Isso quer dizer que, ao invés de especificar antecipadamente quais *features* serão utilizadas, pode-se iniciar a partir de regras que geram *features* e avaliam o benefício dessas geradas automaticamente sobre os dados [Lafferty et al. 2001].

Outra abordagem de pesquisa futura é a classificação correta de uma mesma EN apresentada de formas diferentes, por exemplo: a EN 'Pontifícia Universidade Católica do Rio Grande do Sul' pode receber a mesma classificação ou ser categorizada como Organização e Local, dependendo do contexto no qual essas entidades estão inseridas. Outra situação que pode ocorrer é que quando as ENs 'Pontifícia Universidade Católica do Rio Grande do Sul' e 'PUCRS' são a mesma entidade e, portanto, devem receber a mesma classificação. As soluções para a correta categorização de EN nesse caso pode ser a aplicabilidade, como por exemplo, da Correferência [Black er al. 1998] [Lee et al. 2011] e de recursos externos, como o emprego de *Gazetters* [Ratinov e Roth 2009].

Referências

Batista, S.; Silva, J.; Couto, F. e Behera, B. (2010) "Geographic Signatures for Semantic Retrieval", In *Proceedings of the 6th Workshop on Geographic Information Retrieval*, ACM, p.18-19.

Black, W. J., Rinaldi, F. e Mowatt, D. (1998) "Facile: Description of the NE system used for MUC-7", In *Proceedings of the 7th Message Under-standing Conference (MUC-7).*

Chinchor, N.; Hirschman, L. e Lewis, D. (1994) "Evaluating message understanding systems: An analysis of the third message understanding conference (MUC-3)", In *Computational Linguistics*, p. 409-449.

Chatzis, Sotirio P. e Demiris, Yiannis. (2012) "The echo state conditional random field model for sequential data modeling", In *International Journal of Expert Systems with Applications.*

Jing, J. (2012) "Information extraction from text", In *Mining Text Data*, p. 11-41.

Lafferty, J.; McCallum, A. e Pereira, F. (2001) "Conditional Random Fields: Probabilistic Models for Segmenting and Labeling Sequence Data", In *Proceedings of the 18th International Conference on Machine Learning.*

Lee, H.; Peirsman, Y.; Chang, A.; Chambers, N.; Surdeanu, M. e Jurafsky, D. (2011) "Stanford's Multi-Pass Sieve Coreference Resolution System at the CoNLL-2011 Shared Task", In *Proceedings of the 15th Conference on Computational Natural Language Learning: Shared Task,* p. 28-34.

Mansouri, A.; Affendey, Lilly S. e Mamat, A. (2008) "Named Entity Recognition Approache", In *International Journal of Computer Science and Network Security*, Vol. 8 Nº.2.

McCallum, A.; Freitag, D. e Pereira, F. (2000) "Maximum entropy Markov models for information extraction and segmentation", In *International Conference on Machine Learning.*

Mota, C.; Santos, D. e Ranchhod, E. (2007) "Avaliação de reconhecimento de entidades mencionadas: Princípio de Harem", In *Diana Santos, editor, Avaliação Conjunta: Um novo paradigma no processamento computacional da língua portuguesa*, capítulo 14, IST Press, p. 161–176.

Mota, C. e Santos, D. (2008) "Desafios na avaliação conjunta do reconhecimento de entidades mencionadas: O Segundo HAREM", http://www.linguateca.pt/LivroSegundoHAREM/, Dezembro.

Nadeau, D. e Sekine, S. (2007) "A survey of named entity recognition and classification", In *Journal Linguistica e Investigationes, National Research Council Canada,* Vol. 30, p. 3-26.

Pinto, D.; McCallum, A.; Wei, X. e Croft, W. B. (2003) "Table extraction using conditional random fields". In *Proceedings of the ACM SIGIR.*

Ratinov, L. e Roth, D. (2009) "Design Challenges and Misconceptions in Named Entity Recognition", In *Proceedings of the 13th Conference on Computational Natural Language Learning.*

Santos, D. e Cardoso, N. (2008) "Reconhecimento de entidades mencionadas em português: Documentação e atas do HAREM, a primeira avaliação conjunta na área", http://www.linguateca.pt/aval_conjunta/LivroHAREM/, Dezembro.

Santos, D. (2009) " Caminhos percorridos no mapa da portuguesificação: A linguateca em perspectiva", http://www.linguateca.pt/Diana/download/Santos2009Linguamatica.pdf, Dezembro.

Schmid, H. (1994) "Probabilistic part-of-speech tagging using decision tree", In *Proceedings of the International Conference on New Methods in Language Processing*.

Sureka, A.; Mirajkar, P. P. e Varma, K. I. (2009) "Polarity Classification of Subjective Words Using Common-Sense Knowledge-Base", In *Proceedings of the 2nd Bangalore Annual Compute Conference, ACM.*

Sutton, C. e Mccallum, A. (2005) " Piecewise training for structured prediction", In *Conference on Uncertainty in Artificial Intelligence*, p. 165-194.

Análise Automática de Coerência Usando o Modelo Grade de Entidades para o Português

Alison R. P. Freitas, Valéria D. Feltrim

[1]Departamento de Informática – Universidade Estadual de Maringá (UEM)
Av. Colombo, 5790 – 87020-900 – Maringá – PR – Brasil

alisonrafael@ymail.com, valeria.feltrim@din.uem.br

Abstract. *In this paper we investigate the applicability of Barzilay and Lapata's (2008) entity-grid model in the evaluation of coherence in scientific abstracts written in Portuguese. More specifically, we focused on assessing whether such model could be employed in the implementation of a classifier capable of detecting linearity breaks that affect coherence. Our experimental results are close to those of the original entity-grid model for English and very similar to the results reported by related works for other languages. Results are also close to those obtained by human judges, showing that the entity-grid model can be applied in the investigated context.*

Resumo. *Este artigo apresenta os resultados de uma investigação acerca da aplicabilidade do modelo grade de entidades proposto por Barzilay e Lapata (2008) na avaliação de coerência em resumos científicos escritos em português. Mais especificamente, se buscou avaliar se tal modelo poderia ser empregado na implementação de um classificador capaz de detectar quebras de linearidade que afetam a coerência dos resumos. Os resultados experimentais se mostraram próximos aos do modelo original para a língua inglesa e semelhantes aos relatados por trabalhos relacionados para outras línguas. Os resultados também foram próximos ao obtido por juízes humanos, mostrando que o modelo grade de entidades tem potencial para ser aplicado no contexto investigado.*

1. Introdução

Para uma grande variedade de aplicações, a avaliação da coerência textual tem sido uma parte importante do processo. De modo geral, qualquer aplicação que envolva geração automática de texto em algum nível de processamento pode se beneficiar de métodos que possibilitem avaliar a coerência do texto gerado.

Uma categoria de aplicação que tem utilizado métodos de avaliação de coerência é a das ferramentas de auxílio à escrita, em especial aquelas com propósito educacional. Para a língua inglesa, são exemplos as ferramentas *Criterion* [Higgins et al. 2004, Burstein et al. 2003], *Intelligent Essay Assessor* [Landauer et al. 2003] e *Intellimetric* [Elliot 2003]. Essas ferramentas buscam avaliar a qualidade de redações escritas em inglês e para isso analisam um conjunto de aspectos relativos à qualidade do texto que inclui algum tipo de avaliação de coerência. Para a língua portuguesa, um exemplo é a ferramenta SciPo [Feltrim et al. 2006, Souza and Feltrim 2013], desenvolvida para ajudar escritores iniciantes na escrita científica, em especial na área da Ciência da Computação. Entre os vários recursos disponíveis, o SciPo possui um módulo de análise de coerência que detecta potenciais problemas de coerência em resumos científicos. Atualmente, esse módulo é baseado na classificação de componentes retóricos e na similaridade semântica entre componentes medida por meio de LSA [Landauer et al. 1998]. Conforme sugerido pelos autores [Souza and Feltrim 2013], um modelo de coerência que fosse capaz de mapear o fluxo textual de forma mais refinada poderia melhorar os resultados do módulo.

Nesse contexto, este artigo apresenta os resultados da investigação acerca da aplicabilidade do modelo grade de entidades [Barzilay and Lapata 2008] na avaliação de coerência em resumos científicos escritos em português. Mais especificamente, se buscou avaliar se tal modelo poderia ser empregado na implementação de um classificador capaz de detectar quebras de linearidade que afetam a coerência dos resumos, de modo semelhante ao proposto por [Souza and Feltrim 2013], visando a futura inclusão de tal classificador no módulo de análise de coerência do sistema SciPo.

O modelo grade de entidades é apresentado na Seção 2, assim como outros trabalhos relacionados. Na Seção 3 é descrita a implementação do modelo grade de entidades para a língua portuguesa e os resultados dos experimentos de avaliação são apresentados na Seção 4. Por fim, na Seção 5 são apresentadas as conclusões deste trabalho, bem como as sugestões de trabalhos futuros.

2. Modelo Grade de Entidades

O modelo grade de entidades é baseado em uma grade (ou matriz) de entidades. Tal representação do discurso permite que propriedades relativas à coerência local, semelhantes às definidas pela Teoria de *Centering* [Grosz et al. 1995], sejam aprendidas. A teoria de *centering* preconiza que em um texto coerente o foco de atenção (uma entidade) tende a se manter em sentenças adjacentes e que certos tipos de transições entre focos de atenção são preferíveis a outros. O modelo grade de entidades generaliza essa teoria, modelando na grade todas as transições de todas as entidades de um texto e, posteriormente, calculando a probabilidade de cada tipo de transição. Como na teoria de *centering*, o modelo grade de entidades assume que as entidades mais relevantes do discurso aparecerão em funções sintáticas importantes, como sujeito e objeto. Desse modo, o modelo permite que padrões de transições característicos de textos coerentes/incoerentes sejam aprendidos.

Cada texto é representado por uma grade em que as linhas correspondem às sentenças e as colunas às entidades. Os sintagmas nominais constituem as entidades e sintagmas nominais correferentes representam uma única entidade. Para cada entidade, as células correspondentes da grade contêm informações sobre sua presença/ausência na sequência de sentenças, bem como informações sobre as suas funções sintáticas. Dessa forma, cada célula da grade é preenchida com uma letra representando se a entidade em questão aparece na função de sujeito (S), objeto (O) ou nenhuma das anteriores (X). A ausência de uma entidade na sentença é sinalizada pelo símbolo ($-$). A Figura 1(b) mostra a grade de entidades gerada para o texto de duas sentenças mostrado em (a).

Uma transição é uma sequência $\{S, O, X, -\}_n$ que representa as ocorrências de uma entidade e suas funções sintáticas em n sentenças adjacentes. As transições podem ser obtidas a partir da grade de entidades como subsequências contínuas de cada coluna e possuem certa probabilidade de ocorrência na grade. Dessa forma, cada texto pode ser representado por um conjunto fixo de transições e suas probabilidades, usando a notação padrão de vetor de características. A Figura 2 exemplifica o vetor de características para dois documentos d_1 e d_2 considerando-se as transições de tamanho dois.

1. *[The Justice Department]S is conducting an [anti-trust trial]O against [Microsoft Corp.]X with [evidence]X that [the company]S is increasingly attempting to crush [competitors]O.*
2. *[Microsoft]O is accused of trying to forcefully buy into [markets]X where [its own products]S are not competitive enough to unseat [established brands]O.*

(a)

	Department	Trial	Microsoft	Evidence	Competitors	Markets	Products	Brands
1	S	O	S	X	O	–	–	–
2	–	–	O	–	–	X	S	O

(b)

Figura 1. (a) Exemplo de sentenças com anotações sintáticas e (b) grade de entidades correspondente (adaptado de [Barzilay and Lapata 2008]).

	SS	SO	SX	S-	OS	OO	OX	O-	XS	XO	XX	X-	-S	-O	-X	- -
d_1	.01	.01	0	.08	.01	0	0	.09	0	0	0	.03	.05	.07	.03	.59
d_2	.02	.01	.01	.02	0	.07	0	.02	.14	.14	.06	.04	.03	.07	0.1	.36

Figura 2. Vetores de características para transições de tamanho dois dadas as categorias sintáticas $\{$S, O, X, -$\}$ [Barzilay and Lapata 2008].

Outro aspecto incorporado ao modelo é a saliência. A saliência de uma entidade é definida com base na frequência de ocorrência da entidade no texto. Por exemplo, entidades mencionadas duas ou mais vezes são consideradas salientes. A partir dessa informação, as probabilidades das transições podem ser calculadas separadamente para cada classe de saliência.

Vários trabalhos buscaram estender o modelo grade de entidades. [Filippova and Strube 2007] modificaram o processo de seleção de entidades correferentes usando medidas de similaridade semântica em vez de resolução de correferência. Os experimentos foram realizados com textos jornalísticos escritos em alemão. [Yokono and Okumura 2010] estenderam o modelo original visando sua aplicação para a língua japonesa por meio da adição de atributos baseados em mecanismos coesivos. A representação das entidades na grade por meio de funções sintáticas também foi refinada pela adição de marcadores de tópico específicos da língua japonesa. Os experimentos foram realizados com textos jornalísticos escritos em japonês. [Burstein et al. 2010] combinaram o modelo grade de entidades com atributos relacionados à qualidade de escrita, como erros gramaticais, uso de vocabulário e estilo, visando aplicar o modelo em redações escritas em inglês por estudantes de perfis variados. Também foram utilizados atributos do tipo *Type/Token* para medir a variedade léxica das entidades que ocorrem em cada função sintática. [Elsner and Charniak 2011] estenderam o modelo por meio da adição de atributos que buscam distinguir entre entidades mais ou menos importantes, mapeando características relacionadas à proeminência no discurso, tipo de entidade nomeada e correferência. Também modificaram o processo de identificação de entidades, reconhecendo todo substantivo ou nome próprio como uma entidade em vez de usar apenas os núcleos dos sintagmas nominais. Os experimentos foram realizados com textos jornalísticos escritos em inglês. [Lin et al. 2011] combinaram o modelo grade de entidades com relações discursivas semelhantes as da RST [Mann and Thompson 1988]. Desse modo, em vez de serem representadas na grade por suas funções sintáticas, as entidades são representadas pela relação retórica em que aparecem. Os experimentos foram realizados com textos jornalísticos escritos em inglês.

3. Modelo Grade de Entidades para o Português

O modelo grade de entidades para o português foi implementado segundo a proposta original de [Barzilay and Lapata 2008]. Para extrair as entidades foi construído um sistema de pré-processamento que utiliza o *parser* PALAVRAS [Bick 2002] como ferramenta principal para a identificação dos sintagmas nominais (SNs). Processamento adicional foi realizado para desmembrar os SNs complexos identificados pelo *parser* em SNs simples, a partir dos quais as entidades puderam ser extraídas para a construção da grade de entidades. Diferente do modelo original, não foi utilizado um resolvedor automático de correferência. Neste trabalho, a identificação de entidades seguiu uma abordagem similar a de [Elsner and Charniak 2011], em que apenas sintagmas nominais que possuem o mesmo núcleo foram considerados correferentes. Para minimizar os efeitos da falta de resolução de correferência, os SNs foram lematizados e agrupados por lemas antes de serem incluídos na grade.

A partir da grade de entidades, o vetor de características é extraído de acordo com a configuração escolhida para o modelo. No modelo original, as configurações possíveis são definidas por *Correferência[+/-] Sintático[+/-] Saliência[+/-]*, representando a consideração (+) ou não (-) de tal conhecimento na construção do vetor. No caso do modelo implementado neste trabalho, como não foi utilizada resolução de correferência, as configurações só variam nos aspectos sintático e saliência, sendo portanto representadas por *Correferência- Sintático[+/-] Saliência[+/-]*.

Na configuração *Sintático+*, o vetor de características contém as probabilidades de todas as transições possíveis considerando-se as funções sintáticas S, O, X, $-$. No modelo original, o tamanho da transição é um parâmetro que pode ser ajustado conforme necessário. Neste trabalho foram consideradas apenas as transições de tamanho dois, uma vez que esse é o tamanho de transição comumente utilizado por outros trabalhos.

[Barzilay and Lapata 2008] explicam que várias classes de saliência podem ser consideradas na configuração *Saliência+*. No entanto, como o tamanho do vetor de características aumenta conforme aumenta o número de classes de saliência, é comum usar apenas duas classes: entidades salientes e não salientes. Como no modelo original, neste trabalho foram consideradas salientes as entidades mencionadas duas ou mais vezes. Assim, na configuração *Saliência+*, são construídas duas grades – uma para entidades salientes e outra para entidades não salientes. As probabilidades das transições são computadas separadamente para cada grade e depois incluídas no vetor de características.

Além dos atributos previstos no modelo original, neste trabalho também foram extraídos atributos do tipo *Type/Token* (TT) no mesmo formato utilizado por [Burstein et al. 2010], que buscam medir a variedade léxica das entidades que ocorrem em cada função sintática. Quando a configuração é *Sintático+*, quatro atributos TT são calculados: um para cada função sintática (S_TT, O_TT, X_TT), mais um para a combinação das três funções (SOX_TT). O atributo S_TT representa a proporção de entidades que aparecem como sujeito (S) em relação ao número total de sujeitos observados na grade de entidades. O mesmo tipo de proporção é calculada para as outras funções sintáticas e para a combinação de todas as funções. Quando a configuração é *Sintático-*, apenas um atributo TT é calculado, representando o número de entidades diferentes na grade dividido pelo número de ocorrências das entidades nas sentenças.

4. Experimentos e Resultados

Para avaliar o modelo grade de entidades para português foram realizados dois tipos de experimentos: (1) um experimento de ordenação de sentenças usando um córpus jornalístico e (2) um experimento de classificação baseado no julgamento de juízes humanos usando um córpus de resumos científicos. O experimento (1) buscou replicar os experimentos realizados para outras línguas. O objetivo, nesse caso, foi validar a implementação feita neste trabalho, bem como avaliar se o comportamento do modelo aplicado a língua portuguesa é semelhante ao observado para outras línguas. O experimento (2) buscou avaliar o desempenho do modelo no contexto de um classificador capaz de detectar problemas de coerência em resumos científicos, uma vez que a motivação para este estudo está na melhoria do módulo de análise de coerência da ferramenta SciPo.

4.1. Experimento 1: Ordenação de Sentenças

Nesse experimento foi utilizado um córpus de 286 textos jornalísticos extraídos dos córpora CSTNews [Cardoso et al. 2011] (136), Summ-it [Collovini et al. 2007] (50) e Temário [Rino and Pardo 2007] (100). A preparação do córpus seguiu o mesmo procedimento descrito em [Barzilay and Lapata 2008]. Para cada texto foram geradas aproximadamente 20 versões sintéticas em que a ordem original das sentenças foi permutada aleatoriamente e assumiu-se que o texto com as sentenças na ordem original deve ser mais coerente que a maioria dos textos com as sentenças permutadas. Desse modo, os textos originais foram marcados como "sem problemas" de coerência e as versões permutadas como "com problemas". Como resultado foi obtido um conjunto de 5.720 pares {*texto_original, versão_permutada*} (286 textos × 20 versões permutadas), que foi separado aleatoriamente em conjuntos de treinamento e teste, sendo 2/3 para treinamento e 1/3 para teste.

Como em [Barzilay and Lapata 2008], a ordenação de sentenças foi tratada como um problema de ranqueamento, em que o modelo é usado para ranquear versões de um mesmo texto, esperando que a versão mais coerente fique no topo do *ranquing*. Desse modo, para treinar e testar o modelo foi utilizado o sistema SVM^{rank} [Joachims 2006], que implementa o algoritmo SVM (*Support Vector Machine*) para problemas de ranqueamento. Como *baseline* foi utilizado um modelo baseado em LSA semelhante ao implementado por [Barzilay and Lapata 2008]. Para o cálculo da LSA foi utilizada a implementação de [Souza and Feltrim 2013] e todos os córpora empregados neste trabalho foram utilizados na criação do espaço semântico.

A métrica de avaliação seguiu a de [Barzilay and Lapata 2008], em que dadas todas as comparações entre pares, a acurácia é medida como a quantidade de predições corretas feitas pelo modelo dividida pelo número de pares existentes no conjunto de teste. Na Tabela 1 é mostrado o percentual de acertos da *baseline* e do modelo grade de entidades com os atributos *Type/Token*, representado na tabela por suas quatro configurações possíveis. Como os textos jornalísticos são provenientes de córpora diferentes, os resultados são mostrados considerando-se o córpus de origem dos textos originais, além dos resultados calculados para o córpus jornalístico como um todo (coluna "Todos juntos").

Conforme pode ser observado na Tabela 1, o modelo grade de entidades superou a *baseline* em todos os casos, com exceção do córpus Temário, em que a *baseline* foi superior em 4%. De fato, os textos do córpus Temário são maiores do que os textos dos

Tabela 1. Percentual de acertos da *baseline* (LSA) e do modelo grade de entidades para o Experimento 1.

Modelo	Cstnews	Summit	Temário	Todos juntos
LSA	61,429%	56,000%	**79,000%**	67,000%
Sintático+ Saliência-	64,000%	48,235%	60,455%	62,105%
Sintático+ Saliência+	**74,444%**	50,294%	59,242%	58,105%
Sintático- Saliência-	69,444%	63,824%	**74,848%**	**68,579%**
Sintático- Saliência+	70,889%	**72,059%**	65,455%	67,368%

outros dois córpora (média de sentenças por texto: CSTNews e Summit $\approx$ 16; Temário $\approx$ 29) e isso pode ter influenciado o resultado da *baseline*, que é baseada na média de similaridade entre pares de sentenças. Com relação a variação na configuração *Sintático[+/-] Saliência[+/-]*, observa-se que não existe um padrão de resultados que permita julgamento sobre a melhor configuração. Esse mesmo comportamento pode ser observado nos trabalhos relacionados e no modelo original. No geral, os resultados obtidos pelo modelo grade de entidades para o português são semelhantes aos relatados pelos trabalhos desenvolvidos para outras línguas, ficando abaixo apenas dos resultados obtidos pelo modelo original. A Tabela 2 apresenta um resumo dos melhores resultados relatados pelos trabalhos relacionados considerando-se sempre a configuração *Correferência-*.

Tabela 2. Resumo dos resultados obtidos por trabalhos relacionados.

Trabalho	Córpus de origem	Tamanho	% de acerto
[Barzilay and Lapata 2008]	*Associated Press articles from the North American News Corpus on the topic of earthquakes*	100 textos originais	83%
	Narratives from the National Transportation Safety Boards aviation accident database	100 textos originais	89,9%
[Elsner and Charniak 2011]	*WSJ articles from the Penn Treebank*	1004 textos originais	84%
[Filippova and Strube 2007]	*German corpus of newpaper articles*	100 textos originais	69%
[Yokono and Okumura 2010]	*Articles in 2003 from Asahi newspaper corpus*	100 textos originais	59,4%
		300 textos originais	77,3%

4.2. Experimento 2: Classificação Baseada no Julgamento Humano

Nesse experimento foi utilizado um córpus de 139 resumos científicos: 99 resumos extraídos do córpus de resumos de Trabalhos de Conclusão de Curso em Ciência da Computação compilado por [Souza and Feltrim 2013], e 40 resumos experimentais coletados diretamente com os autores – alunos formandos do curso de graduação em Ciência da Computação da Universidade Estadual de Maringá. O córpus foi preparado para experimentos utilizando o julgamento humano acerca do nível de coerência dos resumos nos mesmos moldes do trabalho de [Burstein et al. 2010]. Para a anotação manual, os anotadores foram instruídos a marcar o resumo como "com problemas", caso fossem encontradas barreiras na leitura (por exemplo, sentenças "soltas", mudanças bruscas no foco de atenção), caracterizando a quebra de linearidade; caso contrário, os anotadores foram instruídos a marcar o resumo como "sem problemas".

A concordância entre anotadores foi avaliada por meio de um experimento em que dois anotadores treinados anotaram separadamente os 40 resumos experimentais. A concordância medida por meio da medida *Kappa* foi de 0,70%, valor próximo ao obtido por [Burstein et al. 2010] (K = 0,68%) em experimento semelhante. O restante do córpus foi anotado por apenas um dos anotadores treinados no experimento. No total, a anotação manual resultou em 117 (84%) resumos marcados como "sem problemas" e 22 (16%)

como "com problemas". Vale ressaltar que esse desbalanceamento é característico de córpora manualmente anotados e que o mesmo nível de desbalanceamento foi observado nos córpora de redações utilizados por [Burstein et al. 2010].

Nesse experimento a tarefa foi modelada como um problema de classificação binária. O treinamento e teste do modelo foi realizado no ambiente WEKA [Witten and Frank 2005] utilizando-se os algoritmos SMO, J48 e *Naïve Bayes*. A escolha do algoritmo SMO se deu por ele ser uma implementação de SVM, que é o algoritmo utilizado no Experimento 1; o J48 foi escolhido por ser uma implementação do C4.5, que é o algoritmo de aprendizado utilizado por [Burstein et al. 2010]; e o *Naïve Bayes* foi escolhido por ser um algoritmo simples, rápido e de larga utilização em tarefas que envolvem classificação textual. Os resultados foram calculados aplicando-se 10-*fold cross-validation* ao córpus de 139 resumos. Os resultados em termos das medidas *F-measure* e *Kappa* são mostrados para cada algoritmo de aprendizado e configuração do modelo na Tabela 3. Os valores de *F-measure* representam a média das *F-measures* calculadas para as duas classes, ponderada pelo número de exemplos de cada classe. Os resultados listados como TT+ foram calculados adicionando-se ao modelo os atributos do tipo *Type/Token*. Os resultados listados como TT- foram calculados utilizando o modelo grade de entidades original.

Tabela 3. Resultados do modelo grade de entidades para o experimento 2.

	Naïve Bayes		SMO		J48	
TT-	**F-meas.**	**Kappa**	**F-meas.**	**Kappa**	**F-meas.**	**Kappa**
Sintático+ Saliência-	0,663	0,211	0,769	0,000	0,810	0,256
Sintático+ Saliência+	0,741	0,053	0,802	0,144	0,882	0,515
Sintático- Saliência-	0,707	0,211	0,769	0,000	0,804	0,183
Sintático- Saliência+	0,799	0,168	0,766	-0,014	**0,910**	**0,650**
TT+						
Sintático+ Saliência-	0,731	0,262	0,766	-0,014	0,809	0,271
Sintático+ Saliência+	0,770	0,114	0,802	0,144	0,876	0,494
Sintático- Saliência-	0,740	0,223	0,769	0,000	0,804	0,183
Sintático- Saliência+	0,799	0,168	0,797	0,127	**0,910**	**0,650**

Conforme pode ser observado na Tabela 3, os melhores resultados foram obtidos com o algoritmo J48, sendo que o melhor resultado ($K = 0,65$) se aproxima do valor obtido pelos juízes humanos ($K = 0,70$) e ultrapassa o melhor sistema de [Burstein et al. 2010] ($K = 0,61$). Também é possível observar que enquanto os valores de *F-measure* são relativamente altos (acima de 0,8 para o J48), os valores da medida *Kappa* são mais baixos e apresentam maior variação entre os diferentes modelos. Isso pode ser atribuído ao forte desbalanceamento do córpus (84%/16%), que eleva o desempenho dos classificadores para a classe majoritária, elevando por consequência os valores de *F-measure*. A medida *Kappa*, por sua vez, prioriza os acertos para a classe minoritária, em que a probabilidade de acerto "ao acaso" é menor, fornecendo assim uma medida mais realista do desempenho do classificador nesse contexto de desbalanceamento.

Analisando as diferentes configurações do modelo com base no algoritmo J48, fica evidente a contribuição do aspecto saliência. O melhor resultado ($K = 0,65$) foi obtido com a configuração *Sintático- Saliência+* e o segundo melhor ($K = 0,52$) com a configuração *Sintático+ Saliência+*. Curiosamente, neste caso, o modelo mais simples, que não considera a função sintática das entidades (*Sintático-*), se saiu melhor do que o modelo mais rico (*Sintático+*). De fato, esse comportamento também foi observado por [Filippova and Strube 2007] e pode ser atribuído ao tamanho reduzido do córpus de treinamento. Uma vez que a configuração *Sintático+* gera um vetor de características quatro vezes maior que a configuração *Sintático-*, um número maior de exemplos de treinamento pode ser necessário para que o modelo possa se beneficiar das informações relativas ao aspecto sintático. Quanto aos atributos *Type/Token* (TT), observa-se que a sua inclusão no modelo teve pouca influência nos resultados, sendo que, em alguns casos, os valores com TT+ permaneceram iguais aos valores com TT-.

Na Tabela 4, os resultados obtidos com o melhor modelo (*Sintático- Saliência+* treinado com J48) são detalhados por classe e comparados com os obtidos por uma *baseline* simples que classifica todos os textos como "sem problemas". Como pode ser observado, o modelo é superior a *baseline* para as duas classes.

Tabela 4. Melhor modelo (*Sintático- Saliência+* treinado com J48) vs. *baseline*.

	Sem Problema (117)			Com problema (22)			Média ponderada (139)		
	Precision	Recall	F-measure	Precision	Recall	F-measure	Precision	Recall	F-measure
Melhor modelo	0,934	0,966	0,950	0,778	0,636	0,700	0,909	0,914	0,910
Baseline	0,842	1,000	0,914	0,000	0,000	0,000	0,708	0,841	0,769

5. Conclusões e Trabalhos Futuros

Este trabalho teve por objetivo implementar e avaliar o modelo grade de entidades proposto por [Barzilay and Lapata 2008] para a língua portuguesa, visando sua aplicação na avaliação de coerência em resumos científicos. A motivação está em encontrar um modelo de coerência capaz de mapear o fluxo textual de forma mais refinada do que o modelo baseado em LSA proposto por [Souza and Feltrim 2013], visando melhorar os resultados obtidos no âmbito da detecção de quebras de linearidades entre sentenças adjacentes de um resumo. O modelo grade de entidades para o português foi implementado segundo a proposta original, com exceção do tratamento de correferências, que não foi realizado neste trabalho. Além dos atributos previstos no modelo original, neste trabalho também foram avaliados atributos do tipo *Type/Token* de forma similar a realizada por [Burstein et al. 2010].

A avaliação do modelo foi feita de dois modos. Primeiramente buscou-se reproduzir o mesmo cenário de testes empregado pelos trabalhos encontrados na literatura. Isso permitiu a comparação dos resultados deste trabalho com os obtidos para outras línguas, mostrando que os resultados são próximos aos relatados para outras línguas. Em um segundo momento buscou-se avaliar o modelo na tarefa de avaliação de coerência em resumos científicos. Os resultados mostraram que o uso do modelo grade de entidades é viável nesse contexto. O melhor resultado ($K = 0,65$), alcançado com o algoritmo J48 com o modelo na configuração *Sintático- Saliência+*, é próximo ao obtido por juízes humanos ($K = 0,70$) e superior ao relatado por [Burstein et al. 2010] para o seu melhor sistema ($K = 0,61$).

Um desdobramento natural deste trabalho é a aplicação efetiva do modelo grade de entidades no módulo de análise de coerência do sistema SciPo, possibilitando a avaliação extrínseca do modelo no contexto de uma ferramenta de auxílio à escrita científica. Também pretende-se avaliar o modelo no contexto de outras aplicações que possam se beneficiar de um modelo de coerência, como é o caso da sumarização automática. Outra linha de trabalhos futuros aborda a melhoria dos resultados obtidos por meio da combinação do modelo original com conhecimentos provenientes de outras fontes, como os índices calculados pela Coh-Metrix-Port [Scarton and Aluísio 2010, Scarton et al. 2009]. A inclusão de um sistema de resolução automática de correferência no modelo atual também será explorada em trabalhos futuros, já que os melhores resultados da literatura foram obtidos utilizando-se esse tipo de conhecimento.

References

Barzilay, R. and Lapata, M. (2008). Modeling local coherence: An entity-based approach. *Computational Linguistics*, 34:1–34.

Bick, E. (2002). *The Parsing System Palavras - Automatic Grammatical Analysis of Portuguese in a Constraint Grammar Famework*. PhD thesis, Department of Linguistics – Aarhus: Aarhus University Press – DK.

Burstein, J., Chodorow, M., and Leacock, C. (2003). Criterion online essay evaluation: An application for automated evaluation of student essays. In *Proceedings of the Fifteenth Annual Conference on Innovative Applications of Artificial Intelligence*, pages 3–10.

Burstein, J., Tetreault, J., and Andreyev, S. (2010). Using entity-based features to model coherence in student essays. In *Human Language Technologies: The 2010 Annual Conference of the North American Chapter of the Association for Computational Linguistics*, HLT '10, pages 681–684.

Cardoso, P., Maziero, E., Jorge, M., Seno, E., Di Felippo, A., Rino, L., Nunes, M., and Pardo, T. (2011). Cstnews - a discourse-annotated corpus for single and multi-document summarization of news texts in brazilian portuguese. In *Proceedings of the 3rd RST Brazilian Meeting*, pages 88–105, Cuiabá/MT, Brazil.

Collovini, S., Carbonel, T. I., Fuchs, J. T., Coelho, J. C., Rino, L., and Vieira, R. (2007). Summ-it: um corpus anotado com informações discursivas visando sumarização automática. In *Anais do XXVII Congresso da SBC: V Workshop em Tecnologia da Informação e da Linguagem Humana (TIL 2007)*.

Elliot, S. (2003). Intellimetric: From here to validity. In *Shermis, M.; Burstein, J., eds. Automatic Essay Scoring: A Cross-Disciplinary Perspective.*, pages 71–86, Hillsdale, NJ. Lawrence Erlbaum Associates.

Elsner, M. and Charniak, E. (2011). Extending the entity grid with entity-specific features. In *Proceedings of the 49th Annual Meeting of the Association for Computational Linguistics: Human Language Technologies: short papers - Volume 2*, HLT '11, pages 125–129.

Feltrim, V. D., Teufel, S., Nunes, M. G. V., and Aluísio, S. M. (2006). Argumentative zoning applied to criquing novices scientific abstracts. In Shanahan, J. G., Qu, Y., and Wiebe, J., editors, *Computing Attitude and Affect in Text: Theory and Applications*, pages 233–246, Dordrecht, The Netherlands. Springer.

Filippova, K. and Strube, M. (2007). Extending the entity-grid coherence model to semantically related entities. In *Proceedings of the Eleventh European Workshop on Natural Language Generation*, ENLG '07, pages 139–142.

Grosz, B. J., Weinstein, S., and Joshi, A. K. (1995). Centering: A framework for modeling the local coherence of discourse. *Computational Linguistics*, 21:203–225.

Higgins, D., Burstein, J., Marcu, D., and Gentile, C. (2004). Evaluating multiple aspects of coherence in student essays. In *Proceedings of the 2004 Conference of the North American Chapter of the Association for Computational Linguistics: Human Language Technologies*, pages 185–192.

Joachims, T. (2006). Training linear svms in linear time. In *Proceedings of the 12th ACM SIGKDD international conference on Knowledge discovery and data mining*, KDD '06, pages 217–226, New York, NY, USA. ACM.

Landauer, T., Foltz, P., and Laham, D. (1998). An introduction to latent semantic analysis. *Discourse processes*, 25:259–284.

Landauer, T. K., Laham, D., and Foltz, P. W. (2003). *Automated essay scoring and annotation of essays with the intelligent essay assessor.* Lawrence Erlbaum Associates, Mahwah, NJ.

Lin, Z., Ng, H. T., and Kan, M.-Y. (2011). Automatically evaluating text coherence using discourse relations. In *Proceedings of the 49th Annual Meeting of the Association for Computational Linguistics: Human Language Technologies - Volume 1*, HLT '11, pages 997–1006.

Mann, W. C. and Thompson, S. A. (1988). Rhetorical structure theory: Toward a functional theory of text organization. *Text*, 8(3):243–281.

Rino, L. H. M. and Pardo, T. A. S. (2007). *A coleção TeMário e a avaliação de sumarização automática*, volume 1. IST Press, Lisboa, Portugal.

Scarton, C. and Aluísio, S. M. (2010). Coh-metrix-port: a readability assessment tool for texts in brazilian portuguese. In *Proceedings of the 9th International Conference on Computational Processing of the Portuguese Language, Extended Activities Proceedings*, PROPOR '10. 1 CD-ROM v1.

Scarton, C. E., Almeida, D. M., and Aluísio, S. M. (2009). Análise da inteligibilidade de textos via ferramentas de processamento de língua natural: adaptando as métricas do coh-metrix para o português. In *Proceedings of the 7th Brazilian Symposium in Information and Human Language Technology (STIL 2009)*. 1 CD-ROM v1.

Souza, V. M. A. and Feltrim, V. D. (2013). A coherence analysis module for scipo: providing suggestions for scientific abstracts written in portuguese. *Journal of the Brazilian Computer Society*, 19:59–73.

Witten, H. I. and Frank, E. (2005). *Data Mining - Practical Machine Learning Tools and Techniques*. Morgan Kaufmann – Elsevier.

Yokono, H. and Okumura, M. (2010). Incorporating cohesive devices into entity grid model in evaluating local coherence of japanese text. In Gelbukh, A., editor, *Proceedings of the 11th International Conference on Intelligent Text Processing and Computational Linguistics (CICLing 2010)*, number 6008 in Lecture Notes in Computer Science, pages 303–314. Springer Berlin/Heidelberg.

Aplicando Pontos de Corte para Listas de Termos Extraídos

Lucelene Lopes, Renata Vieira

PPGCC – FACIN – PUCRS
Av. Ipiranga, 6681 – 90.619-900
Porto Alegre – RS – Brazil

{lucelene.lopes, renata.vieira}@pucrs.br

Abstract. *This paper presents a practical study to find out terms that are potentially relevant to a given domain. Considering the use of many term extraction process, it is assumed the availability of domain term list, duly ordered according to a relevance criteria. In such way, a term selection police is proposed through the definition of a cut-off point to the term list, i.e., a automatized choice of which terms to discard. The proposed police options were analyzed to terms extracted from a brazilian portuguese corpus and their results were quantitatively analyzed according to a previously defined reference list.*

Resumo. *Este artigo apresenta um estudo prático para escolher termos que são potencialmente relevantes para um domínio. Considerando diversos processos de extração de termos utilizados, assume-se a existência de uma lista de termos de um domínio, e que esses termos sejam ordenados de acordo com um critério de relevância. Dessa forma, propõem-se uma política de seleção de termos que consiste na definição de um ponto de corte, ou seja, uma escolha automática de quais termos descartar. As opções da política proposta foram analisadas sobre termos extraídos de um corpus em português brasileiro, e os resultados quantificados de acordo com uma lista de referência previamente definida.*

1. Introdução

A identificação automática de termos relevantes para um domínio é uma tarefa de extrema relevância em diversas aplicações de processamento de linguagem natural. Por exemplo, na construção automática de ontologias, determinar os conceitos de um domínio é uma etapa fundamental da qual depende toda a qualidade das etapas subsequentes [Maedche and Staab 2001, Cimiano 2006, Lopes 2012].

Uma parte importante da tarefa de identificação de termos relevantes é a extração de termos empregados em um domínio e o cálculo de um índice de relevância para cada termo extraído. Para a extração de termos, diversas ferramentas [Banerjee and Pedersen 2003, Lopes et al. 2009a] fornecem opções qualificadas para extrair termos de corpora de domínio. Igualmente, o cálculo de um índice de relevância para cada termo extraído também possui diversas opções [Manning and Schütze 1999, Chung 2003, Kit and Liu 2008, Kim et al. 2009] que fornecem a possibilidade de ordenações de termos de acordo com sua relevância para o domínio.

No entanto, mesmo assumindo uma lista de termos extraídos, devidamente ordenados segundo um índice de relevância, resta o problema de quantos termos considerar suficientemente relevantes para serem representativos do domínio. Todo processo de extração está sujeito a fornecer alguns termos que não são necessariamente relevantes para o domínio. A classificação segundo um índice de relevância tende a retirar das primeiras posições das listas esses termos.

Utilizando métricas de precisão e abrangência, usuais da área de recuperação de informação [van Rijsbergen 1975], fica claro que se quisermos maximizar a precisão devemos considerar apenas o mais relevante dos termos e descartar os demais. Se por outro lado, se quisermos maximizar a abrangência devemos considerar todos termos extraídos, ou seja, não descartar termo nenhum. Se quisermos um equilíbrio entre precisão e abrangência devemos ter uma política para escolha de ponto de corte que forneça um número adequado de termos classificados como relevantes.

Dessa forma, o objetivo desse artigo é propor uma política de escolha de ponto de corte que possa equilibrar a precisão e abrangência da lista de termos relevantes de um domínio. Para atingir esse objetivo, desenvolve-se um estudo prático onde aplica-se diversas políticas de ponto de corte a listas de termos extraídos de um corpus de Pediatria [Coulthard 2005] e compara-se a precisão e abrangência obtidos frente a uma lista de referência que assume-se como os termos relevantes desse domínio.

A próxima seção apresenta algum conceitos básicos sobre pontos de corte, além da definição formal das métricas usuais de precisão e abrangência. A terceira seção apresenta os resultados práticos obtidos com diversas opções de políticas de ponto de corte. A quarta seção propõem uma política de pontos de corte que julga-se a mais adequada frente aos estudos práticos desenvolvidos. Finalmente, as considerações finais sumarizam a contribuição desse artigo e sugere trabalhos futuros.

2. Conceitos Básicos

Nessa seção apresenta-se três tipos distintos de pontos de corte: Pontos de corte absolutos; Pontos de corte por limiar; e Pontos de corte relativos. Apresenta-se em seguida a definição formal das métricas de qualidade em recuperação de informação: Precisão, Abrangência e Medida F.

2.1. Pontos de Corte Absolutos

A maneira mais simples de se aplicar pontos de corte é escolher um número arbitrário de termos que serão considerados. Porém, é importante salientar que em muitos trabalhos da literatura [Yang and Callan 2008, Lopes et al. 2009b, Evert 2010, Ding et al. 2011], as listas geradas separam os termos segundo o número de palavras que os compõem, ou seja, trata-se separadamente listas de unigramas, bigramas, trigramas, *etc.*

Essa análise em separado faz sentido, uma vez que os termos tendem a apresentar variações distintas para os índices, segundo o número de palavras que os compõem. Dessa forma, o estudo de pontos de corte será feito escolhendo um ponto de corte para unigramas, outro para bigramas, e assim por diante.

2.2. Pontos de Corte por Limiar

Uma forma popular de descartar termos é o uso de pontos de corte através da determinação de limiares arbitrários de ocorrências de termos no *corpus*. Por exemplo, o trabalho de Bourigault e Lame [Bourigault and Lame 2002] sugere o uso de um número mínimo de

10 ocorrências para considerar um termo relevante. Essa forma de identificar termos relevantes, corresponde à escolha de um ponto de corte baseado em limiar, ou seja, organizar a lista de termos extraídos segundo um índice e considerar apenas os termos nos quais o seu índice possui um valor acima do limiar escolhido. No caso de Bourigault e Lame [Bourigault and Lame 2002], o índice escolhido foi a frequência absoluta de termos, porém qualquer índice poderia ser escolhido.

O uso de pontos de corte por limiar baseados na frequência absoluta é adotado com base em um raciocínio intuitivo, que sugere uma relação direta entre o tamanho do *corpus* e o ponto de corte a escolher [Wermter and Hahn 2005]. Esta intuição, ainda que verdadeira, não é uma relação linear, pois o número de ocorrências de termos em um *corpus* decresce exponencialmente [Spärck-Jones 1972].

O formato da curva de decréscimo exponencial pode variar bastante segundo o método de extração, por exemplo, para palavras extraídas segundo um processo puramente estatístico, o decréscimo segue a lei de Zipf[1] [Zipf 1935]. No entanto, para processos linguísticos de extração de termos, não se observa esta mesma lei, como poderá ser verificado pelo número de ocorrência dos 10 termos mais frequentes do *corpus* de Pediatria apresentado na próxima seção.

Por essa razão, é difícil propor uma fórmula que permita estimar automaticamente um limiar para ponto de corte a partir do tamanho do *corpus*. Logo, nesse artigo analisam-se diversos valores de limiar escolhidos de forma arbitrária.

2.3. Pontos de Corte Relativos

Uma alternativa de pontos de corte, encontrada na literatura [Maynard et al. 2008], é manter apenas um percentual da lista extraída.

Essa alternativa é denominada ponto de corte relativo, pois define-se o tamanho da lista a ser considerada proporcional ao total de termos extraídos. A vantagem mais clara dessa abordagem é o fato de que pontos de corte relativos podem ser facilmente aplicados a qualquer tipo de lista seja ela organizada por qualquer métrica.

No entanto, resta o problema de escolher o percentual adequado, razão pela qual nesse artigo analisa-se o comportamento de diversos valores de pontos de corte relativos escolhidos de forma arbitrária.

2.4. Métricas

A comparação de listas de conceitos nesse artigo é feita através de três índices oriúndos da área de teoria da informação e de uso frequente na área de recuperação de informação. Esses índices são as tradicionais medidas de precisão (em inglês: *precision* - P), abrangência (em inglês: *recall* - R) e medida F (em inglês: *f-measure* - F) [van Rijsbergen 1975].

Essas medidas são utilizadas para comparar dois conjuntos, por exemplo, duas listas de termos. Um desses conjuntos, denominado $\mathcal{LR}$ (lista de referência), contém os termos de referência considerados corretos para o propósito, ou seja, o alvo da identificação

[1] Segundo a lei de Zipf, a frequência de uma palavra em um *corpus* é inversamente proporcional a sua posição (*rank*). Dessa forma, a palavra mais frequente de um *corpus* possui: o dobro de ocorrências do que as ocorrências da segunda palavra mais frequente; o triplo de ocorrências do que as ocorrências da terceira palavra mais frequente; e assim por diante.

de conceitos. O outro conjunto, denominado $\mathcal{LE}$ (lista extraída), contém os termos a comparar com a referência, ou seja, os termos extraídos que por alguma política foram escolhidos como conceitos.

A precisão (P) é dada pela equação abaixo que expressa a razão entre o número de termos da lista de referência que foram extraídos e considerados (tamanho da intersecção entre os conjuntos $\mathcal{LR}$ e $\mathcal{LE}$) e o tamanho da lista de termos extraídos e considerados ($\mid \mathcal{LE} \mid$). Dessa forma, a precisão expressa o percentual de termos corretamente extraídos, ou seja, o percentual dos termos localizados como corretos, quantos são efetivamente corretos.

$$P = \frac{\mid \mathcal{LR} \cap \mathcal{LE} \mid}{\mid \mathcal{LE} \mid}$$

A abrangência (R) é semelhante à precisão, porém expressa a razão entre o número de termos da lista de extraídos e considerados ($\mathcal{LE}$) presentes na lista de referência ($\mathcal{LR}$) e o tamanho da lista de referência ($\mid \mathcal{LR} \mid$). Dessa forma, a abrangência expressa o percentual de termos da lista de referência coberta pela extração de termos feita.

$$R = \frac{\mid \mathcal{LR} \cap \mathcal{LE} \mid}{\mid \mathcal{LR} \mid}$$

A medida F (F) expressa o equilíbrio entre os valores de precisão e abrangência. A sua expressão numérica é a média harmônica entre os valores de P e R. Os valores da medida F são valores situados entre P e R, e quanto maior for a diferença entre esses valores, mais próxima a medida F será do menor valor entre eles.

$$F = \frac{2 \times P \times R}{P + R}$$

O uso desses índices de qualidade é bastante difundido em diversas áreas, *e.g.* [Boreczky and Rowe 1996, Thomas et al. 2000, Fernandes et al. 2010]. Na área de PLN, e em especial nas tarefas de extração de termos, diversos trabalhos justificam a sua validade baseados em seus resultados numéricos, *e.g.*, [Manning and Schütze 1999, Bell et al. 1999, Hulth 2004, Lopes et al. 2010b].

3. Resultados Práticos

Os resultados práticos desse artigo foram obtidos extraindo bigramas e trigramas do corpus de Pediatria [Coulthard 2005], um corpus formado por 281 textos do Jornal de Pediatria que possui 835.412 palavras, distribuídas em 27.724 frases. Para este corpus existe uma lista de referência com 1.534 bigramas e 2.660 trigramas gerada por uma equipe de linguístas e especialistas do domínio de forma semi-automática e cuidadosamente revisada [Finatto 2011].

O ponto de partida de todas as experiências com pontos de corte são listas de bigramas e trigramas extraídos utilizando a ferramenta EχATO$_{lp}$ [Lopes et al. 2009a], uma ferramenta de extração baseada em abordagem linguística (extração de sintagmas nominais) organizada segundo a relevância estimada através do índice *tf-dcf* [Lopes et al. 2012], um índice que se baseia no uso de corpora contrastantes.

3.1. Pontos de Corte Absolutos

A aplicação de pontos de corte absolutos foi feita para valores de 100 a 3.500 termos conforme descrito na Figura 1. Nessa figura mostra-se os valores de precisão, abrangência e medida F para cada valor de ponto de corte. Observa-se nesses gráficos que para bigramas o ponto de corte absoluto de 2.000 termos tem o melhor equilíbrio, enquanto que para trigramas 3.300 termos foi o melhor ponto de corte absoluto.

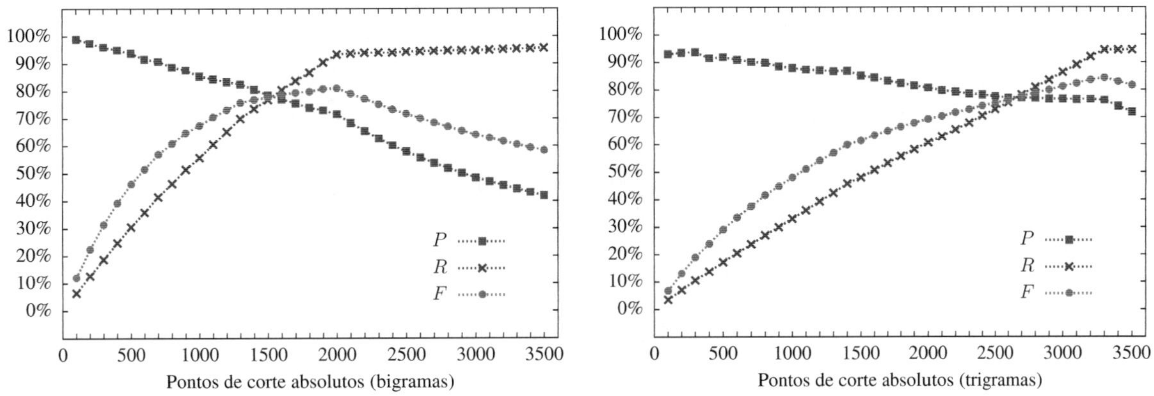

Figure 1. Precisão (P), abrangência (R), medida F (F) obtidos com pontos de corte absolutos.

3.2. Pontos de Corte por Limiar

A aplicação de pontos de corte por limiar foi feita para valores de 0 a 15 ocorrências conforme descrito na Figura 2. Cabe salientar que o limiar 0 não corresponde a nenhum descarte de termos. Observa-se nesses gráficos que para bigramas o ponto de corte por limiar com o valor 3 tem o melhor equilíbrio, enquanto que para trigramas 2 é o limiar que representa o melhor ponto de corte.

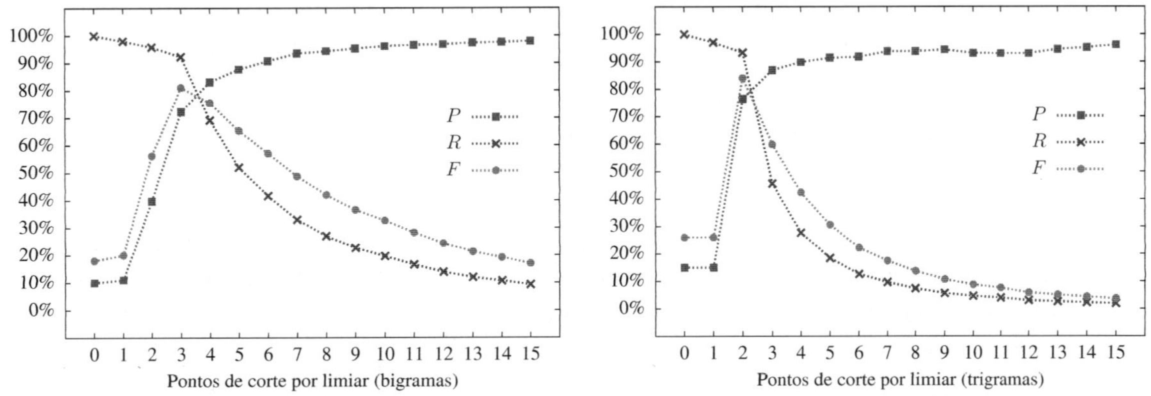

Figure 2. Precisão (P), abrangência (R), medida F (F) obtidos com pontos de corte por limiar.

3.3. Pontos de Corte Relativos

A aplicação de ponto de corte relativo foi feita levando em consideração que a ferramenta EχATO$_{lp}$ fornece 15.487 bigramas e 18.174 trigramas, e analisou-se pontos de corte relativos de 1% a 30% conforme descrito na Figura 3. Observa-se nesses gráficos que para bigramas o ponto de corte relativo de 13% tem o melhor equilíbrio, enquanto que para trigramas 18% é o melhor ponto de corte relativo.

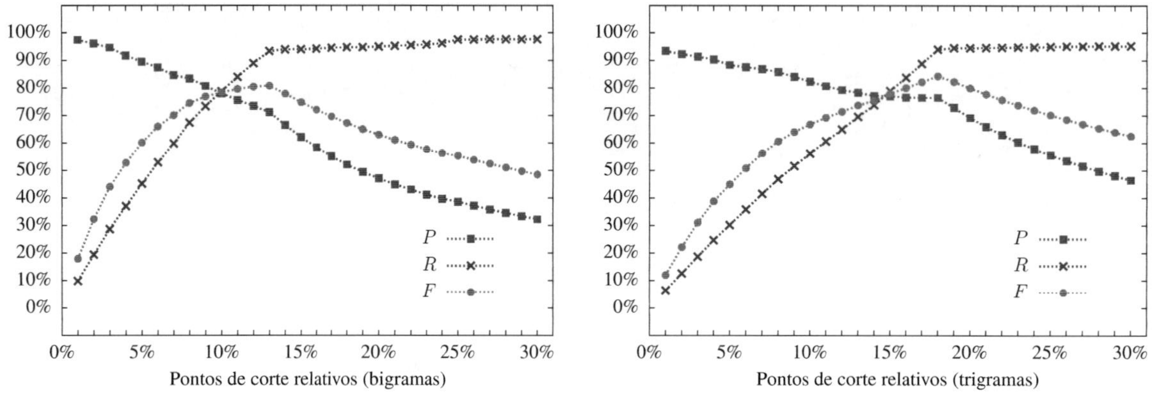

Figure 3. Precisão (P), abrangência (R), medida F (F) obtidos com pontos de corte relativos.

4. Política Proposta

Na seção anterior foram feitos experimentos sobre bigramas e trigramas extraídos do corpus de Pediatria. No entanto, o que se busca não é descobrir uma forma adequada de aplicar pontos de corte exclusivamente a essas listas de termos, mas sim, a todas as listas extraídas de todos os possíveis corpora, ou seja, uma política de ponto de corte generalizável.

A análise de um ponto de corte único, seja absoluto, por limiar, ou relativo, não parece ser possível, pois mesmo para os bigramas e trigramas do corpus de Pediatria não foi possível estabelecer um ponto de corte único que permitisse valores mais equilibrados de precisão e abrangência.

Dessa forma, propõe-se um método híbrido para estimar um ponto de corte que seja próximo dessas situações ótimas. Esse método é dito híbrido, pois segue alternativamente várias formas de ponto de corte. Especificamente, a proposta é aplicar em conjunto: um ponto de corte por limiar e um ponto de corte relativo. Cabe salientar que, o uso de ponto de corte absoluto não faz sentido nesse contexto de uma generalização, pois um ponto de corte absoluto é a definição de um número fixo e arbitrário de termos, enquanto que os demais (relativo e por limiar) são naturalmente dependentes do tamanho das listas de termos extraídos.

Aplicando um ponto de corte por limiar a todas as listas de termos extraídos, parece ser razoável descartar termos que não atingem um valor mínimo segundo o índice proposto. Dessa forma, baseado nas análises feitas, sugere-se, como primeiro passo do método híbrido proposto, descartar termos que tenham um índice *tf-dcf* inferior a 2.

Essa escolha de um limiar 2 é conservadora, pois para bigramas do corpus de Pediatria um limiar 3 foi mais adequado (melhor medida F). Cabe lembrar que, para trigramas desse mesmo corpus um limiar 2 foi mais adequado, logo a escolha de um limiar 3 iria descartar trigramas relevantes para o corpus de Pediatria.

Analogamente ao ponto de corte com limiar 2 para o índice *tf-dcf*, a segunda etapa do método híbrido proposto é o descarte de termos por um ponto de corte relativo. Com base nos resultados apresentados, onde um ponto de corte de 13% para bigramas e de 18% para trigramas, mostrou os melhores valores da medida F, escolheu-se utilizar o ponto de corte intermediário (15%) para ser aplicado a todas as listas de termos extraídos.

5. Considerações Finais

Nesse artigo foram feitas diversos experimentos com pontos de corte sobre um corpus de Pediatria para o qual possui-se uma extração de termos bastante qualificada e uma lista de referência confiável. Nesse contexto, os experimentos práticos indicaram que é possível aproximar do ponto ótimo de equilíbrio utilizando uma política de ponto de corte híbrido, onde considera-se 15% da lista extraída e exclui-se os termos onde o índice *tf-dcf* é inferior ao limiar 2.

Uma possibilidade de extensão do trabalho realizado seria considerar formas mais sofisticadas de análise baseada em um conjunto maior de dados, além do índice de relevância único, que no caso desse artigo foi a frequência *tf-dcf*. Este tipo de iniciativa equivaleria a uma análise multivalorada que é comum a métodos de aprendizagem de máquina [Mitchell 1997]. Dentre essas técnicas pode-se imaginar diversos métodos de classificação [Bauer and Kohavi 1999, Lopes et al. 2008, Witten et al. 2011] que possam trazer uma forma distinta de escolher os termos relevantes.

Apesar desses interessantes trabalhos futuros, a política proposta nesse artigo mostra-se adequada para os experimentos feitos, logo outro trabalho futuro natural é realizar um número maior de experimentos. Esses novos experimentos podem incluir o uso de outras ferramentas de extração, *e.g.*, [Bourigault and Lame 2002, Banerjee and Pedersen 2003, Lopes et al. 2010a], ou ainda de outros índices de relevância, *e.g.*, [Wu et al. 2008, Park et al. 2008, Kim et al. 2009]. Eventualmente, também pode ser interessante, caso exista disponibilidade de listas de referência, experimentos com outros corpora de domínio.

A contribuição desse artigo já pode ser percebida por fornecer algumas conclusões baseadas em um estudo prático, pois os autores desconhecem trabalhos que forneçam estimativas semelhantes de políticas de pontos de corte para escolher termos relevantes de um domínio. Nesse sentido, o presente trabalho oferece algumas estimativas iniciais que podem auxiliar pesquisadores e profissionais na definição de pontos de corte para seus próprios experimentos da área de identificação de termos relevantes.

References

Banerjee, S. and Pedersen, T. (2003). The design, implementation and use of the ngram statistics package. In *4th ITPCL*, pages 370–381.

Bauer, E. and Kohavi, R. (1999). An empirical comparison of voting classification algorithms: Bagging, boosting and variants. *Machine Learning*, 36(1-2):105–139.

Bell, T., Witten, I., and Moffat, A. (1999). *Managing Gigabytes: Compressing and Indexing Documents and Images*. Morgan Kaufmann, San Francisco.

Boreczky, J. S. and Rowe, L. A. (1996). Comparison of video shot boundary detection techniques. *Journal of Electronic Imaging*, 5(2):122–128.

Bourigault, D. and Lame, G. (2002). Analyse distributionnelle et structuration de terminologie. application a la construction d'une ontologie documentaire du droit. *Traitement automatique des langues*, 43(1).

Chung, T. M. (2003). A corpus comparison approach for terminology extraction. *Terminology*, 9(2):221–246.

Cimiano, P. (2006). *Ontology learning and population from text: algorithms, evaluation and applications*. Springer.

Coulthard, R. J. (2005). *The application of Corpus Methodology to Translation: the JPED parallel corpus and the Pediatrics comparable corpus*. PhD thesis, UFSC.

Ding, J., Zhou, S., and Guan, J. (2011). mirfam: an effective automatic mirna classification method based on n-grams and a multiclass svm. *BMC Bioinformatics*, 12(1):216.

Evert, S. (2010). Google web 1t 5-grams made easy (but not for the computer). In *Proceedings of the NAACL HLT 2010 Sixth Web as Corpus Workshop*, WAC-6 '10, pages 32–40, Stroudsburg, PA, USA. Association for Computational Linguistics.

Fernandes, P., Lopes, L., and Ruiz, D. D. A. (2010). The impact of random samples in ensemble classifiers. In *SAC'10: Proceedings of the 2010 ACM Symposium on Applied Computing*, pages 1002–1009, New York, USA. ACM.

Finatto, M. J. (2011). Textecc – textos técnicos e científicos. `http://www.ufrgs.br/textecc`. (último acesso em 13 dezembro 2011).

Hulth, A. (2004). Enhancing linguistically oriented automatic keyword extraction. In *Proceedings of HLT-NAACL 2004: Short Papers*, HLT/NAACL, pages 17–20, New York, USA. ACM.

Kim, S. N., Baldwin, T., and Kan, M.-Y. (2009). Extracting domain-specific words - a statistical approach. In Pizzato, L. and Schwitter, R., editors, *Proceedings of the 2009 Australasian Language Technology Association Workshop*, pages 94–98, Sydney, Australia. Australasian Language Technology Association.

Kit, C. and Liu, X. (2008). Measuring mono-word termhood by rank difference via corpus comparison. *Terminology*, 14(2):204–229.

Lopes, L. (2012). *Extração automática de conceitos a partir de textos em língua portuguesa*. PhD thesis, PUCRS University - Computer Science Department, Porto Alegre, Brazil.

Lopes, L., Fernandes, P., and Vieira, R. (2012). Domain term relevance through tf-dcf. In *Proceedings of the 2012 International Conference on Artificial Intelligence (ICAI 2012)*, pages 1001–1007, Las Vegas, USA. CSREA Press.

Lopes, L., Fernandes, P., Vieira, R., and Fedrizzi, G. (2009a). ExATO lp – An Automatic Tool for Term Extraction from Portuguese Language Corpora. In *Proceedings of the 4th Language & Technology Conference (LTC '09)*, pages 427–431. Faculty of Mathematics and Computer Science of Adam Mickiewicz University.

Lopes, L., Oliveira, L. H., and Vieira, R. (2010a). Portuguese term extraction methods: Comparing linguistic and statistical approaches. In *PROPOR 2010 – International Conference on Computational Processing of Portuguese Language*.

Lopes, L., Scalabrin, E. E., and Fernandes, P. (2008). An empirical study of combined classifiers for knowledge discovery on medical data bases. In *APweb 2008 Workshops (LNCS 4977)*, pages 110–121.

Lopes, L., Vieira, R., Finatto, M., and Martins, D. (2010b). Extracting compound terms from domain corpora. *Journal of the Brazilian Computer Society*, 16:247–259. 10.1007/s13173-010-0020-4.

Lopes, L., Vieira, R., Finatto, M. J., Zanette, A., Martins, D., and Ribeiro Jr., L. C. (2009b). Automatic extraction of composite terms for construction of ontologies: an experiment in the health care area. *RECIIS*, 3(1):72–84.

Maedche, A. and Staab, S. (2001). Learning ontologies for the semantic web. In *SemWeb*.

Manning, C. D. and Schütze, H. (1999). *Foundations of statistical natural language processing*. MIT Press.

Maynard, D., Li, Y., and Peters, W. (2008). Nlp techniques for term extraction and ontology population. In *Proceedings of the 2008 conference on Ontology Learning and Population*, pages 107–127, Amsterdam, The Netherlands. IOS Press.

Mitchell, T. (1997). *Machine Learning*. McGraw-Hill.

Park, Y., Patwardhan, S., Visweswariah, K., and Gates, S. C. (2008). An empirical analysis of word error rate and keyword error rate. In *INTERSPEECH*, pages 2070–2073.

Spärck-Jones, K. (1972). A statistical interpretation of term specificity and its application in retrieval. *Journal of Documentation*, 28(1):11–21.

Thomas, J., Milward, D., Ouzounis, C., Pulman, S., and Carroll, M. (2000). Automatic extraction of protein interactions from scientific abstracts. In *Pacific Symposium on Biocomputing*, volume 5, pages 538–549.

van Rijsbergen, C. J. (1975). *Information Retrieval*. Butterworths, London.

Wermter, J. and Hahn, U. (2005). Paradigmatic modifiability statistics for the extraction of complex multi-word terms. In *Proc. of the Conf. on Human Language Technology*, HLT '05, pages 843–850, Stroudsburg, PA, USA. Assoc. for Comput. Ling.

Witten, I. H., Frank, E., and Hall, M. A. (2011). *Data mining: practical machine learning tools and techniques*. Morgan Kaufmann, 3 edition.

Wu, H. C., Luk, R. W. P., Wong, K. F., and Kwok, K. L. (2008). Interpreting tf-idf term weights as making relevance decisions. *ACM Trans. Inf. Syst.*, 26:13:1–13:37.

Yang, H. and Callan, J. (2008). Ontology generation for large email collections. In *Proceedings of the 2008 international conference on Digital government research*, dg.o '08, pages 254–261. Digital Government Society of North America.

Zipf, G. K. (1935). *The Psycho-Biology of Language - An Introduction to Dynamic Philology*. Houghton-Mifflin Company, Boston, USA.

Geração de Expressões de Referência usando Relações Espaciais

Diego dos Santos Silva, Ivandré Paraboni

[1]School of Arts, Sciences and Humanities (EACH)
University of São Paulo (USP)
Av. Arlindo Bettio, 1000 - São Paulo, Brasil

diego.silva, ivandre@usp.br

Abstract. *Instruction-giving systems for virtual interactive 3D worlds have a wide range of applications in education, games and others. This paper discusses the computational task of referring expression generation for systems of this kind, focusing on the use of spatial relations to describe domain objects.*

Resumo. *Sistemas de geração de instruções em mundos virtuais interativos 3D possuem uma ampla gama de aplicações em áreas como educação, desenvolvimento de jogos etc. Neste artigo discutimos o problema computacional da geração de expressões de referência em ambientes deste tipo, enfocando a questão do uso de relações espaciais para descrever objetos do domínio.*

1. Introdução

A geração de expressões de referência (GER) é um dos componentes fundamentais de aplicações de geração de língua natural (GLN) a partir de dados de entrada não linguísticos. Algoritmos de GER tratam da tarefa de seleção do conteúdo a ser realizado, por exemplo, na forma de descrições definidas como 'o terceiro homem à esquerda, vestido de preto'.[1]

O problema computacional de GER contempla, entre outras questões, o desafio de produzir descrições breves e psicologicamente plausíveis. GER é uma ativa linha de pesquisa em GLN, tendo sido inclusive objeto de uma série de competições (ou *shared tasks*) recentes [Belz and Gatt 2007, Gatt et al. 2008, Gatt et al. 2009]. Abordagens existentes, entretanto, tendem a considerar principalmente domínios simplificados e/ou bidimensionais. O problema de referência em domínios físicos mais realistas (e.g., com grande complexidade estrutural, tridimensionalidade etc.) permanece pouco explorado na pesquisa da área, possivelmente em virtude da própria dificuldade em criar bons modelos computacionais deste tipo.

Mais recentemente, entretanto, este cenário começou a mudar com iniciativas como o projeto GIVE (*Generating Instructions in Virtual Environments*) [Koller et al. 2009]. GIVE é uma plataforma para desenvolvimento e teste de sistemas de GLN em mundos virtuais interativos, na qual o sistema encarrega-se de todo gerenciamento do ambiente gráfico e de interatividade, permitindo ao desenvolvedor concentrar-se apenas na tarefa de GLN e produzir rapidamente uma aplicação de teste. A figura 1 ilustra a interface deste sistema.[2]

[1]Não tratando portanto da questão da *interpretação* (e.g., anafórica) de expressões existentes [Paraboni 1997, Cuevas and Paraboni 2008].

[2]Extraída de http://www.give-challenge.org/research/

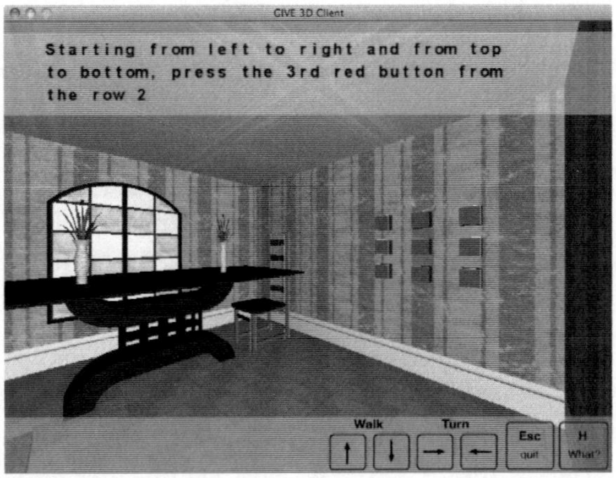

Figura 1. Exemplo de uma cena do sistema GIVE [Koller et al. 2009].

O ambiente GIVE é composto de objetos manipuláveis do tipo botão, usados para abrir e fechar portas e outras funções de interação com o mundo virtual, e objetos maiores como peças de mobiliário e afins. Estes objetos podem, a critério do desenvolvedor de GLN, ser empregados como ponto de referência nas instruções fornecidas ao usuário, como em 'Aperte o botão *ao lado da porta*'. O uso de pontos de referência não é, entretanto um recurso nativo do sistema, e sua implementação requer a extração e manipulação de relações espaciais (e.g., 'ao lado de') por parte do algoritmo de GER.

Este artigo discute o desenvolvimento de um algoritmo de GER que faz uso de relações espaciais em ambientes do tipo GIVE. Será tratada especificamente a questão da seleção de conteúdo semântico, deixando de lado o problema da realização textual destas expressões [Pereira and Paraboni 2007, Pereira and Paraboni 2008, de Novais and Paraboni 2012].

2. Trabalhos relacionados

Um dos algoritmos mais conhecidos na área, e que ajudou a definir o próprio problema computacional de GER, é o algoritmo Incremental apresentado em [Dale and Reiter 1995]. Este algoritmo recebe como entrada um contexto C formado por um grupo de objetos, o objeto-alvo ou referente r que se deseja descrever, e suas propriedades semânticas na forma de pares (*atributo*, *valor*), como em (*cor*, *azul*).

O objetivo do algoritmo é produzir um conjunto L de propriedades de r tal que L seja capaz de distinguir r de todos os outros objetos em C. As propriedades são incluídas em L incrementalmente (de onde provem o nome do algoritmo) segundo uma ordem P predefinida, desde que contribuam para a desambiguação do referente (i.e., excluindo pelo menos um objeto do contexto C). O algoritmo termina quando um conjunto único (i.e., livre de ambiguidade) de propriedades seja produzido (caso em que L poderia ser realizada, por exemplo, como uma descrição definida), ou até que todas propriedades possíveis em P tenham sido consideradas (caso em que L permaneceria ambígua e poderia ser realizada, por exemplo, como uma descrição indefinida).

Considere o exemplo a seguir, ilustrando um contexto composto por três objetos: dois cachorros (um pequeno e outro grande, tendo o cachorro grande a cor branca e o cachorro pequeno a cor preta), e um gato de tamanho pequeno e cor preta.

- Obj1: (*tipo*, cachorro), (*tamanho*, pequeno), (*cor*, preto).
- Obj2: (*tipo*, cachorro), (*tamanho*, grande), (*cor*, branco).
- Obj3: (*tipo*, gato), (*tamanho*, pequeno), (*cor*, preto).

Seja o objeto-alvo *r* = *Obj1*, o contexto *C* = {*Obj2*, *Obj3*}, e a ordem preferencial de propriedades a serem consideradas *P* = {*tipo*, *cor*, *tamanho*}. O algoritmo inicia com uma lista *L* vazia e percorre *P* na ordem estabelecida, inserindo em *L* cada propriedade que exclua pelo menos um objeto em *C*. Neste exemplo, o algoritmo escolhe inicialmente a propriedade *(tipo, cachorro)* por excluir *Obj3*, que é *tipo* gato. A seguir (na ordem em *P*), a propriedade *(cor, preto)* exclui *Obj2*, que é de *cor* branca. Como o contexto *C* não possui mais elementos, o algoritmo retorna a expressão *L*, que poderia ser realizada, por exemplo, como 'o cachorro preto'.

A ordem preferencial de seleção de atributos da lista *P* tem grande impacto sobre o tipo de expressão produzida pelo algoritmo. Por exemplo, se fosse considerada a ordem *P* = {*tipo*, *tamanho*, *cor*} para o domínio acima, a mesma referência a *Obj1* seria 'o cachorro pequeno'. Em obediência à máxima de brevidade de Grice [Grice 1975], algoritmos de GER tendem a favorecer a seleção de atributos discriminatórios. Em anos recentes, no entanto, passaram a ser consideradas também questões como a naturalidade da expressão (ou *humanlikeness* em [Belz and Gatt 2007]), dentre muitos outros objetivos desejáveis. Uma visão geral da área de GER e seus principais desafios é apresentada em [Krahmer and van Deemter 2012].

Na proposta original, o algoritmo Incremental manipula apenas propriedades atômicas, mas com adaptações a serem discutidas na seção 4.2 pode também ser aplicado ao caso de propriedades relacionais. Esta modificação é de especial importância para o uso de relações espaciais de que trata este trabalho, como em (*acima*,*o*), no qual *o* é um objeto usado como ponto de referência para a descrição do objeto-alvo *r*.

Alguns sistemas participantes da série de competições *GIVE Challenge* [Byron et al. 2009, Koller et al. 2010, Striegnitz et al. 2011] implementam certos recursos de manipulação de relações espaciais, ainda que de forma pouco documentada (e.g., [Braunias et al. 2010, Schutte and Dethlefs 2010, Garoufi and Koller 2011, Akkersdijk et al. 2011]). Entretanto, como estes sistemas foram avaliados apenas de forma extrínseca (i.e., medindo-se o desempenho global de usuários GIVE na tarefa de navegação) não é possível distinguir o eventual impacto do uso de relações espaciais das outras funcionalidades de cada sistema, as quais incluem, por exemplo, um grande número de melhorias não relacionadas à tarefa de GER.

3. Extração e preparação de dados

O algoritmo proposto neste trabalho faz uso de dados de treinamento extraídos do corpus GIVE-2 [Gargett et al. 2010]. A preparação deste conjunto de dados, bem como do conjunto de teste considerado na avaliação da proposta (seção 5), são discutidas a seguir.

3.1. Extração de atributos espaciais do domínio

Objetos em um ambiente GIVE [Koller et al. 2009] possuem apenas uma propriedade atômica básica representando seu *tipo* (botões, portas, cadeiras etc.) e, no caso dos botões, uma propriedade *cor*. O primeiro passo deste trabalho foi assim a implementação de um conjunto de métodos básicos para computar atributos espaciais de diversos tipos em ambientes do tipo GIVE [Koller et al. 2009].

Os atributos relacionais computados para um dado objeto-alvo *r* e ponto de referência *o* são: *acima(o), abaixo(o), esquerda(o), direita(o), frente(o) e atrás(o)*. Para extração destas relações, foram utilizadas as funções propostas em [Kelleher and Costello 2009], baseadas na posição angular de um objeto em relação ao outro no plano cartesiano.

O algoritmo de extração de atributos espaciais utiliza uma constante de distância máxima *k* única para cada tipo de relação. A posição física das entidades no ambiente GIVE é definida pela coordenada de seu ponto central, e assim entidades maiores como sofás, portas etc. possuem um ponto central mais distante das bordas. Uma entidade está próxima de outra entidade se a diferença entre os valores para os eixos *x*, *y* e *z* é no máximo *k*. Se esta condição for verdadeira, considera-se que há uma relação espacial válida para fins de referência.

Tendo em vista o propósito de gerar expressões de referência livres de ambiguidade, a questão da transitividade destas relações foi aqui desconsiderada. Assim, relações como *esquerda(o)* devem ser entendidas como 'imediatamente à esquerda' do objeto *o*, e não contemplando objetos mais distantes que também possam estar à esquerda de *o*.

3.2. Preparação dos dados do corpus GIVE-2

Para treinamento e teste da solução proposta, foi realizada uma tarefa de preparação dos dados do corpus GIVE-2 [Gargett et al. 2010], construído por meio de experimentos envolvendo 36 pares de participantes de língua inglesa e alemã alternando-se nas tarefas de instrutor e jogador. O corpus contém todas instruções fornecidas pelo instrutor, e as respectivas decisões tomadas pelo jogador (e.g., movimentos, ações de pressionar botões etc.). Este conjunto de dados multimodal pode ser visualizado na forma de animação com uso da ferramenta *Replay* apresentada em [Gargett et al. 2010].

Inicialmente, foi realizada a extração do conjunto de objetos e propriedades semânticas de cada um dos três mundos GIVE do corpus. A seguir, as instruções existentes foram utilizadas para extração do conjunto de expressões de referência de interesse e suas propriedades atômicas e relacionais. As expressões aqui consideradas são aquelas que fazem referência a objetos do tipo botão, que são frequentemente referenciados nas instruções de navegação por serem os únicos elementos manipuláveis no mundo GIVE.

Foram extraídas do corpus todas instruções contendo a palavra 'button' e formas equivalentes como 'this' e 'box' inferidas pelo uso de verbos como 'press' ou 'click'. Como no entanto este procedimento não foi exaustivo, é possível que uma pequena parcela de descrições menos comuns tenha sido deixada de fora da presente análise. No total, foram identificadas 992 descrições de interesse. No caso da porção em alemão do corpus, as instruções foram previamente traduzidas para o inglês com uso da ferramenta *Google Translate*[3] de modo a facilitar sua interpretação.

A tarefa de preparação de dados produziu um conjunto de descrições anotadas com informações sobre seus atributos atômicos e relacionais, bem como suas informações con-

[3]http://translate.google.com.br/

textuais (i.e., o objeto-alvo e demais objetos do contexto, seus atributos atômicos e relacionais). Este conjunto foi então dividido em um conjunto de treinamento (794 instâncias) e teste (198 instâncias) selecionadas aleatoriamente. O uso destes conjuntos é descrito nas seções a seguir.

4. A abordagem proposta

Nesta seção propomos um algoritmo de GER que faz uso de relações espaciais para descrever objetos do domínio GIVE [Koller et al. 2009]. A proposta é dividida em duas etapas: a tarefa de seleção de uma relação espacial adequada a partir do contexto, e o algoritmo de GER propriamente dito.

4.1. Seleção de pontos de referência

O primeiro módulo da presente proposta é responsável por determinar, para um dado contexto, quais os objetos que mantêm relações passíveis de referência entre si. Foi utilizada para este fim uma abordagem de aprendizagem de máquina semelhante à adotada em [Viethen 2010], porém descartando-se atributos que não se aplicam ao domínio GIVE[4], e acrescentando-se outros que capturam aspectos específicos da situação a ser tratada.

Dado um objeto-alvo r e um candidato a ponto de referência o, utilizamos um classificador binário *use_relation* para determinar se r pode ser referenciado via o através de uma relação espacial. Os atributos de aprendizagem considerados foram extraídos da porção de treinamento do corpus, e são sumarizados na tabela 1.

Tabela 1. Atributos de aprendizagem para a classe binária *use_relation*

Atributo	Descrição
distractors	Quantidade de objetos do mesmo tipo que o alvo.
landmarks	Quantidade de objetos que mantêm relaçoes espaciais com o alvo.
ambigous_objects	Quantidade de objetos iguais ao alvo e na mesma sala.
distance	Distância entre o alvo e o ponto de referência.
visible_objects	Quantidade de objetos visíveis no momento da referência.
relation_unique	Indica se a relação entre o alvo e o ponto de referencia é única no contexto.
relation_vertical	Indica se a relação entre o alvo e o ponto de referência é vertical.
most_salient_landamark	Indica se o ponto de referência é mais saliente que o alvo.
equal_landmarks	Indica se o ponto de referência é o do mesmo tipo e cor que o alvo.

As instâncias de aprendizagem para a classe *use_relation* foram geradas da seguinte forma. Para cada objeto-alvo r citado no corpus, foi computada uma lista de n objetos que seriam candidatos a pontos de referência em uma possível descrição de r naquele contexto, utilizando-se o método de extração de relações espaciais do domínio descrito na seção 3.1.

A seguir, para cada par alvo-candidato (r,$o_{i=1..n}$), foi gerada uma instância de aprendizagem, totalizando assim n instâncias para cada objeto-alvo. O conjunto de n instâncias de cada objeto-alvo r foi rotulado da seguinte forma: se a descrição de r no corpus não usa uma relação espacial, então todas n instâncias são rotuladas como negativas (*use_relation* = *no*), isso é, nenhum dos candidatos pode ser recomendado como ponto

[4]Por exemplo, no ambiente GIVE todos objetos de um mesmo tipo possuem o mesmo tamanho, o que torna pouco útil a definição de atributos de aprendizagem baseados nessa característica.

de referência para *r*. Por outro lado, se a descrição do objeto *r* no corpus usou uma relação com um ponto de referência *o*, então a instância que representa o par (*r*,*o*) é rotulada como positiva (*use_relation* = *yes*), e todas outras *n*-1 instâncias como negativas.

Como resultado deste procedimento, foram geradas 3246 instâncias de aprendizagem compostas pelos atributos acima, sendo 335 positivas e 2911 negativas. A classificação propriamente dita foi realizada com o algoritmo de indução de árvores de decisão *J48* disponibilizado pelo pacote WEKA [Witten et al. 2011], utilizando-se *10-fold cross-validation* e demais parâmetros *default* do algoritmo (confiança C=0,25 e mínimo de M=2 instâncias por folha).

Os resultados médios obtidos pela indução deste classificador são F=0.66 para classe positiva, e F=0.96 para a classe negativa, o que consideramos satisfatório dado que este classificador objetiva modelar apenas o comportamento *médio* dos 72 participantes do experimento que deu origem ao corpus GIVE-2, os quais frequentemente adotam estratégias de referência conflitantes. Por exemplo, um mesmo botão pode ser descrito por participantes distintos como 'o botão azul' ou 'o botão ao lado da porta', dentre muitas outras possibilidades observadas no corpus.

O classificador foi incorporado ao ambiente GIVE e constitui o primeiro módulo a ser invocado na produção de uma descrição de um objeto-alvo *r*. Inicialmente, são computadas todas relações existentes entre as entidades do contexto em que *r* se encontra. Com base nestas informações, é gerada uma série de *n* instâncias de teste como descrito acima, as quais são submetidas ao classificador. Dentre as relações classificadas como positivas, aquela que tenha sido observada com maior frequência na porção de treinamento do corpus será considerada para uso pelo algoritmo de GER descrito a seguir.

4.2. Geração de expressões de referência usando relações espaciais

Utilizando-se o procedimento descrito na seção anterior é possível determinar, para uma determinada situação de referência a um objeto-alvo *r*, qual relação espacial seria mais adequada para descrever *r* naquele contexto. A etapa seguinte consiste então da geração da descrição propriamente dita, a qual pode ou não incluir a relação espacial sugerida.

O algoritmo proposto para este fim é uma versão modificada do algoritmo Incremental [Dale and Reiter 1995] para manipular propriedades relacionais, e também integrado ao sistema GIVE [Koller et al. 2009]. Nesta proposta, as propriedades atômicas e relacionais existentes são consideradas para inclusão em ordem de frequência, conforme observado na porção de treinamento do corpus GIVE-2. Uma propriedade é incluída na expressão resultante desde que elimine ao menos uma entidade do contexto.

No caso de expressões envolvendo um objeto e um ponto de referência, como em 'o livro sobre a mesa', o algoritmo descreve cada objeto de forma independente, o que pode acarretar sobre-especificação. Por exemplo, em um contexto com duas mesas e dois livros, em que um dos livros está sobre uma das mesas, o presente algoritmo faria uso de propriedades adicionais, como em 'o livro vermelho, sobre a mesa da esquerda'. Esta medida foi adotada para evitar possíveis problemas de identificação de objetos em domínios espaciais complexos, como os discutidos em [Paraboni 2003, Paraboni et al. 2006, Paraboni and van Deemter 2013].[5]

[5]Diferentemente de [Dale and Haddock 1991], por exemplo, que neste caso permitiria mútua

5. Avaliação

A avaliação da solução proposta foi realizada de forma intrínseca com base no conjunto de teste descrito na seção 3.2, considerando-se três aspectos de interesse: a política de seleção da relação espacial, a ordem de preferência para seleção de propriedades (o parâmetro *P* do algoritmo de GER), e o tratamento de relações espaciais redundantes.

Com relação à política de seleção da relação espacial, consideramos duas alternativas: a proposta original - que seleciona a relação espacial *mais frequente* no corpus de treinamento - e uma alternativa na qual a propriedade espacial é selecionada de forma *aleatória* dentre as opções disponíveis.

Com relação à ordem de preferência *P* utilizada pelo algoritmo, consideramos também duas alternativas: a proposta original - que faz ordenação *por frequência* conforme observado no conjunto de treinamento - e uma estratégia *gulosa* na qual propriedades de maior poder discriminatório (ou seja, aquelas que diferenciam o objeto-alvo do maior número possível de objetos do contexto) têm preferência.

Finalmente, com relação ao tratamento de relações espaciais redundantes, consideramos duas alternativas: a proposta original - que *não* inclui propriedades redundantes (i.e., aquelas que não contribuem para a desambiguação do referente, como em [Dale and Reiter 1995]) - e uma estratégia na qual a relação espacial é selecionada mesmo que seja *redundante*.

A avaliação destes três aspectos da solução leva ao enunciado de (2 * 2 * 2 = 8) algoritmos distintos, dos quais a proposta original corresponde à alternativa que seleciona a relação espacial mais frequente, ordena a lista de preferências *P* também por frequência, e inclui uma propriedade relacional na expressão apenas se esta for discriminatória.

Por simplicidade, todas alternativas avaliadas consideram como contexto de referência o conjunto de objetos na mesma sala onde se encontra o objeto-alvo. Entretanto, cabe observar que, no caso do corpus GIVE-2, o contexto utilizado pelos participantes do experimento foi, em alguns casos, formado apenas pelos objetos visíveis naquele instante. Por exemplo, quando o jogador já estava muito próximo do objeto referenciado pelo instrutor, em alguns casos este optou por desconsiderar os objetos mais distantes e produzir uma descrição breve como 'o botão', mesmo havendo outros botões na mesma sala. Uma vez que estes casos não foram contemplados na presente avaliação, assume-se assim um ônus para todos os algoritmos avaliados.

Cada uma das 198 situações de referência constantes no corpus de teste - aqui denominado conjunto *Referência* - foi fornecida como entrada para cada um dos 8 algoritmos, resultando assim em 8 conjuntos de expressões de referência aqui denominados conjuntos *Sistema 1..8*. A avaliação propriamente dita consistiu em comparar cada conjunto *Sistema 1..8* com o conjunto *Referência*.

Para a comparação de cada um dos ($8 * 198 = 1584$) pares *Sistema-Referência*, utilizamos duas métricas amplamente empregadas em trabalhos da área como [Belz and Gatt 2007, de Lucena et al. 2010]: o coeficiente *Dice* [Dice 1945], que mede o grau de similaridade entre os dois conjuntos de propriedades, assumindo um valor entre 0 (totalmente distintos) e 1 (idênticos); e *MASI* [Passonneau 2006], que possui correlação

desambiguação como em 'o livro sobre a mesa'.

com *Dice*, porém atribuindo maior peso no caso de uma expressão ser subconjunto da outra. Os 8 algoritmos e seus resultados são sumarizados na tabela 2. O algoritmo originalmente proposto é o primeiro (#1).

Tabela 2. Resultados

#	Seleção	Ordenação	Redundância	Dice	MASI
1	mais frequente	por frequência	não	*0.73*	*0.49*
2	mais frequente	por frequência	sim	0.58	0.22
3	mais frequente	gulosa	não	0.28	0.11
4	mais frequente	gulosa	sim	0.21	0.05
5	aleatória	por frequência	não	*0.73*	*0.49*
6	aleatória	por frequência	sim	0.58	0.22
7	aleatória	gulosa	não	0.25	0.10
8	aleatória	gulosa	sim	0.20	0.05

As seguintes comparações entre algoritmos foram realizadas utilizando-se o teste de *Wilcoxon* [Wilcoxon 1945] sobre coeficientes *Dice*. Primeiramente, observa-se que não houve diferença significativa entre a seleção da propriedade mais frequente e a simples seleção aleatória, o que se explica pelo fato de que nos dados de teste a maioria dos objetos-alvo só possuir um ponto de referência possível.

Em segundo lugar, a ordenação por frequência é significativamente superior à ordenação gulosa para todos os pares de algoritmos avaliados (i.e., comparando-se #1 com #3, #2 com #4 etc.) (W=16110, Z=11,6, p <0,001).

Além disso, a estratégia de não inserir redundância é significativamente superior ao seu uso para todos os pares de algoritmos (i.e., comparando-se #1 com #2, #3 com #4 etc.). A menor diferença observada, mas ainda altamente significativa, foi entre os algoritmos #7 e #8 (W=986, Z=5,75, p <0,001).

6. Discussão

Este artigo descreveu o desenvolvimento e avaliação de um algoritmo de GER que faz uso de relações espaciais em ambientes do tipo GIVE [Koller et al. 2009]. Apesar da relativa simplicidade da proposta, este estudo contribui para o entendimento de três aspectos do problema: a política de seleção de propriedades espaciais, a ordenação das propriedades consideradas pelo algoritmo de GER, e o tratamento de propriedades redundantes.

Mesmo não tendo sido observada uma diferença significativa entre as alternativas de seleção de propriedade espacial, as estratégias de ordenação baseada em frequência e de inclusão de propriedades espaciais discriminatórias revelaram-se superiores às demais. Em outras palavras, não parece haver uma preferência geral por propriedades discriminatórias, mas as propriedades espaciais são empregadas principalmente desta forma.

Como trabalho futuro planejamos expandir a presente análise para incluir aspectos adicionais da solução, tais como a prioridade da relação espacial considerada pelo algoritmo, e uma política de seleção de relações espaciais mais sofisticada.

Esta pesquisa conta com apoio FAPESP.

Referências

Akkersdijk, S., Langenbach, M., Loch, F., and Theune, M. (2011). The Thumbs Up! Twente system for GIVE 2.5. In *Generation Challenges Session at ENLG-2011*, pages 312–317.

Belz, A. and Gatt, A. (2007). The attribute selection for GRE challenge: Overview and evaluation results. In *UCNLG+MT: Language Generation and Machine Translation.*

Braunias, J., Boltz, U., Drager, M., Fersing, B., and Nikitina, O. (2010). The GIVE-2 challenge: Saarland NLG system. In *INLG-2010.*

Byron, D., Koller, A., Striegnitz, K., Cassell, J., Dale, R., Moore, J., and Oberlander, J. (2009). Report on the first NLG challenge on generating instructions in virtual environments (GIVE). In *ENLG-2009.*

Cuevas, R. and Paraboni, I. (2008). A machine learning approach to portuguese pronoun resolution. *Advances in Artificial Intelligence–IBERAMIA 2008*, LNAI 5290:262–271.

Dale, R. and Haddock, N. J. (1991). Content determination in the generation of referring expressions. *Computational Intelligence*, 7:252–265.

Dale, R. and Reiter, E. (1995). Computational interpretations of the Gricean maxims in the generation of referring expressions. *Cognitive Science*, 19.

de Lucena, D. J., Pereira, D. B., and Paraboni, I. (2010). From semantic properties to surface text: The generation of domain object descriptions. *Inteligencia Artificial. Revista Iberoamericana de Inteligencia Artificial*, 14(45):48–58.

de Novais, E. M. and Paraboni, I. (2012). Portuguese text generation using factored language models. *Journal of the Brazilian Computer Society*, 19(2):135–146.

Dice, L. R. (1945). Measures of the amount of ecologic association between species. *Ecology*, 26(3):297–302.

Gargett, A., Garoufi, K., Koller, A., and Striegnitz, K. (2010). The GIVE-2 corpus of giving instructions in virtual environments. In *LREC-2010.*

Garoufi, K. and Koller, A. (2011). The Potsdam NLG systems at the GIVE-2.5 challenge. In *Generation Challenges Session at ENLG-2011*, pages 307–311.

Gatt, A., Belz, A., and Kow, E. (2008). The TUNA challenge 2008: Overview and evaluation results. In *INLG-2008*, pages 198–206.

Gatt, A., Belz, A., and Kow, E. (2009). The TUNA-REG challenge 2009: Overview and evaluation results. In *ENLG-2009*, pages 174–182.

Grice, H. P. (1975). Logic and conversation. In Cole, P. and Morgan, J. L., editors, *Syntax and semantics*, volume 3. New York: Academic Press.

Kelleher, J. D. and Costello, F. J. (2009). Applying computational models of spatial prepositions to visually situated dialog. *Computational Linguistics*, 35(2):271–306.

Koller, A., Byron, D., Cassell, J., Dale, R., Striegnitz, K., Moore, J., and Oberlander, J. (2009). The software architecture for the first challenge on generating instructions in virtual environments. In *EACL-2009.*

Koller, A., Striegnitz, K., Gargett, A., Byron, D., Cassell, J., Dale, R., Moore, J., and Oberlander, J. (2010). Report on the second NLG challenge on generating instructions in virtual environments (GIVE-2). In *INLG-2010*.

Krahmer, E. and van Deemter, K. (2012). Computational generation of referring expressions: A survey. *Computational Linguistics*, 38(1):173–218.

Paraboni, I. (1997). Uma arquitetura para a resolução de referências pronominais possessivas no processamento de textos em língua portuguesa. Master's thesis, PUCRS.

Paraboni, I. (2003). *Generating references in hierarchical domains: the case of Document Deixis*. PhD thesis, University of Brighton.

Paraboni, I., Masthoff, J., and van Deemter, K. (2006). Overspecified reference in hierarchical domains: measuring the benefits for readers. In *INLG-2006*, pages 55–62.

Paraboni, I. and van Deemter, K. (2013). Reference and the facilitation of search in spatial domains. *Language and Cognitive Processes*.

Passonneau, R. (2006). Measuring agreement on set-valued items (MASI) for semantic and pragmatic annotation. In *LREC-2006*.

Pereira, D. B. and Paraboni, I. (2007). A language modelling tool for statistical NLP. In *5th Workshop on Information and Human Language Technology (TIL-2007)*, pages 1679–1688, Rio de Janeiro. Sociedade Brasileira de Computação.

Pereira, D. B. and Paraboni, I. (2008). Statistical surface realisation of portuguese referring expressions. In *Advances in Natural Language Processing*, volume LNAI 5221, pages 383–392. Springer-Verlag.

Schutte, N. and Dethlefs, N. (2010). The Dublin-Bremen system for the GIVE-2 challenge. In *INLG-2010*.

Striegnitz, K., Denis, A., Gargett, A., Garoufi, K., Koller, A., and Theune, M. (2011). Report on the second second challenge on generating instructions in virtual environments (GIVE-2.5). In *Generation Challenges Session at ENLG-2011*, pages 270–279.

Viethen, H. A. E. (2010). *The Generation of Natural Descriptions: Corpus-based Investigations of Referring Expressions in Visual Domains*. PhD thesis, Macquarie University.

Wilcoxon, F. (1945). Individual comparisons by ranking methods. *Biometrics Bulletin 1*, 6(2):80–83.

Witten, I. H., Frank, E., and Hall, M. A. (2011). *Data Mining: Practical machine learning tools and techniques*. Morgan Kaufman Publishers, Burlington, MA, 3rd edition.

Mac-Morpho Revisited: Towards Robust Part-of-Speech Tagging

Erick Rocha Fonseca[1] **, João Luís G. Rosa**[1]

[1]Instituto de Ciências Matemáticas e de Computação
Universidade de São Paulo (USP) – São Carlos, SP – Brazil

{erickrf,joaoluis}@icmc.usp.br

Abstract. *We present a revision of Mac-Morpho, the biggest corpus of Portuguese text containing manually annotated POS tags. Many errors were corrected, yielding a much more reliable resource. We also trained a neural network based classifier for the POS tagging task, following an architecture that achieves state-of-the-art results in English. Our tagger maps each word to a real valued vector and uses it as input, thus dealing with abstract features. These vectors are induced by distributional semantics techniques, and provide the tagger with information for achieving 96.48% accuracy.*

1. Introduction

Part-of-Speech (POS) tagging is an important Natural Language Processing (NLP) task, serving as a first step for many applications. While a rule based approach for an automatic tagger is possible [Bick 2000], most of the work addressing this task is based on machine learning techniques, as usual in NLP, since they require significantly less labor. In order to do so, one must consider two points: the training data and the learning algorithm for the tagger.

The training data, in the form of an annotated corpus, should be large enough to allow the tagger to generalize what it learns to unseen sentences. The two most widespread corpora with annotated POS tags in Portuguese are Mac-Morpho [Aluísio et al. 2003], with around one million words, and Bosque [Afonso et al. 2002], with around 185 thousand.

Both corpora cannot be combined to provide a larger resource, since each one defines a different tagset. For example, while Bosque has different tags for verbs in the infinitive, gerund, participle and inflected forms, Mac-Morpho only distinguishes participles from the other three. On the other hand, Mac-Morpho has different tags for auxiliary and main verbs, which Bosque does not.

The quality of the data is also important: too much noise (such as wrongly assigned tags) may affect the learning process. As the annotation is done by humans, mistakes are often introduced, and thus a rigourous checking procedure must be carried out.

As for learning algorithms, there are many that have been proposed and succesfully applied in this task, usually capable of being employed in different languages. In Portuguese, experiments reported in the literature include Transformation Based Learning [dos Santos et al. 2008], Hidden Markov Models (HMM) and Variable Length Markov Chain (VLMC) [Kepler and Finger 2006], HMM with a character language model [Maia and Xexéo 2011], among others.

The work reported in this paper aimed at both these points. First, we performed a thorough error verification and cleaning process on the Mac-Morpho corpus, which we used as training data for our models. We report the problems found and make our revised version publicly available. Also, we joined contracted forms (such as *do* for *de* + *o*), which appear splitted in the corpus, in order to reflect a real world scenario. Most works reported in the literature don't mention this step.

Second, we trained a POS tagger similar to the work found in [Collobert et al. 2011], based on multilayer perceptron neural networks and vector space models, and that achieves state-of-the-art performance in English. Our resulting tagger is also available online. Besides our model, we performed experiments with the OpenNLP POS tagger[1] for comparison.

2. Corpus Treatment

We chose to use the Mac-Morpho corpus because it is the biggest one available with POS tags in Portuguese. Mac-Morpho is composed of 109 files with texts from the Brazilian newspaper Folha de São Paulo, and is divided in 10 sections, each having a given topic (such as agriculture, politics, sports, etc.).

We identified some common errors in the corpus, such as missing words and repeated sentences. One example of sentence with a missing word is *A degradação das terras pelo mau uso dos solos avança no.* ("Land degradation due to inappropriate soil usage advances in the."). These are prejudicial for machine learning, as a classifier will get examples of impossible sequences (caused by missing words) or may be biased towards repeated examples.

We developed simple heuristic rules to identify sentences with missing words, listed below. If any of the rules triggered for a given sentence, it was removed from the corpus, as there was no way to determine the missing word.

1. The sentence ends with a conjunction, preposition or article (including contractions).
2. An article appears before a verb, except for the case of *ao* (contraction between *a* and *o*), which is commonly used before infinitives (e.g., *ao ver*, "upon seeing").
3. An article appears before a preposition, conjunction or punctuation sign.
4. A comma appears before a period, colon, semicolon, exclamation or question mark.
5. The same punctuation sign appears twice in a row, except for exclamation and question marks.

We are aware that these rules might trigger for false positives, but they are very rare in comparison with the actual mistakes. Using them, we removed 1,232 sentences. We also checked repeated sentences, discarding 2,947. Adding up, we removed 4,179 sentences from a total of 54,169 in the corpus (7.7%).

Another problem was that half of the files in the corpus don't indicate sentence boundaries; instead, these files have one token per line. Examining sentences separately is important since most taggers require that they be provided one at a time, so we used the Punkt sentence tokenizer from NLTK[2] [Bird et al. 2009] to split the text into sentences.

[1] Available at `http://opennlp.apache.org/`

[2] Available at `http://www.nltk.org`

This tool works by classifying periods as sentence delimiters or not (as in the case of abbreviations), and also tries to correctly handle quotation marks and parentheses in the end of a sentence.

The other half of the files contained XML-like tags to indicate paragraph and sentence boundaries. Due to tag mismatches we couldn't feasibly correct, we had to put off six of these files. With the remaining, we could easily split the sentences.

After searching for characters not used in Portuguese, we found a few typographical errors such as the use of a diaresis instead of the proper accent, e.g., *conträrio* instead of *contrário*. We also found mistyped tags (identifiable as tags not in the defined tagset) and a spurious $ symbol before some punctuation signs. All of these could be manually corrected.

As for tokenization, important decisions in Portuguese concern how to treat preposition contractions and clitic pronouns. Mac-Morpho presents all components of these structures separately, but indicates that they were originally joined. In our experiments, we chose to redo all contractions appearing in the text, aiming at simulating a real world scenario. The tags for the contractions were obtained as a concatenation of the component tags and a plus sign, e.g. `PREP+ART` for the contraction of a preposition (tagged as `PREP`) and an article (`ART`).

However, we chose to keep clitic pronouns separated from verbs. This decision was motivated by two factors: first, it is trivial to identify clitics by simple pattern matching. Second, if we consider other NLP tasks such as semantic role labeling, separating pronouns from verbs is much more important than splitting preposition contractions.

We set aside every tenth sentence in the corpus for testing, leaving the rest for training. This resulted in 4,999 and 44,991 sentences, respectively. Table 1 shows the number of occurrences for each of the 30 tags[3]. We can see that some tags, especially those involving contractions, are very rare.

Tag	Train	Test	Total	Tag	Train	Test	Total
ADJ	39,009	4,264	43,273	ADV	22,306	2,509	24,815
ADV-KS	289	31	320	ADV-KS-REL	648	69	717
ART	61,905	6,804	68,709	CUR	2,235	239	2,474
IN	267	17	284	KC	21,034	2,333	23,367
KS	10,816	1,275	12,091	N	180,835	20,181	201,016
NPROP	82,541	9,237	91,778	NUM	14,506	1,692	16,198
PCP	17,623	1,927	19,550	PDEN	5,120	546	5,666
PREP	82,103	9,296	91,399	PREP+ADV	72	13	85
PREP+ART	52,579	5,680	58,259	PREP+PROADJ	1,549	166	1,715
PREP+PRO-KS	28	4	32	PREP+PRO-KS-REL	168	19	187
PREP+PROPESS	479	54	533	PREP+PROSUB	638	72	710
PROADJ	13,767	1,647	15,414	PRO-KS	1,594	165	1,759
PRO-KS-REL	8,298	863	9,161	PROPESS	10,308	1,228	11,536
PROSUB	5,710	672	6,382	PU	124,881	14,025	138,906
V	75,686	8,415	84,101	VAUX	13,969	1,552	15,521

Table 1. Distribution of tags in the corpus

[3]The description of the tags used in Mac-Morpho can be found at `http://www.nilc.icmc.usp.br/lacioweb/english/manuais.htm`

3. The Tagger

We implemented the model presented in [Collobert et al. 2011] for training a POS tagger. It receives a window of tokens as input and maps them to feature vectors, which are then concatenated and fed to a multilayer perceptron neural network. Figure 1 shows a window of three tokens being converted into vectors. There must be one neuron in the network input layer for each of these values.

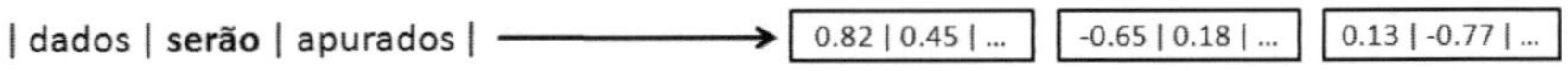

Figure 1. Example of a window of size 3 being converted into feature vectors

3.1. Word Representations

In this architecture, each word has a corresponding real valued vector[4]. The representations used by [Collobert et al. 2011] were obtained in semi-supervised fashion through a neural language model, which was trained to distinguish positive examples of word sequences (extracted from a corpus) from negative ones (random perturbations of the positive example).

In their training process, the authors sampled word sequences from a huge corpus and corrupted them by randomly replacing the middle word. Then, the neural model was fed both sequences and had to output a score for the original one higher by a given margin than for the corrupted one. The corrections in the network parameters were backpropagated to the word representations. As a result, words with similar meaning and usage had vectors with a small euclidian distance.

Using such representations brings a couple of advantages: the automatic classifier can easily detect words that should be treated similarly, and words not seen in the training data for a tagging task are not completely unknown, as long as they have a feature vector. Thus, out-of-vocabulary (OOV) impact is expected to be lesser.

The unsupervised training for generating word representations, however, is extremely slow: the authors report weeks of training time. Motivated by the observations from [Turian et al. 2010] that representations obtained in different ways may be used by a classifier to obtain good results in NLP tasks, we turned our attention to methods based on distributional semantics [Turney and Pantel 2010], which are much faster. In [Huang and Yates 2009], word representations generated with such methods are also employed for POS tagging in English; however, the system architecture in that work is very different from the one explored here.

We used the software package Semantic Vectors[5] [Widdows and Ferraro 2008] to induce representations from a collection of texts composed of the Portuguese Wikipedia[6] and the PLN-BR corpus [Bruckschen et al. 2008]. We used the method known as Hyperspace Analogue to Language (HAL) [Lund and Burgess 1996], which consists in creating a table counting the occurrences of each word in the vocabulary next to each other word.

[4]Actually, not only words, but rather all types, including punctuation, numbers, etc. can have a feature vector. We use the term *word* here because it is commonly found in the literature.

[5]Available at `https://code.google.com/p/semanticvectors/`

[6]Available at `http://dumps.wikimedia.org/ptwiki`

We induced vectors for all 89,075 word types that occurred at least 40 times in the corpus. Other words are mapped to a special vector generated randomly. Two other vectors were also generated randomly for the padding before after the limits of a sentence. We experimented with vectors having from 50 to 300 dimensions, and after examining the results, we concluded that the overall quality was about the same for all numbers of dimensions. We chose to keep the 50-dimension vectors for computational efficiency.

Besides encoding word types, feature vectors can also represent discrete attributes such as presence of capitalization. To this end, each possible value of the attribute must have a corresponding vector; in the case of capitalization, values could be: all lowercase letters, initial uppercase letter, other combinations and a N/A value for punctuation and numbers. Thus, when the network is given a token, its type vector is concatenated with all other feature vectors. Figure 2 exemplifies this process.

Type	**Vector**		
não	0,97	-0,34	0,16
sei	-0,81	0,09	-0,21
.	0,49	0,82	0,63
⋮		⋮	

Value	**Vector**	
All lowercase	0,04	0,72
Uppercase initial	-0,59	0,18
Other case combinations	-0,12	-0,65
N/A	0,94	0,51

Token	**Resulting Vector**				
Não	0,97	-0,34	0,16	-0,59	0,18
sei	-0,81	0,09	-0,21	0,04	0,72
.	0,49	0,82	0,63	0,94	0,51

Figure 2. Representations including a discrete attribute

3.2. Simple Word Window Approach

In the most basic setup, the simple word window approach, the network has one hidden layer and performs usual operations (weighted sum followed by a sigmoid function). It outputs a score f_j for the token in the middle of the input window having each tag j; so, in order to tag all tokens in a given sentence, the network must examine each window at a time. In the case of tokens near the beginning or the end of a sentence, the input window is complemented with pseudo-tokens serving as padding. These pseudo-tokens also have their own corresponding feature vectors. Figure 3 shows an example of all possible windows obtained from a sentence.

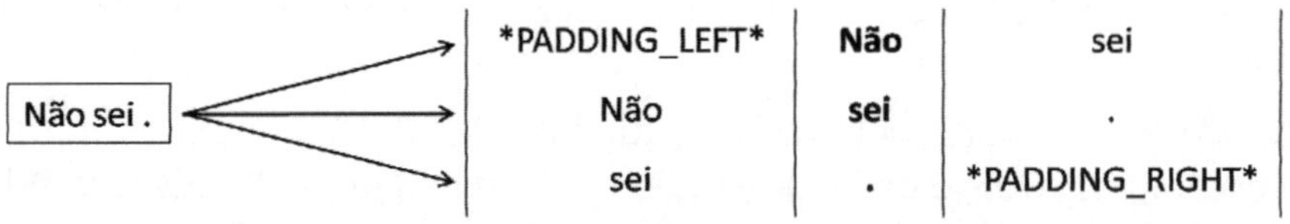

Figure 3. Windows of size 3 produced from a sentence.

The neural network is trained via backpropation, doing a gradient ascent aimed at maximizing the log likelihood over training data. Due to the paucity of space, we refer the reader to [Collobert et al. 2011] for a complete demonstration of the differentiation of the system output. Gradients are backpropagated until the input layer, so word representations can be adjusted in the same way as the network connections. The corrections take place after running the network for each window.

3.3. Sentence Approach

The network score may also be combined with tag transition scores, encoding knowledge such as "an article is very likely to be followed by a noun", and thus working similarly to a Hidden Markov Model. These scores are encoded in a transition matrix A, which contains in each cell $A_{i,j}$ the score for a token tagged with i being followed by another one tagged with j. Thus, denoting the neural network parameters with θ and the network score for tag j at the t-th token with $f_{t,j}$, the score for a given sentence x of size T having the tag sequence y is:

$$s(x, y, \theta) = \sum_{t=1}^{T} f_{t,y_t} + A_{y_{t-1},y_t} \tag{1}$$

Note that we need a score $A_{0,j}$ for starting the sentence with tag j. This is actually a generalization of the previous setup: we can think of the simple word window approach as having a transition matrix where all cell values are set to zero.

Instead of assigning the tag with the highest score for each token right after examining its window, this setup stores all tag scores for each token and then searches for the tag sequence with the highest score using the Viterbi algorithm. Because of it, when training a network with this approach, the gradients are only calculated after tagging a whole sentence.

The transition matrix is also updated via gradient ascent, increasing values for transitions found in the sentence at the expense of the scores of unseen transitions. The computation of the gradients in the sentence approach involves both the network output and the transition values, and is much more complex than for the simple window approach.

4. Experimental Results

4.1. Tagging Accuracy

We evaluated our models on our revised version of the Mac-Morpho corpus. As additional attributes, we employed the presence of capitalization (as shown in Section 3.1) and word endings. Feature vectors for both attributes have 5 dimensions.

In order to determine which endings should have their own vectors, we examined all word types occurring in the training set and picked all endings of size 3 that occurred in at least 20 types. This yielded a total of 389 endings, and a vector was randomly generated for each of them. All words with size 3 or less are mapped to another vector, and those not ending in any of the listed patterns are mapped to another one. For simplicity, we call any word ending a *suffix*, even if it is not linguistically accurate.

We experimented with the following setups:

- Simple window approach with capitalization. (WC)
- Simple window approach with capitalization and suffixes. (WCS)

- Sentence approach with capitalization. (SC)
- Sentence approach with capitalization, suffixes and randomly initialized word representations. (SCSR)
- Sentence approach with capitalization and suffixes. (SCS)

In all setups, we employed a word window of size 5 and 100 neurons in the hidden layer, except for the SCSR, which had 150 neurons. These values were the smaller ones that yielded good performance overall. Training neural networks with such a high number of connections[7] is a very delicate process, as they can easily diverge if the learning rate is too high. On the other hand, if the rate is too low, the learning process can take too much time or even get stuck in a local minimum.

We found a good balance by starting training for two epochs with the rate set to 10^{-3}, then 200 epochs with 10^{-4}, and finally a few more with 10^{-5}. Training further with lower rates did not result in significant improvements. Still, training times were very long, usually around 20 hours. Training is clearly the main drawback of this method.

It is not possible to compare our results directly with others reported in the literature, as we use a different tagset than the default from Mac-Morpho (obtained after collapsing preposition contractions). In order to make comparisons, we trained a Maximum Entropy model from Apache OpenNLP, using its default parameters. Results are reported in Table 2, considering accuracy over all words in the test set and only in those that did not appear in the training set (OOV).

Model	Overall accuracy	OOV accuracy
WC	95.28%	82.84%
WCS	96.01%	87.92%
SCSR	91.38%	85.52%
SC	96.22%	84.31%
SCS	**96.48%**	87.34%
MaxEnt	95.92%	**91.99%**

Table 2. Experimental results

We can see that most variants of our model performed very well on the testing data, except for SCSR, as expected. This confirms the representative power of pre-initialized feature vectors, even using far simpler techniques than [Collobert et al. 2011]. We also see that our configurations using the simple window approach and/or without suffix features achieve good results, while the more complex ones have a small advantage.

When it comes to OOV accuracy, the importance of recognizing suffixes is greater, as expected. Despite achieving the second best results overall, the SC model performed poorly with OOV words, probably due to its lack of suffix knowledge. In fact, even the SCSR setup performed better in this regard than the ones that used HAL representations but no suffix features.

The MaxEnt classifier outperformed all our models in OOV accuracy. It also observes word endings, and the combination of features it uses seems to be more efficient for unknown words. This denies our *a priori* belief that our word representations would be

[7]Five tokens with 55 or 60 features each in the input yield 275 – 300 input neurons, meaning 27,500 to 45,000 connections from the input layer to the hidden one

Reference Word	Similar Words
ele	esta, também, essa, eles, ela
às	jon, joey, visivelmente, jorginho, galina
ontem	anteontem, carybé, colbert, extra-oficialmente, larson
reclamação	engrenagem, simbologia, reação, corrente, experiência
será	detectou, evitou, cumpre, seria, traz

Table 3. Comparison with word representations produced by HAL

Reference Word	Similar Words
ele	eu, nós, eles, ela, você
às	zenon, à, juno, pubs, aos
ontem	amanhã, anteontem, agora, aí, aqui
reclamação	estrutura, semente, simbologia, reação, experiência
será	demonstra, cumpre, exigia, foi, seria

Table 4. Comparison with word representations after training the SCS model

helpful for OOV classifying. Still, it would be worth investigating if word representations produced by a neural language model would lead to better performance.

4.2. Effect on Representations

We also examined the effect that training a model for POS tagging had on the word representations. We picked some common words from Mac-Morpho and searched for the ones most similar to them, according to the cosine of their vectors. Table 3 shows the results with the initial HAL vectors, and Table 4 with the vectors after training the SCS model.

In general, we found that representations for nouns and verbs didn't improve much, as shown for *reclamação* and *será*. HAL vectors could be enhanced by finer semantic knowledge, but the adjustments made were only related to POS tags.

For other word classes, it seems that better representations have been achieved. The vector for *ele* became closer to the ones for other personal pronouns, and the one for *ontem* to those of other time and space adverbs.

5. Conclusions

In this contribution, we presented a revised version of the Mac-Morpho corpus, with many mistakes corrected. We addressed the POS tagging task trying to simulate a real world scenario, and dealt with preposition contractions as single words. This is contrary to most works in Portuguese POS tagging, which do not care for this detail. We believe that this allows for a more robust tagger, capable of working with texts without any preprocessing.

We also experimented with an algorithm that has been shown to provide state-of-the-art performance for English POS tagging, and achieved good results in Portuguese. We found that it works well when given word vectors induced by a distributional semantics technique, instead of a neural language model. The latter remains to be explored, and perhaps could improve performance even further, especially for OOV data. The code for our implementation and the revised version of Mac-Morpho are available online at `https://github.com/erickrf/nlpnet`.

References

[Afonso et al. 2002] Afonso, S., Bick, E., Haber, R., and Santos, D. (2002). Floresta sintá(c)tica: a treebank for Portuguese. In *Proceedings of the Third International Conference on Language Resources and Evaluation (LREC 2002)*, pages 1698–1703.

[Aluísio et al. 2003] Aluísio, S., Pelizzoni, J., Marchi, A. R., de Oliveira, L., Manenti, R., and Marquiafável, V. (2003). An account of the challenge of tagging a reference corpus for brazilian portuguese. In *Proceedings of the 6th international conference on Computational processing of the Portuguese language*, PROPOR'03, pages 110–117, Berlin, Heidelberg. Springer-Verlag.

[Bick 2000] Bick, E. (2000). *The parsing system PALAVRAS: automatic grammatical analysis of Portuguese in a constraint grammar framework*. PhD thesis, Department of Linguistics – Aarhus University.

[Bird et al. 2009] Bird, S., Klein, E., and Loper, E. (2009). *Natural Language Processing with Python*. O'Reilly.

[Bruckschen et al. 2008] Bruckschen, M., Muniz, F., Souza, J. G. C., Fuchs, J. T., Infante, K., Muniz, M., Gonçalves, P. N., Vieira, R., and Aluísio, S. M. (2008). Anotação Lingüística em XML do Corpus PLN-BR. Technical report.

[Collobert et al. 2011] Collobert, R., Weston, J., Bottou, L., Karlen, M., Kavukcuoglu, K., and Kuksa, P. P. (2011). Natural language processing (almost) from scratch. *Journal of Machine Learning Research*, 12:2493–2537.

[dos Santos et al. 2008] dos Santos, C. N., Milidiú, R. L., and Rentería, R. P. (2008). *Portuguese Part-of-Speech Tagging Using Entropy Guided Transformation Learning*, volume 5190 of *Lecture Notes in Computer Science*, chapter 15, pages 143–152.

[Huang and Yates 2009] Huang, F. and Yates, A. (2009). Distributional Representations for Handling Sparsity in Supervised Sequence-Labeling. In *Proceedings of the 47th Annual Meeting of the ACL and the 4th IJCNLP of the AFNLP*, pages 495–503.

[Kepler and Finger 2006] Kepler, F. N. and Finger, M. (2006). Comparing Two Markov Methods for Part-of-Speech Tagging of Portuguese. In Sichman, J. S., Coelho, H., and Rezende, S. O., editors, *Advances in Artificial Intelligence - IBERAMIA-SBIA 2006*, pages 482–491.

[Lund and Burgess 1996] Lund, K. and Burgess, C. (1996). Producing high-dimensional semantic spaces from lexical co-occurrence. *Behavior Research Methods, Instruments, & Computers*, 28(2):203–208.

[Maia and Xexéo 2011] Maia, M. R. d. H. and Xexéo, G. B. (2011). Part-of-Speech Tagging of Portuguese Using Hidden Markov Models with Character Language Model Emissions. In *Proceedings of the 8th Brazilian Symposium in Information and Human Language Technology*, pages 159–163.

[Turian et al. 2010] Turian, J., Ratinov, L., and Bengio, Y. (2010). Word representations: A simple and general method for semi-supervised learning. In *Proceedings of the 48th Annual Meeting of the Association for Computational Linguistics*, pages 384–394.

[Turney and Pantel 2010] Turney, P. D. and Pantel, P. (2010). From Frequency to Meaning: Vector Space Models of Semantics. *Journal of Artificial Intelligence Research*, 37:141–188.

[Widdows and Ferraro 2008] Widdows, D. and Ferraro, K. (2008). Semantic Vectors: A Scalable Open Source Package and Online Technology Management Application. In *Proceedings of the Sixth International Conference on Language Resources and Evaluation (LREC'08)*, pages 1183–1190.

Implementação de um Separador Silábico Gratuito Baseado em Regras Linguísticas para o Português Brasileiro

Willian Rocha[1], **Nelson Neto**[1]

[1] Laboratório de Processamento de Sinais - LaPS
Universidade Federal do Pará - UFPA
Rua Augusto Correia, 1 – 660750-110 – Belém, PA, Brasil

willian.rocha@itec.ufpa.br, nelsonneto@ufpa.br

Abstract. *The automatic syllabification process is an important prerequisite for speech synthesis systems. However, the task is not trivial and several techniques have been adopted over the last decade. Furthermore, there is a few number of researches and public resources dedicated to Brazilian Portuguese compared to another languages. This paper discusses efforts to reduce this disabilities, implementing and testing a syllabification algorithm based on linguistic rules. All developed codes and databases will be publicly available.*

Resumo. *A divisão automática das palavras em sílabas é um importante pré-requisito para sistemas que envolvem síntese de voz. Contudo, a tarefa não é trivial e diversas técnicas vêm sendo adotadas ao longo da última década. Além disso, são poucos os estudos na área e recursos públicos dedicados ao Português Brasileiro quando comparado a outras línguas. Este trabalho discute esforços para reduzir essa deficiência, implementado e testando um separador silábico baseado em regras linguísticas. Todos os códigos e bases de dados desenvolvidos serão livremente disponibilizados.*

1. Introdução

A síntese de voz (TTS, de "text-to-speech") consiste em produzir a fala humana artificialmente, através da geração automática do sinal de voz a partir de texto. Apesar dos conhecidos problemas, como a falta de ritmo da fala, a geração de voz sintetizada é vista, atualmente, como uma tecnologia madura e um importante instrumento para a comunicação natural humano-computador [Taylor 2009]. A mesma é capaz de aumentar o número de cidadãos com acesso às tecnologias de informação, em especial as pessoas que possuem algum tipo de limitação física ou necessidade especial.

Os sistemas TTS são compostos por módulos de *software* que convertem textos escritos em linguagem natural em voz sintetizada que seja inteligível e mais natural possível. A tarefa dos sistemas TTS é bastante complexa, visto que envolve a imitação (*mimicking*) de como os seres humanos realizam a leitura de um texto [Dutoit 2001]. Por isso, é fundamental a presença de um módulo responsável pelo pré-processamento da língua (NLP, de "natural language processing"). Esse módulo realiza um conjunto de tarefas que atribuem transcrição fonética à cada palavra e marcam o texto com informações prosódicas.

Para qualquer língua, é essencial identificar corretamente a unidade silábica quando tratamos de sistemas TTS, tanto para transcrição fonética, como para a geração de prosódia, já que na sílaba tônica há um aumento de duração e intensidade. E para a língua portuguesa não é diferente. Verificou-se que tanto as principais propostas de separadores silábicos para o Português Europeu (PE) [Gouveia et al. 2000, Oliveira et al. 2007, Braga e Jr. 2007], como para o Português Brasileiro (PB) [Madureira et al. 1999, Jr. et al. 2004, Silva et al. 2008], relatam que só conhecendo a alternância entre as sílabas tônicas e átonas nas palavras é possível ditar o ritmo da fala em sistemas TTS.

Com exceção de [Barros e Weiss 2006], que optou por uma abordagem em máxima entropia, e [da Silva e de Oliveira 2012], que propôs um método de divisão silábica automático a partir de arquivos de fala com base na envoltória do sinal, em todos os sistemas de separação silábica estudados seguiu-se uma abordagem linguística, ora usando um conjunto de regras pré-definidas, ora usando transdutores de estados finitos para a geração automática dessas regras. É consenso que a opção por regras linguísticas se baseia na regularidade no ritmo da fala existente na língua portuguesa, cadenciado pelas sílabas, que são a base para a formação das palavras no nosso idioma. Importante salientar que poucos autores revelam seus algoritmos e ainda menos publicam os resultados de testes de desempenho comparativamente com outros sistemas.

Esta atual proposta contribui com um programa *open-source* baseado nas regras fonológicas descritas em [Silva et al. 2008] para divisão silábica em PB. Melhorias às regras originais também são propostas, pois, apesar de apresentarem uma excelente taxa de acerto, não se mostraram suficientes para resolver todos os casos, principalmente no trato dos encontros vocálicos. Em seguida, o desempenho do separador silábico proposto é avaliado e comparado com outros algoritmos e um dicionário disponível na Internet. Com a disponibilização gratuita dos códigos e bases de dados [Fal 2013] implementados, pretende-se estimular a cooperação e a reprodução de resultados entre diferentes grupos de pesquisa.

Este trabalho está organizado da seguinte maneira. A Seção 2 apresenta as estratégias utilizadas na implementação do separador silábico. A Seção 3 descreve os testes realizados e avalia os resultados obtidos. A Seção 4 conclui e sugere pesquisas futuras.

2. O separador silábico proposto

Comprovadamente, o emprego de regras linguísticas é uma boa escolha para sistemas de conversão texto-fala, considerando que o Português é uma língua com bastante regularidade fonológica [Martelotta 2008]. Além disso, a solução para separação silábica por regras apresenta duas vantagens em relação, por exemplo, à solução por dicionário, que consiste na criação de uma tabela contendo a palavra e a sua respectiva separação (*hash table*): pouca utilização de memória e a capacidade de sempre poder ler uma nova palavra [Braga e Jr. 2007]. A seguir serão apresentadas a arquitetura e as regras usadas no separador silábico proposto neste trabalho.

2.1. Arquitetura do algoritmo

O separador silábico proposto é uma codificação em C# das 20 regras fonológicas descritas em [Silva et al. 2008], com algumas modificações. Sua ideia principal é que todas as sílabas possuem uma vogal como núcleo, que pode ser cercado por consoantes ou outras vogais (semi-vogais ou glide). Então, é possível localizar a vogal que compõe o núcleo da sílaba e isolar as consoantes e as semi-vogais. A simbologia utilizada na descrição das regras é apresentada na Tabela 1.

Tabela 1. Simbologia usada no algoritmo de separação silábica.

Símbolo	Significado
V'	Vogal (a, e, o, á, é, í, ó, ú, â, ê, ô, ü)
G	Semi-vogal (i, u)
V	V', G
C	Consoante (<lh>, <nh>, CO, CF, CL, CN)
CO	Oclusivas (p, t, c+a, o, u, qu+e, i, b, d, g+a, o , u, gu+e, i)
CF	Fricativas (f, v, s, c+e, i, ç, z, ss, ch, j, g+e, i, x)
CL	Líquida (l, r, rr, exceto <lh>)
CN	Nasal (m, n)
CM	Mudas (b, g, p, c, d, f, t; não seguidas de (l, r, t, V'))
F	Fim da palavra
p^o	Início da sílaba
$\hat{}(+n) = C$	Grafema n à direita igual a uma consoante qualquer
$\hat{}(-n) = V$	Grafema n à esquerda igual a uma vogal qualquer
$\hat{}(+n) \neq CN$	Grafema n à direita não é uma consoante nasal

Tabela 2. Casos e ações considerados.

Caso	Ação
Caso 1	V é separada do grafema seguinte
Caso 2	V é unida ao próximo grafema da direita e é separada dos subsequentes
Caso 3	V é unida ao grafema anterior e é separado dos seguintes
Caso 4	V é unida ao grafema anterior e ao seguinte e é separada dos subsequentes
Caso 5	V é unida aos dois grafemas seguintes e é separado do terceiro grafema
Caso 6	V é unida ao grafema anterior e a todos os grafemas até o final da palavra

Na arquitetura do algoritmo as regras são dispostas hierarquicamente desde a primeira até a penúltima, sendo a última regra o caso geral que finaliza a análise. As regras são baseadas na busca das vogais existentes em cada palavra, seguida da análise dos caracteres existentes à esquerda e à direita, para decidir que ação tomar. Como as vogais são a base da sílaba, a ação tomada é no sentido de unir, ou não, a referida vogal ao conjunto de grafemas que a cerca. O conjunto de ações está listado na Tabela 2.

O conjunto de regras proposto em [Silva et al. 2008] não considera a análise da vogal tônica no processo de separação silábica, apesar de existem palavras cuja divisão silábica torna-se bastante complicada (e muitas vezes falha) sem a análise de tonicidade, especialmente na presença de encontros vocálicos. Para contornar essa dificuldade, [Monte et al. 2011] propôs duas regras com verificação de vogal tônica que foram adicionadas ao conjunto original de [Silva et al. 2008]. A primeira aborda os ditongos decrescentes ("vogal + semi-vogal"), já a segunda trata dos ditongos que variam como hiato ("semi-vogal + vogal"). Com isso, [Monte et al. 2011] apresentou uma melhora significada na separação silábica de encontros vocálicos em comparação a [Silva et al. 2008]. As regras extras de [Monte et al. 2011] também foram usadas no algoritmo proposto.

2.2. Alterações nas regras propostas em [Silva et al. 2008]

Os testes de validação, realizados com 150.000 palavras da base de dados do Dicionário Online de Português [dic 2013], mostraram a necessidade de alteração em algumas regras propostas em [Silva et al. 2008]. Primeiramente, analisou-se as Regras 1 a 5, que tratam sílabas iniciadas com vogais, e as modificações sugeridas podem ser vistas na Tabela 3.

Tabela 3. Regras utilizadas na separação das sílabas (2, 3 e 4).

Regra 2

if $V = p^o$ and $\hat{}(+1) = C$ and $\hat{}(+2) = C$ and $(\hat{}(+3) = CO$ or $\hat{}(+3) = CL\ )$ **then**
    if $\hat{}(+3) = CO$
        Caso 5
    else
        Caso 2
    end if
end if

Exemplo: *ins-cri-ção, ex-tra-ção*

Regra 3

if $V = p^o$ and $\hat{}(+1) = G, < s >, < r >, < l >, CN, < x >$ and $\hat{}(+2) = C$ and $\hat{}(+2) \neq < s >, < h >, < r >$ **then**
    if $\hat{}(+2) = < s >$ and $\hat{}(+3) = F$
        Caso 6
    else if $\hat{}(+1) = < x >$ and $\hat{}(+2) = < c >$
        Caso 1
    else
        Caso 2
    end if
end if

Exemplo: *e-xce-to, in-su-ce-sso*

Regra 4

if $V = p^o$ and $\hat{}(+1) = C$ and $\hat{}(+2) = C$ and $\hat{}(+3) = V$ **then**
    if $\hat{}(+1) = CM$
        Caso 02
    else
        Caso 01
    end if
end if

Exemplo: *ab-do-mi-nal, di-a-gra-ma*

Na Regra 2, adicionou-se a verificação de consoantes líquidas no laço condicional, além das originalmente presentes consoantes oclusivas. Essa modificação corrigiu a separação silábica de um restrito conjunto de palavras, como "adpresso" (*ad-pre-sso*) e "ecplexia" (ec-ple-xi-a), que no algoritmo de referência não recebiam tratamento.

As modificações inseridas na Regra 3 atingiram palavras como "exceto", cuja separação original segue a ortografia (*ex-ce-to*). Contudo, entendeu-se que a fonologia deveria prevalecer nesses casos, com o encontro consonantal "xc" permanecendo na mesma sílaba por emitir um único som (*e-xce-to*). Esse tipo de correção é importante para atender as necessidades técnicas subjacentes ao desenvolvimento de um sistema TTS. Essa característica é seguida por [Silva et al. 2008] em outras regras, como na palavra "arrendar" (*a-rren-dar*) tratada na Regra 5.

A Regra 4 recai na discussão sobre as consoantes sem vogal na sílaba (ou "mudas"). Na regra original essas consoantes são unidas a sílaba adjacente, como na palavra "advogar" (*a-dvo-gar*), por exemplo. Já este trabalho optou por seguir a ortografia e outras referências [Braga e Jr. 2007], ou seja, a divisão silábica foi alterada para "advogar" (*ad-vo-gar*).

Para as Regras 6 a 20, que tratam as sílabas iniciadas em consoantes, também foram propostas algumas modificações (vide Tabela 4). Nos testes de validação observou-se que palavras inusuais da língua portuguesa obedeciam a condição de entrada da Regra 13, no entanto, nenhuma ação era tomada dentro da mesma, por exemplo, na palavra "acampsia" (*a-campsia*). Para resolver esses casos, incluiu-se outras consoantes típicas de final de palavra, como a consoante "r" e as consoantes nasais, além da consoante "s" originalmente posta. Assim, a divisão silábica da palavra tomada como exemplo foi corrigida para "acampsia" (*a-camp-si-a*). Já na Regra 15, adicionou-se a condição de consoante sem vogal na sílaba, seguindo a mesma linha de raciocínio apresentada na Regra 4. Como exemplo de alteração, podemos citar a palavra "captar" (*ca-ptar*), cuja divisão silábica foi modificada para (*cap-tar*).

Tabela 4. Regras utilizadas na separação das sílabas (13, 15 e 19).

Regra 13

if $V \neq p^o$ and $\hat{}(-1) = C$ and $\hat{}(+1) = CL, CN, < i >$ **then**
  if $\hat{}(+2) = F$
    Caso 6
  else if $\hat{}(+1) = CM, CN$ or $\hat{}(+2) =< s >, < r >, CN$
    Caso 5
  else
    Caso 2
  end if
end if

Exemplo: *dis-pen-sar, cir-cuns-pec-to, quar-tzo*

Regra 15

if $V \neq p^o$ and $\hat{}(+1) = CO, < f >, < v >, < g >$ and $\hat{}(+2) = CL, CO$ and $\hat{}(+3) = V$ **then**
  if $\hat{}(+1) = CM$
    Caso 02
  else
    Caso 01
  end if
end if

Exemplo: *cap-tar, e-le-tro*

Regra 19

if $V \neq p^o$ and $\hat{}(+1) = V$ and $\hat{}(+2) = C$ **then**
  if $\hat{}(+1) = V'$
    if $\hat{}(-1) =< g >, < q >$ and $V =< u >$
      Caso 5
    else
      Caso 1
    end fi
  else if $\hat{}(+3) = V$
    Caso 2
  else
    Caso 1
  end fi
end if

Exemplo: *san-guí-neo, se-me-ar*

Finalmente, a Regra 19 foi modificada para tratar encontros vocálicos, especificamente hiatos, até então não considerados na análise feita pelas regras elaboradas em [Silva et al. 2008, Monte et al. 2011]. Essa é uma contribuição importante deste trabalho, dada a presença marcante desses agrupamentos de vogais em inúmeras palavras da língua portuguesa. Mais exemplos de divisões silábicas corrigidas serão apresentados na próxima seção, que aborda o desempenho do separador silábico diante das alterações propostas às regras usadas como referência.

3. Testes de desempenho

As regras para separação silábica foram testadas com um extrato de 10.000 palavras escolhidas de forma aleatória na base de dados CETENFolha [Cet 2013]. Tomou-se o cuidado de evitar acrônimos. O algoritmo proposto foi, então, comparado com outros dois algoritmos: um contendo apenas as 20 regras originais de [Silva et al. 2008]; e outro adicionando as duas regras para tratamento de encontros vocálicos descritas em [Monte et al. 2011].

Ao todo foram realizados três diferentes tipos de experimentos. Primeiramente, 1.000 palavras com foco em encontros vocálicos foram selecionadas aleatoriamente no extrato e submetidas aos algoritmos. Já no segundo teste, o desempenho dos algoritmos foi avaliado diante de mil palavras, sempre verbos ou adjetivos, também extraídas de forma aleatória. No último teste novamente foram selecionadas randomicamente 1.000 palavras dentro do extrato, mas dessa fez sem qualquer tipo de filtro. Todos os testes foram repetidos quatro vezes para que a média fosse considerada.

O Dicionário Online de Português [dic 2013] foi usado como referência de divisão silábica e a métrica usada para avaliar o desempenho dos algoritmos foi a taxa de erro por palavra, ou seja, basta uma sílaba separada incorretamente para a palavra ser contabilizada como erro. Claro que o Dicionário Online segue a ortografia ao fornecer a divisão silábica, com isso erros intencionais provocados por regras com apelo fonológico não foram considerados, como em "excesso" (*e-xce-sso*), por exemplo. A Tabela 5 mostra o desempenho dos três algoritmos quando submetidos aos diferentes testes propostos.

Tabela 5. Desempenho dos algoritmos considerando a taxa de erro por palavra.

Algoritmos	Encontros Vocálicos	Verbos e Adjetivos	Sem Filtro
[Silva et al. 2008]	68,90 %	83,20 %	78,12 %
[Monte et al. 2011]	93,80 %	96,20 %	94,90 %
Algoritmo proposto	98,80 %	99,55 %	99,05 %

É visível a queda de desempenho do algoritmo original [Silva et al. 2008] na presença de encontros vocálicos. Isso se dá pelo fato do mesmo considerar uma sílaba fonológica as unidades constituídas por semi-vogal seguida de vogal, como em "criada" (*cria-da*), por exemplo. Esse tipo de tratamento não é correto, dado que claramente existem nesses casos dois esforços vocálicos e, consequentemente, duas sílabas (*cri-a-da*). O mesmo tratamento falho foi dado no encontro formado por vogal seguida de semi-vogal, como em "saída" (*saí-da*). Em função do uso das regras para tratamento de ditongos elaboradas em [Monte et al. 2011], tais inconsistências não foram observadas nos outros dois algoritmos.

A vantagem obtida pelo algoritmo proposto em relação a [Monte et al. 2011] foi conquistada no tratamento dedicado aos hiatos (alteração proposta na Regra 19). Esse fato pode ser comprovado na correta divisão silábica fornecida para as palavras "campeonato" (*cam-pe-o-na-to*), "joelho" (*jo-e-lho*) e "israelense" (*is-ra-e-len-se*). Por sua vez, [Silva et al. 2008, Monte et al. 2011] consideram esses hiatos como ditongos e os mantêm equivocadamente na mesma sílaba.

As falhas encontradas no algoritmo proposto concentraram-se nos encontros vocálicos em final de palavra, como em "euforia" (*eu-fo-ria*), onde o ditongo crescente "ia" é mantido erroneamente na mesma sílaba. Isso acontece porque as regras propostas em [Monte et al. 2011] ainda possuem inconsistências na determinação da vogal tônica, o que se reflete no processo de divisão silábica. Logo, um estudo mais aprofundado na análise de tonicidade se faz necessário.

Na segunda bateria de testes, agora focando em verbos e adjetivos, observou-se um desempenho mais equilibrado entre os três algoritmos. A maioria dos erros continuou concentrada na separação dos encontros vocálicos. Por fim, foi feita uma avaliação sem qualquer tipo de filtro e, como esperado, o algoritmo original perde desempenho devido a presença marcante de encontro vocálicos no extrato. Todos os algoritmos sofreram com erros decorrentes de palavras estrangeiras presentes na base de teste.

4. Conclusões e trabalhos futuros

Este trabalho apresentou um estudo sobre o emprego de regras fonológicas para separação silábica em PB. Verificou-se que tal processo não exige grandes recursos computacionais e com poucas regras é possível atingir taxas de acerto razoáveis. Os recursos desenvolvidos encontram-se disponíveis ao público [Fal 2013], o que permite a reprodução dos resultados e a melhora gradual da eficiência das regras com a ajuda da comunidade acadêmica.

Apesar dos avanços aqui conquistados, especialmente no tratamento dos hiatos, é evidente que os erros ainda podem ser reduzidos, através do refinamento de algumas regras e manipulação dos estrangeirismos, que evidentemente não se encaixam nas regras da língua portuguesa. Além disso, testes subjetivos para avaliar a naturalidade da voz produzida pelo sistema TTS devem ser feitos para verificar se a abordagem aqui proposta é mais eficiente, ou não, que as regras usadas como referência.

Referências

(Visitado em Julho, 2013). FalaBrasil: Tecnologias de Voz para o Português Brasileiro. Disponível em: http://www.laps.ufpa.br/falabrasil/.

(Visitado em Março, 2013). Corpus de Textos Eletrônicos NILC/Folha de S. Paulo. Disponível em: acdc.linguateca.pt/cetenfolha/.

(Visitado em Março, 2013). Dicionário Online de Português. Disponível em: www.dicio.com.br/.

M. J. Barros e C. Weiss (2006). Maximum entropy motivated grapheme-to-phoneme, stress and syllable boundary prediction for Portuguese text-to-speech. *IV Jornadas en Tecnologías del Habla*, páginas 177–182.

D. Braga e F. Resende Jr. (2007). Módulos de processamento de texto baseados em regras para sistemas de conversão texto-fala em Português Europeu. *XXI Encontro da Associação Portuguesa de Linguística*, páginas 141–156.

E. L. da Silva e H. M. de Oliveira (2012). Implementação de um algoritmo de divisão silábica automática para arquivos de fala na língua portuguesa. *XIX Congresso Brasileiro de Automática*.

Thierry Dutoit (2001). *An Introduction to Text-To-Speech Synthesis*. Kluwer.

P. Gouveia, J. P. Teixeira e D. Freitas (2000). Divisão silábica automática do texto escrito e falado. *Encontro para o Processamento Computacional da Língua Portuguesa Escrita e Falada*, páginas 65–74.

R. Seara Jr., S. Kafka, I. Seara, F. Pacheco, S. Klein e R. Seara (2004). Parâmetros linguísticos utilizados para a geração automática de prosódia em sistemas de síntese de fala. *XXI Simpósio Brasileiro de Telecomunicações*, páginas 1–6.

S. Madureira, P. Barbosa, M. Fontes, D. Spina e K. Crispim (1999). Post-stressed syllables in Brazilian Portuguese as markers. *XIV International Congress of Phonetic Sciences*, páginas 917–920.

Mário Eduardo Martelotta (2008). *Manual de Linguística*. Contexto.

A. Monte, D. Ribeiro, N. Neto, R. Cruz e A. Klautau (2011). A rule-based syllabification algorithm with stress determination for Brazilian Portuguese natural language processing. *17th International Congress of Phonetic Sciences*, páginas 1418–1421.

C. Oliveira, L. Moutinho e A. Teixeira (2007). On European Portuguese automatic syllabification. *III Congreso Internacional de Fonética Experimental*, páginas 461–473.

D. Silva, D. Braga e F. Resende Jr. (2008). Separação das sílabas e determinação da tonicidade no Português Brasileiro. *XXVI Simpósio Brasileiro de Telecomunicações*, páginas 1–5.

Paul Taylor (2009). *Text-To-Speech Synthesis*. Cambridge University Press.

Text Simplification as Tree Transduction

Gustavo H. Paetzold[1] and **Lucia Specia**[2]

[1]Departamento de Ciência da Computação, Universidade Estadual do Oeste do Paraná
Rua Universitária nº2069, CEP 85819-110, Cascavel-PR, Brasil
[2]Department of Computer Science, University of Sheffield
Regent Court, 211 Portobello Street, Sheffield S1 4DP, UK

Abstract. *Lexical and syntactic simplification aim to make texts more accessible to certain audiences. Syntactic simplification uses either hand-crafted linguistic rules for deep syntactic transformations, or machine learning techniques to model simpler transformations. Lexical simplification performs a lookup for synonyms followed by context and/or frequency-based models. In this paper we investigate modelling both syntactic and lexical simplification through the learning of general tree transduction rules. Experiments with the Simple English Wikipedia corpus show promising results but highlight the need for clever filtering strategies to remove noisy transformations.*

Resumo. *A simplificação em nível lexical e sintático objetiva tornar textos mais acessíveis a certos públicos-alvo. Simplificação em nível sintático usa regras confeccionadas manualmente para empregar transformações sintáticas, ou técnicas de aprendizado de máquina para modelar transformações mais simples. Simplificação em nível lexical emprega busca por sinônimos para palavras complexas seguida por análise de contexto e/ou busca em modelos de frequência de palavras. Neste trabalho investiga-se a modelagem de ambas estratégias de simplificação em nível sintático e lexical pelo aprendizado de regras através da transdução de árvores. Experimentos com dados da Simple English Wikipedia mostram resultados promissores, porém destacam a necessidade de estratégias inteligentes de filtragem para remover transformações ruidosas.*

1. Introduction

Syntactic text simplification approaches modify a sentence's structure in order to make it easier to comprehend, whereas lexical text simplification approaches mainly apply localised modifications to words based on their local lexical context (often a sentence). Most work on syntactic simplification is based on hand-crafted rules [Siddharthan 2004, Gasperin et al. 2009a]. Manually crafting syntactic rules is costly and time consuming, which often results in sets of rules that are virtually purely syntactic and thus only cover very general phenomena. One such example is the splitting of sentences with multiple clauses, where very little lexical information, such as a small set of clause markers (e.g. relative pronouns or conjunctions), is represented. Adding lexical information to such rules would make the rule creation process even more costly. It is often the case that these rules only apply to a small subset of the complex sentences. For example, in an experiment with the rules available in [Siddharthan 2004]'s system on a random subset of sentences deemed complex in the Simple English Wikipedia corpus [Coster and Kauchak 2011], we found that only 30% of these sentences are covered by the rules available.

Efforts on using statistical and machine learning techniques to address syntactic simplification include several approaches inspired by phrase- or tree-based statistical models for machine translation [Specia 2010, Zhu et al. 2010, Wubben et al. 2012], which learn limited transformations such as short-distance reordering. [Bach et al. 2011] design templates for subject-verb-object simplification, which limit the application of rules to cases matching the templates. A more general approach is proposed in [Woodsend and Lapata 2011] using a quasi-synchronous grammar and integer programming to generate syntactic simplification rules. These are generally precise, but at the cost of low coverage.

Most work on lexical simplification is based on synonym substitution using frequency-related or readability statistics, and also context models based mostly on bag-of-words to identify whether a candidate substitution fits the context [Keskisarkka 2012, Kandula et al. 2010, Carroll et al. 1998]. For a comprehensive overview, we refer the reader to the SemEval-2012 shared task on the topic [Specia et al. 2012]. Overall, lexical simplification work disregards explicit syntactic cues.

To overcome these limitations we investigate the learning of tree transduction rules to produce larger volumes of both lexical and lexicalized syntactic simplification rules. This approach has the potential to produce rule sets with high coverage and variability, and at the same time make them more specific by lexicalising some of the rule components of syntactic simplification rules.

2. Simplification Approach

Our simplification approach uses as a basis possible transformations learned with the Tree Transducer Toolkit (T3) [Cohn and Lapata 2009]. The approach is composed by three main components: a training module, a simplification module, and a ranking module.

2.1. Training Module

This module is responsible for generating a large number of candidate transformation rules, some of which will be purely syntactic or purely lexical, while others will be lexico-syntactic. It takes as input a parsed version of a parallel corpus of complex and simple sentences aligned at the word level (produced using Meteor 1.4 [Denkowski and Lavie 2011]). It uses the *harvest* function in T3 to extract a synchronous tree-substitution grammar which describes tree transformations. The *harvest* function extracts the maximally general (smallest) pairs of tree fragments that are consistent with the word-alignment. In Table 1 we show examples of transformations produced by this function using the Simple Wikipedia corpus, where # indicates indexes of place holders for any type of syntactic subtree.

By inspecting Table 1, one will notice that the tree transformations can take very distinct forms. The first example shows a transformation which removes the two items identified by #0 and #2 and transfers the remaining items to a different tree structure. The second example illustrates a transformation that swaps the order of its items #0 and #1 by transferring them from two sentences 'S' connected through the conjunction 'and' into a single sentence 'S', composed by a noun phrase 'NP' and a verbal phrase 'VP'. Transformations of this type resemble simplification operations such as constituent reordering and deletion of non-essential information, since they are able to either rearrange or remove large portions of a sentence's syntactic structure. The third and fourth entries in the Table

Table 1. Examples of rules produced by T3

Original Tree	Simplified Tree
(NP (FW #0)(FW #1)(JJ #2)(NN #3))	(NP (NP (NNS #1))(VP #3))
(S (S #0) (CC and) (S #1) (. #2))	(S (NP #1) (VP #0) (. #2))
(ADJP (ADJP #0) (CONJP #1) (ADJP #2))	NULL
(NP (DT #0) (JJ #1) (NNPS #2))	NULL
(NP (DT a) (JJ significant) (NN role))	(NP (DT an) (JJ important) (NN part))
(VBD intensified)	(VBD strengthened)
(ADVP (RB as) (RB well) (RB as))	(RB well)

may also resemble non-essential segment deletion operations, since both transformations align the original tree to a 'NULL' value (or empty tree).

Unlike the first four entries in Table 1, the fifth, sixth and seventh transformations convert the original into simplified trees based on specific lexical items. These transformations can be compared to operations in lexical simplification, but it is interesting to notice how the syntactic context is taken into account in this case, as opposed to the much simpler bag-of-words context used in previous work. When applied, these transformations replace words in a given complex sentence with their simpler equivalents as long as the syntactic constraints are met.

Extracting reliable tree transformations from the parallel corpus used in our experiments is very challenging for various reasons: (i) not all parallel sentences contain complex-simplified pairs: some original sentences remain the same in the "simplified" version, others are modified, but not simplified; (ii) the simplifications (and modifications in general) are not systematic: many cases are completely rewritten, often in ad hoc ways; (iii) the corpus was compiled automatically, and is thus noisy. Table 2 illustrates examples

Table 2. Examples of sentence pairs extracted from our parallel corpus

	Well behaved sentence pairs
Unsimplified:	Ebba von Sydow is a Swedish journalist, TV personality, fashion blogger and author.
Simple:	Ebba von Sydow is a Swedish journalist and author.
Unsimplified:	Depending upon the source, it is estimated that 50,000-70,000 Romans were killed or captured at Cannae.
Simple:	It is estimated that 50,000-70,000 Romans were killed or captured at Cannae.
	Noisy sentence pairs
Unsimplified:	As of, Jyvskyl had a population of.
Simple:	There are about 128.016 inhabitants in Jyvskyl. The University of Jyvskyl is popular and respected.
Unsimplified:	Aguilera also released a Christmas album on October 24, 2000 called My Kind of Christmas.
Simple:	Aguilera made two other albums then. They were a Latin pop album Mi Reflejo, and a Christmas album My Kind of Christmas.

of both well behaved and noisy sentence pairs extracted from our parallel corpus.

As a consequence, the very large set of tree transformations learned by the *harvest* function in T3 contains a wide variety of transformations which may or may not be characterised as simplification transformations; many of which are spurious. Therefore, filtering strategies are necessary. In order to better understand the applicability of these rules to the problem of text simplification, and in particular, the applicability of syntactic and lexical rules in isolation, in the training module we apply separate procedures to filter rules into two subsets containing (a) syntactic transformations only, or (b) lexical transformations only.

2.1.1. Selecting Syntactic Rules

This procedure checks all entries in the raw transformation set produced by T3, selecting those transformations that are more likely to represent syntactic simplification operations. Rules satisfying any of following criteria are selected:

1. **Most general rules:** Select rules which have only variables in their leaf nodes, as these often rewrite large portions of a complex sentence as opposed to individual words. Those transformations may be identified by simply evaluating if all leaf nodes in the rule's both original and simplified trees are all started with the character '#'.
2. **Segmentation rules:** Select rules that split a single sentence into two or more smaller sentences. Splitting a long sentence into shorter equivalents is known to facilitate reading comprehension. Identifying such rules is done based on how many leaf nodes of class '.' ('final dot') are found in the rule's left and right handed trees: if the right handed tree possesses more '.' classed leaf nodes than the left handed tree, then add the rule to the syntactic simplification rule set.
3. **Deletion rules:** Select rules that delete information, i.e., rules with the 'NULL' token on the right hand side. Some deletion rules might remove essential information from a sentence's content, such as its subject or object. Taking this problem into account, both the simplification and ranking modules of our system present solutions to prevent this phenomena from compromising the simplification results. The operation addressed by this criteria may be classified as a lexical simplification operation as well.
4. **Rules with connectors:** Select rules which cover sentences with connectors, such as "and" and "or". With a motivation similar to the one for selecting segmentation rules, this criteria aims to find rules that transform sentences composed by multiple clauses, to an equivalent sentence which presents the content in a way that facilitates its reading comprehension. This type of rule is found through the search in the rule's left hand tree for a leaf node of class 'CC', which characterises a coordinating conjunction.

2.1.2. Selecting Lexical Rules

Similar to syntactic rule selection, this procedure evaluates all entries in the raw set to select the most promising transformations, but now from a lexical perspective. The following selection criteria are used to focus strictly on the substitution of lexical items:

1. **Leaf nodes must be composed strictly by words:** Transformations with generic lexical items starting with the character # tend to rearrange large portions of the sentence, which commonly characterize a syntactic simplification transformation.
2. **Must not be a deletion rule:** Removing a specific set of terminals from a given sentence tend to produce unwanted gaps in it, reducing its readability and grammaticality.
3. **Rule must have the same part-of-speech tag in the root of left- and right-hand sides:** Switching words of different lexical categories may produce comic results. Consider, for an example, replacing the verb *'sold'* by the noun *'sale'* in the phrase *'The girl sold lemonade'*.
4. **One side of the rule must not be a substring of the other:** Removing or adding connective words such as prepositions and adverbs to a sentence may compromise its grammaticality. Consider the example of the seventh entry in table 1, which aligns the syntactic structure of the phrase *'as well as'* in its left hand tree, with its right hand syntactic tree of the word *'well'*. By applying this transformation to the sentence *'He was tall as well as thin'*, the resulting sentence would be *'He was tall well thin'*, which is neither simpler nor grammatical.
5. **None of the sides of the rule can contain a numeral or proper noun:** The presence of those word categories may imply in uninformative lexical transformations. Numerals and proper nouns usually characterise information that is very specific to the sentence of the training corpus from which the rule has been extracted.
6. **Rule cannot replace a single word by one of its morphological variants:** Transformations which replace a singular noun for its plural equivalent are examples comprehended by this selection criteria. Consider replacing the word *'dog'* for its singular equivalent *'dogs'* in *'A dog is commonly more loyal than a cat'*.

2.2. Simplification Module

The overall role of the simplification module is to produce syntactically and lexically simplified versions of a new complex sentence. It takes as input the syntactic and lexical simplification rule sets, and the complex sentence to be simplified. In our experiments, we assume this is always a complex sentence that can be simplified in one or more ways. The decision on whether the sentence is in fact complex and needs simplification is outside the scope of this work (see [Gasperin et al. 2009b] for an example of approach to make this decision). As previously mentioned, in order to evaluate the effect of both syntactic and lexical simplification in isolation, the module applies the two sets of rules independently.

In the syntactic simplification step, the module uses each and every one of the selected syntactic simplification rules (Section 2.1.1) to produce multiple simplified versions of the complex input sentence. Those simplified versions then go through a further simple filtering step, which removes candidates which are identical or 50% either longer or shorter than the original complex sentence. This prevents excessive compression or expansion of the original sentence, as these are often very prone to errors. All eligible syntactically simplified candidates are then ranked such that the one-best candidate is selected. The ranking is described in Section 2.3.

Similarly, in the lexical simplification step the module uses the lexical rule set to craft the lexically simplified version of the complex input sentence. This step analyses the complex sentence, searches for terms in its structure which are entries in the lexical rule set, and replaces them by their simpler counterpart. If the sentence has multiple complex terms or multiple possible replacements for them, the process creates a list of candidates considering all possible combinations of replacements. This list of lexically simplified candidates is then ranked such that the best candidate is selected. The ranking procedure is the same for both syntactic and lexical simplification, as described in Section 2.3.

The time consumed by the production of simplified candidates grows proportionally to the number of syntactic and lexical simiplification rules obtained. To avoid combinatory explosion, we employ algorithm optimization through the usage of fast data structures, such as hash-tables, to both syntactic and lexical simplification algorithms.

2.3. Ranking Module

This is a simple module that scores all candidate simplifications for a given complex sentence produced by the lexical or syntactic simplification modules. The scores are then used to rank the candidates such that the top scoring candidate can be selected. At this stage, we score candidates using their predicted perplexity based on a language model of simplified sentences, as described in the next section.

3. Experimental Settings

Training Corpus For the extraction of the tree transformations, we use 133K pairs of original-simple sentences from the Simple Wikipedia corpus [Coster and Kauchak 2011] parsed by the Stanford constituency parser [Klein and Manning 2003].

Language Model For this experiment a 3-gram language model is used to rank candidate simplifications. The model is trained on a superset of the Simple Wikipedia corpus containing 710K simple sentences. We use the SRILM toolkit [Stolcke et al. 2011] to build the 3-gram language model. The motivation to use a 3-gram rather than a 4 or 5-gram language model is based on the studies presented at [Chen and Goodman 1996], which suggests that language models of higher order tend to lead to data sparsity when the corpus is either noisy or not large enough.

Test Corpus The corpus to be simplified in our tests contains 130 original sentences randomly selected from a held-out portion of the parallel Simple Wikipedia corpus. All sentences have a simpler version in the corpus which is different from the original version, and vary between 50 and 240 characters in length.

Evaluation Metrics We evaluate the simplification both automatically by the string matching metric BLEU [Papineni et al. 2002], and manually using five human subjects. Our system produces two simplified versions for each sentence, resulting in 260 simplified sentences to be evaluated. As part of the manual evaluation, each evaluator is assigned 100 sentences: the syntactically and lexically simplified versions of 50 originally complex sentences. 30 of these sentences are common to all evaluators so that inter-annotator agreement can be computed. Evaluators are asked to answer three questions for each syntactically or lexically simplified sentence:

- Is it **simpler** than the original sentence?
- Is it **grammatical**?
- Does it preserve the **meaning** of the original sentence?

All answers are binary (*yes/no*), but *not applicable* is also an option, e.g. for cases that are too ungrammatical for one to judge simplicity. Short guidelines specify that a simpler sentence must have a structure which eases its understanding by the reader and/or have fewer terms which may challenge non-native readers. To make the evaluation less subjective, all evaluators are non-native speakers of English.

4. Results

Automatic evaluation is a long-standing issue for text simplification. Previous work has used machine translation metrics such as BLEU, which computes n-gram matchings between the system output and a human output. We obtained the same BLEU score of 0.342 for both lexical and syntactic simplifications, suggesting that the two variants of our approach are of indistinguishable quality, which we do not believe to be the case. In addition, these scores are difficult to interpret in absolute terms, particularly for this task where a *lazy* approach that performs no simplifications at all would result in the highest possible BLEU score.

In the manual evaluation, the Cohen's kappa inter-annotator agreement [Carletta 1996] between pairs of evaluators was found to range from 0.32 (fair) and 0.68 (substantial), showing that manual evaluation is a challenge on its own. As for possible reasons to why inter Table 3 shows the percentages of positive (*yes*) answers resulting from this evaluation. Examples of acceptable and poor resulting sentences are given in Table 4.

Table 3. Manual evaluation results

Simplification type	Syntactic	Lexical
Simpler	26.12%	42.15%
Grammatical	38.28%	83.40%
Meaningful	34.68%	56.50%

From the training corpus, T3 produced over 2.3 million tree transformations, which resulted in sets with 562K syntactic and $4,809$ lexical simplification rules after our selection filters were applied. This very large number of syntactic rules ensured that all test sentences were covered, but many of these rules are spurious. As a consequence, the results for syntactic transformations are rather disappointing: only a small percentage of the sentences are judged simpler, at the cost of modifications that render other sentences ungrammatical and/or with an incorrect meaning. A manual inspection of the syntactic simplifications showed several cases of sentences with essential portions of their syntactic structure deleted, such as noun or verbal phrases. Better filtering strategies for rules are necessary, as are better ranking techniques for the resulting transformations.

The results for lexical simplification are more encouraging, with almost half of the sentences being judged simpler while still grammatical in over 80% of the cases. Often replacements have incorrect senses, showing that there is room for better context models to make sure only replacements with the same word sense are performed. In most cases, only one word per sentence is replaced. A larger parallel corpus for training and the combination with external dictionaries could help simplify more words.

Table 4. Examples of acceptable and poor simplifications

	Acceptable syntactic simplifications
Original:	Transportation systems **from flight to automobiles** increasingly use embedded systems.
Simple:	Transportation systems increasingly use embedded systems.
Original:	Individuals seeking membership must be legally defined as adults in their nation **of residence.**
Simple:	Individuals seeking membership must be legally defined as adults in their nation.
	Poor syntactic simplifications
Original:	As with larger cakes, **frosting and other cake decorations,** such as sprinkles, are common on cupcakes.
Simple:	As with larger, cake, such as sprinkles, are on cupcakes.
Original:	Mickey Mouse Clubhouse is a **childrens television series**, that premiered in prime time on Disney Channel on May 5, 2006.
Simple:	Mickey Mouse Clubhouse is a, that premiered in prime time on Disney Channel on May 5, 2006.
	Acceptable lexical simplifications
Original:	Jehans **father** is Akbar Hussain Rizvi, who is the **eldest** son of Noor Jehan.
Simple:	Jehans **dad** is Akbar Hussain Rizvi, who is the **oldest** son of Noor Jehan.
Original:	A digital signature or digital signature scheme is a mathematical **scheme** for **demonstrating** the authenticity of a digital message or document.
Simple:	A digital signature or digital signature scheme is a mathematical **project** for **showing** the authenticity of a digital message or document.
	Poor lexical simplifications
Original:	Niccola Machiavelli, author of The Prince, **also** witnessed and wrote about the execution.
Simple:	Niccola Machiavelli, author of The Prince, **very** witnessed and wrote about the execution.
Original:	He became paralysed by a stroke in 1921 and never **recovered**, dying at Long Ashton near Bristol in England on July 23, 1927.
Simple:	He became paralysed by a stroke in 1921 and never **found**, dying at Long Ashton near Bristol in England on July 23, 1927.

5. Remarks

We have presented an approach for syntactic and lexical text simplification via the learning of tree-substitution grammars followed by rule selection and ranking of the modified sentences to produce "simpler" versions of complex sentences. Our experimental results showed that this approach is yet to be improved, particularly with respect to syntactic simplification, since most transformations come at the cost of loss of grammaticality or change of meaning. On the positive side, we were able to show the potential of automatically induced tree-substitution grammars for this problem: very large sets of rules are generated, with much higher coverage than work based on hand-crafted rules or the learning of small subsets of "reliable" transformations. In future work we will investigate better filtering and ranking strategies to generate more accurate simplifications, including ranking strategies such as the ones suggested in the Coh-Metrix project [Graesser et al. 2004].

References

Bach, N., Gao, Q., Vogel, S., and Waibel, A. (2011). TriS: A statistical sentence simplifier with log-linear models and margin-based discriminative training. In *Proceedings of 5th International Joint Conference on Natural Language Processing*, pages 474–482, Chiang Mai, Thailand.

Carletta, J. (1996). Assessing agreement on classification tasks: the kappa statistic. *Comput. Linguist.*

Carroll, J., Minnen, G., Canning, Y., Devlin, S., and Tait, J. (1998). Practical simplification of english newspaper text to assist aphasic readers. In *AAAI-98 Workshop on Integrating Artificial Intelligence and Assistive Technology*.

Chen, S. F. and Goodman, J. (1996). An empirical study of smoothing techniques for language modeling. In *Proceedings of the 34th annual meeting on Association for Computational Linguistics*, pages 310–318. Association for Computational Linguistics.

Cohn, T. and Lapata, M. (2009). Sentence Compression as Tree Transduction. *Journal of Artificial Intelligence Research.*

Coster, W. and Kauchak, D. (2011). Simple english wikipedia: a new text simplification task. In *Proceedings of the 49th Annual Meeting of the Association for Computational Linguistics: Human Language Technologies*, pages 665–669, Portland, Oregon.

Denkowski, M. and Lavie, A. (2011). Meteor 1.3: automatic metric for reliable optimization and evaluation of machine translation systems. In *Proceedings of the Sixth Workshop on Statistical Machine Translation*, Stroudsburg, PA, USA. Association for Computational Linguistics.

Gasperin, C., Maziero, E., Specia, L., Pardo, T., and Aluisio, S. M. (2009a). Natural language processing for social inclusion: a text simplfication architecture for different literacy levels. In *SEMISH-XXXVI*.

Gasperin, C., Specia, L., Pereira, T., and Aluisio, S. (2009b). Learning when to simplify sentences for natural text simplification. In *Proceedings of ENIA*, pages 809–818, Bento Gonćalves, Brazil.

Graesser, A., McNamara, D., Louwerse, M., and Cai, Z. (2004). Coh-Metrix: Analysis of text on cohesion and language. pages 193–202.

Kandula, S., Curtis, D., and Zeng-Treitler, Q. (2010). A semantic and syntactic text simplification tool for health content. *AMIA Symposium*.

Keskisarkka, R. (2012). Automatic text simplification via synonym replacement. Master thesis, Linkoping University.

Klein, D. and Manning, C. D. (2003). Accurate unlexicalized parsing. In *41st Annual Meeting of the Association for Computational Linguistics*.

Papineni, K., Roukos, S., Ward, T., and Zhu, W. (2002). Bleu: a method for automatic evaluation of machine translation. In *ACL02*, pages 311–318, Philadelphia, Pennsylvania.

Siddharthan, A. (2004). Syntactic simplification and text cohesion. Technical report, University of Cambridge.

Specia, L. (2010). Translating from complex to simplified sentences. In *Proceedings of the 9th international conference on Computational Processing of the Portuguese Language*, PROPOR'10, pages 30–39, Porto Alegre, RS, Brazil. Springer-Verlag.

Specia, L., Jauhar, S. K., and Mihalcea, R. (2012). Semeval-2012 task 1: English lexical simplification. In *Proceedings of the Sixth International Workshop on Semantic Evaluation (SemEval 2012)*, pages 347–355, Montréal, Canada.

Stolcke, A., Zheng, J., Wang, W., and Abrash, V. (2011). SRILM at sixteen: Update and outlook. In *IEEE Automatic Speech Recognition and Understanding Workshop*.

Woodsend, K. and Lapata, M. (2011). Learning to simplify sentences with quasi-synchronous grammar and integer programming. EMNLP.

Wubben, S., van den Bosch, A., and Krahmer, E. (2012). Sentence simplification by monolingual machine translation. In *Proceedings of the 50th Annual Meeting of the Association for Computational Linguistics: Long Papers - Volume 1*, ACL '12, pages 1015–1024, Jeju Island, Korea.

Zhu, Z., Bernhard, D., and Gurevych, I. (2010). A monolingual tree-based translation model for sentence simplification. In *Proceedings of the 23rd International Conference on Computational Linguistics*, COLING '10, pages 1353–1361, Beijing, China.

Automatic Disambiguation of Homographic Heterophone Pairs Containing Open and Closed Mid Vowels

Christopher Shulby[1], Gustavo Mendonça[1], Vanessa Marquiafável[2]

[1]Instituto de Ciências Matemáticas e de Computação – Universidade de São Paulo (USP)

[2]Instituto de Biociências, Letras e Ciências Exatas – Universidade Estadual Paulista (UNESP)

{chrisshulby,gustavoauma}@gmail.com, marquiafavel@yahoo.com.br

Abstract. *The issue of openness in Brazilian Portuguese vowels is a question not yet satisfactorily explored in the field of automatic classification of homographic heterophones (HH). Therefore, we aimed to develop and test a pilot classifier which assists in the automatic disambiguation of HH. For this purpose, a set of 226 word pairs of HH with the unique grammatical classes, distinguished by alternating mid vowels [e, E] and [o, O], was analyzed. The results showed that the rules proposed herein solve most disambiguation problems of HH word pairs containing mid vowels in the corpus analyzed and can be applied to TTS and ASR applications. The data also revealed that a predominant trend of non-verb classes exists, and, for some word pairs, that value can reach 95% occurrence.*

1. Introduction

Speech is the most simple and natural form of human communication. Automatic speech processing technology is relatively recent and still enjoying its youth. Studies in speech processing show much promise and the trend of man-machine interaction seems to be leaning evermore towards speech commands, rather than mice and keyboards. This study aimed to bring contributions to the field of automatic speech processing of Brazilian Portuguese, whether for the linguistic studies that underpin it or for the software industry focused on NLP (Natural Language Processing). The objective was to conduct a case study, based on Brazilian Portuguese (hereafter BP) regarding the automatic disambiguation of homographic heterophone pairs (hereafter HH): pairs of words with the same spelling but unique pronunciations. In the present study, we analyzed HH pairs with distinct grammatical classes which differ in pronunciation, consisting of mid vowels [e, E] and [o, O], for example: inter[e]sse (noun) ~ inter[E]sse (verb); s[o]bre (preposition) ~ s[O]bre (verb); and j[o]go (noun) ~ j[O]go (verb). The principal difficulty lies in determining the transcription of <e> and <o> typed mid vowels when they contain a stressed syllable within a word that is not marked by an accent, due to the fact that it can be pronounced at times either as an open [E] or [O], while other times as the closed [e] or [o] varieties.

Portuguese orthography is phonographic and alphabetic in nature. The graphic symbols that are used in writing BP seek to represent sounds that occur in speech [Robinson 2006]. Although alphabetic systems are those in which greater similarity between speech and orthography can be observed, there is no pure natural system. In other words, no orthographic system with natural origins in a speech community has a perfectly bi-univocal relationship between phone(me) and grapheme. This is due to the tensions between the dynamism of phonetic evolution within all living languages and the conservative nature, typical of all orthographies. This type of non-isomorphism between graphemes and phone(me)s in BP causes difficulties in situations where it is necessary to convert grapheme to phone(me) and vice versa. An example of this can be noted in writing acquisition (by both native and non-native speakers): the lack of parity between phone(me)s and graphemes is problematic and often, spelling errors committed by students arise due to transcription generalizations while writing a word based on how it is pronounced [Miranda 2006]. Another example of these difficulties can be seen with the development of automatic speech synthesis and recognition systems. In view of the non-mutual unambiguity between graphemes and phone(me)s, the tasks of synthesizing or recognizing speech can be regarded as quite complex, since the direct mapping between the sound signal and the written representation of a particular word or phrase does not necessarily match, adjustments must be made where the relationship between grapheme and phone(me) is not explicit.

HH disambiguation is of great importance, even if the amount of HHs existing in an excerpt represent a very small number of instances in relation to the whole. In the context of speech synthesis, when an inappropriate sound (not agreeable/acceptable or even unintelligible to the listener/user of a system) is played, it ends up attracting an unnecessarily great deal of user attention to the error. Although the error rate could almost be considered negligible compared to the system's success, the user will tend to question and often evaluate the efficiency of the synthesis system inadequately. Given its importance, HH research has been widely explored by the scientific community for many languages including English, Japanese, Chinese and Thai.

In the case of European Portuguese (EP), the problems of converting graphemes and phone(me)s emerge mainly in the transcription of stressed mid vowels [e, E] and [o, O] [Veiga et al. 2011]. In that study, it was found that over 80% of conversion errors were caused by these exact same mid vowel shifts in stressed syllables. Mid vowels involve a range of linguistic phenomena in BP as they: (i) have different status [Miranda 2006], (ii) are realized in the context of rising pre-stressed syllables [Bortoni et al. 1992], [Viegas 2006], (iii) are metaphonic in nouns and verbs [Tomaz 2006] and (iv) shift vowel spaces [Roces 2010]. In this paper, we discuss a specific case of problems involving mid vowels: the automatic disambiguation of HH word pairs, that belong to different grammatical classes and are distinguished by openness of a mid vowel in stressed syllables (e.g., inter[e]sse (noun) ~ inter[E]sse (verb); and s[o]bre (preposition) ~ s[O]bre (verb)). With respect to stressed mid vowels [e, E] and [o, O] HH pairs, disambiguation is alike whether in BP or EP. Undoubtedly, language usage is different between BP and EP, but the linguistic structural context that determines mid vowel stressed HH pair disambiguation is the same. Previous studies have discussed this problem for EP [Braga and Marques 2007; Braga 2008], using a rule-based algorithm for a minor group of HH pairs with mid vowels. For BP, Silva et al. (2009) employed a rule-based method which uses morphosyntactic information from word libraries built specifically for disambiguation. Manual classification methods were also put to use for BP [Cristófaro-Silva 2005].

In this paper, we propose a disambiguation method which addresses an extensive number of HH pairs with mid vowels, by using two contextual rules and morphosyntactic information from the automatic tagger, MXPOST. It should be noted that smaller sets of such words exist which must be treated by other methods. It should be reinforced that this paper only explores the large number of HH pairs with mid vowels which can be disambiguated by PoS tags alone.

2. Methodology

2.1 Selection and classification of HH word pairs

Initially, we collected HH pairs present in two BP dictionaries published on the topic, namely: *O Dicionário de Palavras Homógrafas*, by Walmírio de Macedo (1961); and *O Novo Dicionário de Acentuação das Palavras Homógrafas Heterófonas*, by Pandiá Pandu (1972), a total of 1,812 pairs were collected. Of these, 772 repeated pairs (present in both dictionaries) as well as 141 containing the same grammatical category were excluded; therefore, 899 HH pairs were initially considered. Next, we verified the occurrence of the pairs considered in the MAC-Morpho [Aluísio et al. 2003][1] corpus. The choice of MAC-Morpho was due to several reasons: first, it is a corpus of BP, which contains 1,167,183 words from newspaper articles taken from the *Folha de São Paulo* in 1994 and, more specifically, from the following 10 sections: *Agronomia (ag), Brasil (br), Cotidiano (co), Dinheiro (di), Esporte(es), Ciência (fc), Informática (if), Ilustrada (il), Mais! (ma) e Mundo (mu).* Secondly, the MAC-Morpho has morphosyntactic annotation: initially, the corpus was annotated automatically by the parser *"Palavras"* [Bick 2000]; then, was reviewed manually by linguists. Thirdly, the corpus is freely available to the public on the web. After a thorough automatic analysis, 226 of the 899 HH pairs also appeared in MAC-Morpho. This small number of pairs could be due to the discrepancies which exist between the outdated dictionaries, containing all but dead; archaic words, and the modern lexicon (specifically in a journalistic setting). The 673 remaining pairs, registered in the dictionaries but which did not occur in the MAC-Morpho, were disregarded in the analysis due to the lack of reliable annotations.

The next step consisted of a typological pair analysis, according to its oppositional grammatical nature and phonetic alternation (openness) present in varieties of the stressed

1 The MAC-Morpho corpus is available in the *Lácio-Web* project, on the *Núcleo Interinstitucional de Linguística Computacional* (NILC) website: http://www.nilc.icmc.usp.br/lacioweb/.

mid vowels <e> and <o>. All word pairs were divided into four groups (types) as specified in Table 1.

Table 1. HH pair classification

Homographic Heterophone pair classification		
Class Number	Type of oposition	Frequency
1	[E] verb/ [e] noun or adjective	100
2	[E] verb / [e] other parts of speech (non-nominal)	12
3	[O] verb/ [o] noun or adjective	102
4	[O] verb / [o] other parts of speech (non-nominal)	12
	Total:	226

2.2 Rules used for HH pair disambiguation

In order to disambiguate the 226 word pairs, two rules, derived from their parts of speech (for our purposes only nouns and verbs), were considered. These two rules selected for demonstration in this study were chosen because they are responsible for the disambiguation of most possible HH pairs found in BP. The first rule states that if the vowel <e> is contained in the pair's stressed syllable and it is classified as a noun, it must be transcribed as [e]; thus, a closed-mid vowel. Otherwise, the <e> should be transcribed as [E], a front, open-mid vowel classified as a verb. Conversely, the second rule states that if the vowel <o> is present in this same circumstance and the word is classified as a noun, then <o> should be transcribed as [o], a back, closed mid-vowel. Otherwise, it should be [O], a back, open-mid vowel, classified as a verb. Both rules apply similarly to other pair groups classified in section 2.1, as there is always a shift in grammatical class by virtue of openness of mid stressed vowels in BP.

It is also worth mentioning that the creation of disambiguation rules will be essential in the authors' graduate projects, which include intelligent tutor systems and a grapheme-phone converter. Our aim with this work is primarily to examine the relationship of openness and grammatical class present in HH pairs containing mid stressed vowels, as well as to evaluate the actual accuracy of these disambiguation rules created for the pairs listed in the two BP dictionaries, with application to a real corpus (in this case MAC-Morpho), based on information coming from the word classes as a result of the automatic morphosyntactic tagging by MXPOST. More details about the MXPOST tagger are given in the next section.

2.3 The morphosyntactic tagger MXPOST

MXPOST[2] is an automatic morphosyntactic tagger, based on the method of maximum entropy, which was originally developed for English by Ratnaparkhi (1996) and adapted for

2 MXPOST can be downloaded from the NILC's website: http://www.nilc.icmc.usp.br/nilc/tools/nilctaggers.html.

BP by Aires et al. (2000). MXPOST achieves high accuracy in assigning words to classes of lexical items: 97% [NILC 2000] and is freely available on the web. MXPOST was used to automatically tag the MAC-Morpho corpus, then the manual and the automatic word class tags were compared and decisions were made based on agreement, maintaining the MAC-Morpho manual annotations as the gold-standard. From the data obtained by word class, a classifier was developed and piloted to demonstrate how a PoS tagger can be applied to HH pair disambiguation. The aim of the classifier was to automatically categorize HH pairs by their part of speech labels. In order to do this, we investigated the alternatives currently known to analyze spoken input, such as software programs for speech recognition [Silva et al. 2010], morphosyntactic taggers such as MXPOST [Aluisio et al. 2003] and grapheme-phoneme converters [Frunza and Inkpen 2009], which may be adapted to the system in order to achieve the best results.

3. Results

After the data analysis, it was found that most HH pairs with differences in their vowels (open or closed) can be differentiated by their parts of speech alone, based on the application of the two rules explained in detail above. For the sake of space these rules will not be repeated here.

First of all, we removed the morphosyntactic labels present in the MAC-Morpho corpus, to obtain the "raw" texts. Next, we used the morphosyntactic tagger, MXPOST [Ratnaparkhi 1996], to automatically annotate those texts, in order to verify the accuracy with respect to HH pairs between the automatically and manually annotated versions of MAC-Morpho, we prepared a PHP script to extract the 226 HH occurrences from both corpora. In total, 226 types of HHs accounted for 16,851 occurrences. It was found that from those 16,851 instances, the correlation between the automatic and manual annotations of MAC-Morpho obtained 90.1% agreement. In order to properly execute this task, it was necessary to adapt the tagsets, given that the MXPOST and MAC-Morpho annotation schemas differ in the number and type of word classes that they consider. For example, MAC-Morpho includes the classes "v" and "vaux" as verbs, whereas MXPOST only uses the class "verb". The following chart illustrates the success rate of MXPOST regarding HH pairs by frequency groups:

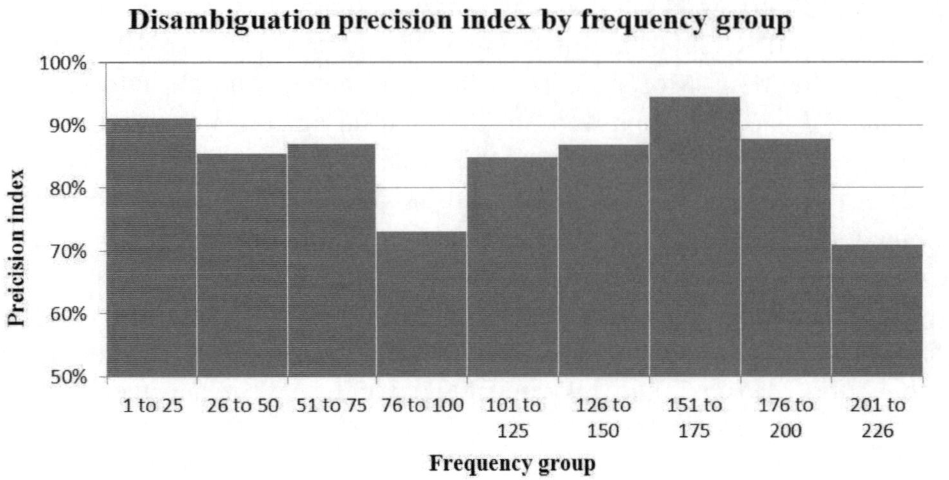

Figure 1. Disambiguation precision index by frequency group

As can be noted, the rate of correct classification of HH pairs tends to stay above 85% (only two frequency groups "76 to 100" and "201 to 226", were below 85 %). Two frequency groups were above 90% and the average, as already mentioned, was 90.1%. This discrepancy is justified by the data distribution, although only two out of nine frequency groups were above 90%, the first frequency group plays a primary role in HH disambiguation, containing 14,061 of the 16,851 tokens analyzed. MXPOST proves to be a reliable tool for classifying grammatical classes of HH pairs. Using MXPOST in conjunction with the above-mentioned two rules, it is possible to obtain good performance in HH disambiguation (at least in the case of mid vowels found in stressed syllables). The corpus used shows that cases of these pairs correspond to approximately 1.44% of all occurrences within the corpus. Such an occurrence rate, although relatively low, shows to be relevant, seeing that if their grammatical classes are not considered, these words could be incorrectly transcribed; thus, severely damaging the results of applications employing speech processing technologies.

The forty most frequent HH pairs were analyzed as well, individually, as to the degree of belonging to each grammar class. In other words, we verified the distribution of each individual HH pair regarding their parts of speech. The chart below shows the ratio values of each grammatical class derived from the forty pairs.

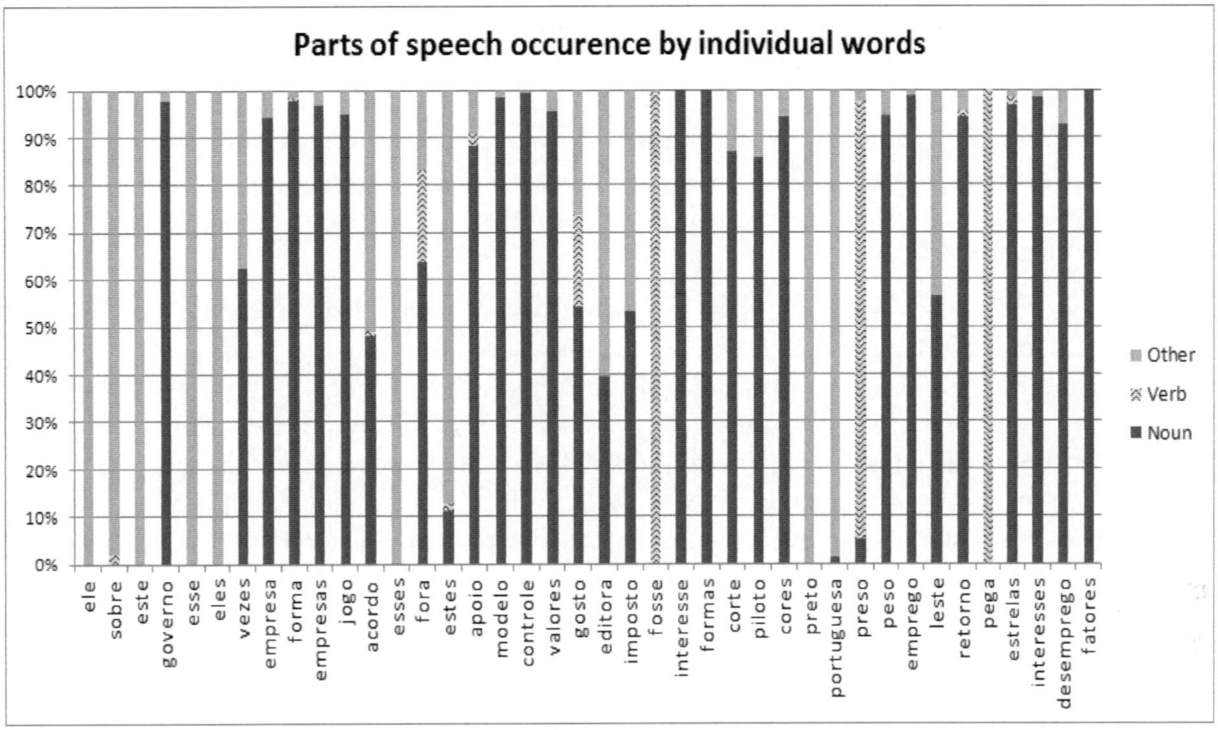

Figure 2: Parts of speech occurrence by individual words

As noted, there are few words that have grammatical category ratios close to 1:1. In most pairs, a predominance trend of one grammatical class exists, in this case, the non-verb class. There are several pairs with predominance of the non-verb classes exceeding 95% of all occurrences. The data therefore demonstrates that, in many cases of homography and heterophony, noun and pronoun classes take the majority. This fact can be exploited in speech recognition, in order to increase transcription accuracy: in dubious cases, where there is uncertainty as to which class an HH belongs, it is more likely to be correct if the non-verb class attribute is awarded.

However, one other plausible justification for the results obtained is related to the type of corpus used. The MAC-Morpho is a corpus consisting of newspaper articles. In light of this, it is known that journalism genres rarely make use of verbs in the 1st person singular, since the use of the first person in a journalistic text entails subjectivity. Tavares (1997), investigating verb usage in the genres of newspaper and TV reporting, noted that the occurrence of the 1st person singular was only 2% for the first genre studied, and 0% for the second. Tavares (1997) notes that, in journalism texts, the 3rd person singular and 3rd person plural dominated, accounting for 64% and 33% respectively in newspapers and 89% and 11% in TV reports. Therefore, the prevalence of non-verb classes noticed in our data may have been led to a certain degree by the nature of the corpus used. Many of the HH pairs we observed involve precisely the alternation between the 1st person singular of a verb and another non-verb class. It should be mentioned; therefore, that the low occurrence of first person, singular verbs in journalism genres, can have possible bias against our data due to the use of a newspaper corpus. It would be worthwhile; therefore, to replicate this study, taking many HH pairs into account like: “apoio”, “jogo”, “acerto”, which have open vowels as verbs and are likely to occur with greater frequency in other text genres. (e.g., <eu apoio>, <eu jogo>, <eu acerto>). A similar call can be made in general for more work on freely available corpora of BP.

4. Final considerations

The study of HH pairs involving openness in mid vowels in BP is of interest to researchers developing tools for this language. In light of the issues presented in high quality systems like Veiga et al. (2011), where over 80% of grapheme to phone(me) conversion errors were caused by mid vowel shifts in stressed syllables, it is certainly an area which could be greatly improved. The results obtained in this paper can help develop various tasks such as, automatic processing of speech and CALL tools for teaching pronunciation. So far, most of the conversion systems employed in text-to-speech applications for BP have not devoted sufficient attention to this issue, but simply present considerations in passing about the problems that could and/or do arise in their systems with respect to the proper pronunciation of <e> <o> stressed syllable vowels. The suggestion to create exception dictionaries shows up as a desirable solution; however, it is ad hoc and not expandable beyond words not registered in the dictionary. Thus, this work contributes to the research area, as it shows that the majority of cases involving HH pairs containing mid vowels can be solved automatically with just two rules, when information about the word class is taken into account. In this study, the tagger, MXPOST, was used to perform the automatic part of speech tagging, achieving a high degree of accuracy (90.1%), thus proving itself a useful tool for the disambiguation of HH pairs; although, in future studies, we plan to investigate other tagger options in hopes of still better results. The results show a trend that in many cases of homographic heterophony, there is a certain level of non-verb class majority, with various pairs showing a non-verb class predominance of over 95%. However, this trend may require further research, specifically investigating the possibility that the present corpus bias, regarding the use of the 1st person singular, is due to its journalistic nature.

In summary, this paper proposed a disambiguation solution for the majority of HH mid vowel pairs, seeking to offer, especially in the areas of speech synthesis and recognition, a contribution towards solving this often cited issue in systems for BP.

As for future work, the task of classifying HH pairs with stressed mid vowel changes does not stop here. The authors of this paper plan to investigate other methods to account for as many pairs as possible. Nearly thirty linguistic based rules have already been established, which cover all word pairs belonging to this family. These rules have been formalized so that concrete applications can be developed to treat the errors; hopefully able to effectively treat nearly all pairs. An example of such an application is a feature extractor using line spectral frequencies which is a technology commonly used in electrical signal processing and is often present in applications commercially used by telephone companies to recognize spoken digits [Silva et al. 2013]. This type of classifier could possibly be adapted to phonemic feature extraction by applying a technique that allows for very small windows of data to be extracted and analyzed, even when their signals are very similar. These windows would be mapped to phonological rules of BP in instances of open and closed vowels, in order to disambiguate them. Such classifiers have achieved accuracy rates exceeding 89% for BP in spoken digit recognition [Silva et al. 2013].

References

Aires, R. V. X., Aluísio, S. M., Kuhn, D. C. S., Andreeta, M. L. B. and Oliveira Jr., O. N. (2000) "Combining Multiple Classifiers to Improve Part of Speech Tagging: A Case Study for Brazilian Portuguese". In the Proceedings of the Brazilian AI Symposium (SBIA'2000).

Aluísio, S. M., Pelizzoni, J. M., Marchi, A. R., Oliveira, L. H., Manenti, R. and Marquiafável, V. (2003). "An Account Of The Challenge Of Tagging A Reference Corpus Of Brazilian Portuguese". In: Propor´2003, 2003, Faro. Lecture Notes On Artificial Intelligence. Proceedings Of Propor´2003. Springer Verlag, v. 1.

Bick, E. (2000). "The Parsing System Palavras - Automatic Grammatical Analysis of Portuguese in a Constraint Grammar Framework". Aarhus: Aarhus University Press.

Bortoni-Ricardo S. M., Malvar, E. and Gomes, C. A. (1992). "A variação das vogais médias pretônicas no português do Brasil: um fenômeno neogramático ou de difusão lexical". In: Revista de Estudos da Linguagem, Faculdade de Letras - UFMG, v. 1, pp. 9-30.

Braga, D. (2008). "Algoritmos de Processamento da Linguagem Natural para Sistemas de Conversão Texto Fala em Português". PhD Thesis. University of A Coruña, A Coruña, Spain. (Directed by University of Coruña, co-directed by University of Minho and Federal University of Rio de Janeiro).

Braga, D. and Marques, M. A. (2007). "Desambiguação de homógrafos para Sistemas de conversão Texto-Fala em Português". In: Diacrítica, 21.1 (Série Ciências da Linguagem) Braga: CEHUM/Universidade do Minho, pp 25-50.

Cristófaro-Silva, T. and Almeida, L. S. (2005). ASPA: "A formulação de um banco de dados de referência da estrutura sonora do português contemporâneo". In: Anais do XXV Congresso da Sociedade Brasileira de Computação. São Leopoldo: Sociedade Brasileira de Computação, 2005. v. 1. p. 2268-2277.

Ferrari, L., Barbosa, F. and Resende Jr., F. G. V. (2003) "Construções gramaticais e sistemas de conversão texto-fala: o caso dos homógrafos". In: Proceedings of the International Conference on Cognitive Linguistics, v. 1.

Frunza, O. and Inkpen, D. (2009) Identification and Disambiguation of Cognates, False Friends, and Partial Cognates Using Machine Learning Techniques, International Journal of Linguistics, vol. 1, no. 1, p. 1-37, Otawa, Canada.

Miranda, A. R. (2006). "Um estudo sobre a aquisição ortográfica das vogais do português". Anais da ANPEDSul – UFSM, Santa Maria.

Núcleo Interinstitucional de Linguística Computacional - NILC. (2000) NILC's Taggers. http://www.nilc.icmc.usp.br/nilc/tools/nilctaggers.html. Apr. 23, 2013.

Seara, I., Kafka, S., Klein, S. and Seara, R. (2001). "Considerações sobre os problemas de alternância vocálica das formas verbais do Português falado no Brasil para aplicação em um sistema de conversão Texto-Fala", SBrT 2001 – XIX. Simpósio Brasileiro de Telecomunicações. Fortaleza, Brasil.

Seara, I., Kafka, S., Klein, S. and Seara, R. (2002). "Alternância vocálica das formas verbais e nominais do Português Brasileiro para aplicação em conversão Texto-Fala", Revista da Sociedade Brasileira de Telecomunicações, vol. 17, n.1, pp. 79- 85.

Silva, D., Alves de Souza, V. and Batista, G. (Forthcoming). "A comparative study between MFCC and LSF coefficients in automatic recognition of isolated digits pronounced in Portuguese and English".

Silva, D. C.; Braga, D.; Resende, F.G.V. (2009) "Conjunto de regras para desambiguação de homógrafos heterófonos do português brasileiro". In: Simpósio Brasileiro de Telecomunicações, 2009, Blumenau. XXVII Simpósio Brasileiro de Telecomunicações, v. 1. p. 1-6.

Silva, D. C. (2011) "Algoritmos de processamento da linguagem e síntese de voz com emoções aplicados a um conversor texto-fala baseado em HMM". Tese de Doutorado. Programa de pós-graduação em Engenharia Elétrica, Universidade Federal do Rio de Janeiro, RJ.

Silva, P., Batista, P., Neto, N. and Klautau, A. (2010) "An Open-Source Speech Recognizer For Brazilian Portuguese With A Windows Programming Interface". In: The International Conference On Computational Processing Of Portuguese , Porto Alegre.

Ratnaparkhi, A. (1996) "A Maximum Entropy Part-Of-Speech Tagger". In the Proceedings of the Empirical Methods in Natural Language Processing Conference, University of Pennsylvania.

Robinson, A. (2006). The story of writing. London: Thames and Hudson. pp. 224.

Roces. L. (2010). "Efeitos de Coprodução V_V sobre os Deslocamentos das Vogais Médias no Espaço Vocálico do Português Brasileiro". Tese (Doutorado em Linguística) - Universidade Estadual de Campinas, pp. 100.

Tavares, M. A. (1997) "O verbo no texto: notícia e reportagem". In: Working papers em Linguística. n. 1. jul/dez. Florianópolis: UFSC.

Tomaz, K. (2006). "Alternância de vogais médias posteriores em formas nominais de plural no português de Belo Horizonte Revisitando a metafonia nominal". Dissertação (Mestrado em Letras) - Universidade Federal de Minas Gerais, pp. 165.

Viegas, M. C. (2002). “O alçamento de vogais médias pretônicas e o conceito de léxico com armazenamento exemplar”. In: I Congresso Internacional de Fonética e Fonologia. Caderno de Resumos do I Congresso Internacional de Fonética e Fonologia. Belo Horizonte: Faculdade de Letras da UFMG.

Veiga, A., Candeias, S. and Perdigão, F. (2011) "Conversão de Grafemas para Fonemas em Português Europeu – Abordagem HÍbrida com Modelos Probabilísticos e Regras Fonológicas". J. J. Almeida, A. Simões, X. Guinovart (eds.). In: LinguaMÁTICA, Revista para o Processamento Automático das Línguas Ibéricas, vol 3, nº2: 39-51.

Desambiguação Lexical de Sentido com uso de Informação Multidocumento por meio de Redes de Co-ocorrência

Fernando Antônio A. Nóbrega, Thiago A. Salgueiro Pardo

Núcleo Interinstitucional de Linguística Computacional (NILC)
Instituto de Ciências Matemáticas e de Computação – Universidade de São Paulo (USP)
Caixa Postal 668 – 13560-970 – São Carlos – SP – Brasil

{fasevedo,taspardo}@icmc.usp.br

Abstract. *Word Sense Disambiguation (WSD) aims at determining the appropriate sense of a word in a particular context. This is a very important area, especially to provide resources to other areas of Natural Language Processing. Many applications are engaged in the multidocument context, where the processing is performed on a set of texts, however, there are no reports of applications and experiments of WSD in this context. In this paper, we present two methods of WSD, a single and another multi document, motivated by evidence of corpus. The methods were designed to Portuguese language and compared with other works for the language, and stood higher in their respective fields.*

Resumo. *A Desambiguação Lexical de Sentidos (DLS) visa determinar o sentido adequado de uma palavra em determinado contexto. Trata-se de uma área bastante importante, sobretudo, para prover recursos para outras áreas do Processamento de Língua Natural. Diversas aplicações desta área engajam-se no cenário multidocumento, onde o processamento é efetuado em um conjunto de textos, porém, não há relato de aplicações/avaliações da DLS neste contexto. Neste trabalho, apresentam-se dois métodos de DLS, um mono e outro multidocumento, motivado por evidências de córpus. Os métodos foram destinados a língua portuguesa e comparados com outros trabalhos para o idioma, e apresentaram-se superiores em diferentes cenários.*

1. Introdução

A Desambiguação Lexical de Sentidos (DLS) objetiva desenvolver e avaliar métodos automáticos que determinam o sentido correto de uma palavra (Palavra Alvo - PA) em um contexto especificado, por meio de um Repositório de Sentidos (RS) [Agirre and Edmonds 2006]. A DLS é uma área muito relevante, sobretudo, por prover recursos para diminuir problemas de ambiguidade lexical, caracterizada como um fenômeno linguístico em que palavras assumem diferentes significados conforme o contexto em que são empregadas [Piruzelli and da Silva 2010], para contribuir na melhoria de desempenho de outras aplicações do Processamento de Língua Natural (PLN).

Wordnets são RS frequentemente empregados em pesquisas nessa área, pois são consideradas mais eficazes para a DLS [Miller 1995]. Esse tipo de RS que organiza os sentidos por meio de uma hierarquia de conjuntos de sinônimos, denominados *synsets*. Cada *synset* é constituído por quatro informações básicas: 1) conjunto de palavras sinônimas; 2) glosa, uma definição informal do *synset*; 3) conjunto de exemplos de sentenças que possuem alguma palavra do item 1; e 4) relações linguísticas com outros *synsets*.

Tendo em vista que a desambiguação de substantivos comuns proporciona melhores resultados em diversas aplicações do PLN [Plaza and Diaz 2011], que palavras desta classe morfossintática são mais frequentes e, consequentemente, podem proporcionar maiores fenômenos de ambiguidade, a WordNet de Princeton (Wn-Pr) [Fellbaum 1998], foi empregada como RS neste trabalho, visto que sua utilização mostrou-se factível para o PT-BR por meio do método multilíngue com recursos de tradução automática proposto por [Nóbrega and Pardo 2012].

Normalmente, métodos de DLS empregam informações de contexto local, palavras que estão em torno da PA, para determinar o sentido mais adequado. Contudo, diversas aplicações do PLN inserem-se no cenário multidocumento, no qual a computação ocorre sobre uma coleção de textos, tais como Sumarização Multidocumento, Agrupamento de Textos, Recuperação de Informação, etc.

No cenário supracitado, embora alguns trabalhos de DLS possibilitem empregar informação multidocumento, como [Agirre and Soroa 2009], que fazem uso de grafos para representar os contextos das palavras por meio de relações entre seus respectivos sentidos, não há relato de experimentos ou análises de DLS nesse cenário.

Neste trabalho, a fim de investigar a DLS no cenário multidocumento e direcionada ao PT-BR, dada a carência de trabalhos de DLS nessas áreas, apresentam-se dois métodos de DLS para substantivos comuns que empregam o método de recuperação de *synsets* da Wn-Pr para palavras de idiomas diferentes do inglês proposto por [Nóbrega and Pardo 2012]. O primeiro método é uma adaptação do algoritmo de [Mihalcea and Moldovan 1999], que, após experimentos, mostra-se eficaz na desambiguação de palavras consideradas mais ambíguas. O segundo é uma adaptação para aumentar a eficiência e desempenho do melhor método de [Nóbrega and Pardo 2012] no cenário multidocumento.

Este artigo está dividido em mais 5 seções. Na Seção 2, disserta-se sobre trabalhos de DLS relacionados. A análise de córpus, que direcionou e proporcionou a avaliação dos métodos propostos, será apresentada na Seção 3. Os métodos desenvolvidos, bem como os artefatos técnicos e teóricos, serão descritos na Seção 4. Na Seção 5 são discutidas as avaliações dos métodos e a comparação de seus resultados com o trabalho de [Nóbrega and Pardo 2012]. Por fim, a conclusão deste trabalho é apresentada na Seção 6.

2. Trabalhos Relacionados

O algoritmo de [Lesk 1986] atribui rótulos às palavras no contexto e adota que o sentido mais adequado para uma PA é aquele mais similar com esses rótulos. Um rótulo, dada uma palavra e suas possíveis definições em um dicionário, é um conjunto lexical extraído dessas definições. A métrica de similaridade utilizada é quantificada pelo número de palavras sobrepostas, ou seja, número de palavras presentes na definição dos sentidos e nos rótulos das palavras no contexto da PA. [Kilgarriff et al. 2000] descrevem uma simplificação desse algoritmo, a fim de diminuir seu tempo de execução computacional, e [Banerjee 2002] apresentam a adaptações, na proposta original de Lesk, para utilização da Wn-Pr.

[Mihalcea and Moldovan 1999] fazem uso da Wn-Pr como RS e apresentam um algoritmo de desambiguação pautado em pares de palavras, sendo uma destas a PA e a outra, uma palavra do contexto (palavra-contexto). Nesse algoritmo, a PA é desambiguada com o *synset* que ocorre mais vezes com a palavra-contexto. Para tanto, por meio de padrões de *queries* (chaves de consulta) entre as palavras do conjunto de sinônimos dos *synsets* e palavra-contexto na ferramenta de busca Altavista®[1], realizam pesquisas na Web para contabilizar a quantidade de páginas retornadas.

[Nóbrega and Pardo 2012] apresentam uma abordagem multilíngue para a DLS, cujo princípio é um método para recuperação de *synsets* da Wn-Pr para palavras de idiomas que não sejam o inglês por meio de uma etapa de tradução automática. Com isso, é possível desambiguar palavras de diferentes línguas por meio da Wn-Pr. É importante ressaltar que os autores relatam deficiências, principalmente, pelo fato de lacunas lexicais, que são ausências ou especificações de conceitos entre línguas diferentes. Além disso, para o PT-BR, os autores apresentam a utilização desse método nos algoritmos de [Kilgarriff et al. 2000], [Banerjee 2002] e um procedimento heurístico (que atribui o sentido mais frequente).

Dentre os métodos apresentados pelos autores supracitados, destacam-se duas adaptações do algoritmo de [Kilgarriff et al. 2000], que obtiveram resultados semelhantes ao do método heurístico. Nessas adaptações, os rótulos das palavras no contexto são formados por suas respectivas traduções e a distinção entre elas é a informação do *synset* usada no cálculo de similaridade. Na primeira, utiliza-se a glosa de cada *synset* (algoritmo GT, de glosa + tradução) e na segunda, são usados os exemplos (método ST, de *sample* + tradução).

3. Análise de Ambiguidade Multidocumento no Córpus CSTNews

O CSTNews [Aleixo and Pardo 2008, Cardoso et al. 2011] é um córpus constituído por 140 textos, organizados em 50 coleções, com dois ou três textos cada uma. Esse córpus, além de outros níveis de anotação, disponibiliza 10% dos substantivos mais frequentes de cada coleção desambiguados com *synsets* da Wn-Pr [Nóbrega and Pardo 2012]. Essa anotação foi realizada por um processo manual (com auxilio de uma ferramenta), cujo valor de concordância Kappa [Carletta 1996] em relação à escolha dos *synsets* entre grupos distintos de anotadores foi de 0,77.

Por meio do CSTNews, investigou-se a presença da ambiguidade no cenário multidocumento. Para tanto, contabilizou-se a quantidade de sentidos atribuídos para uma mesma palavra em uma coleção. Nessa análise, 677, 42 e 8 palavras foram anotadas, respectivamente, com um, dois e três *synsets* diferentes, ou seja, ocorrências de uma mesma palavra tendem a assumir o mesmo significado em uma coleção de textos relacionados.

Ao contabilizar o nível de ambiguidade, ou seja, a quantidade de possíveis *synsets* atribuíveis para cada palavra anotada no córpus CSTNews, observou-se que 361 (77%) palavras distintas apresentaram, no mínimo, duas possibilidades de desambiguação e 196 ($\approx$ 42%) ficaram acima da média (com $\approx$ 6 *synsets* atribuíveis).

4. Métodos de DLS Desenvolvidos

Neste trabalho, por meio da proposta multilíngue [Nóbrega and Pardo 2012], apresentam-se dois algoritmos de desambiguação. O primeiro (Seção 4.1) trata-se de uma adaptação

[1]http://www.altavista.com/

do algoritmo proposto por [Mihalcea and Moldovan 1999], que emprega a Web como córpus. Já o segundo (Seção 4.2), é constituído por alterações no melhor método de DLS avaliado em [Nóbrega and Pardo 2012], direcionando-o ao cenário multidocumento por meio de uma Rede de Co-ocorrência Lexical (RCL).

É importante ressaltar que os métodos descritos neste trabalho adotam a mesma etapa de pré-processamento proposta em [Nóbrega and Pardo 2012], que é composta por: 1) tokenização; 2) etiquetagem morfossintática por meio do MXPOST; 3) extração de *stopwords* e sinais de pontuação; e 4) lematização das palavras restantes.

4.1. Método Irrestrito Adaptado de [Mihalcea and Moldovan 1999]

[Mihalcea and Moldovan 1999], após diversos experimentos, sugerem a utilização de verbos como contexto para desambiguação de substantivos comuns. Assim, tendo em vista os objetivos deste trabalho, a configuração anterior foi selecionada, adotando como contexto o verbo mais próximo da PA.

Após a etapa de pré-processamento (vide Seção 4), devido à característica multilíngue deste trabalho, cada palavra-contexto (verbo mais próximo da PA), durante o processo de desambiguação, foi traduzida automaticamente. Assim, pela possibilidade de duas ou mais traduções, o processo de criação de *queries* empregado em [Mihalcea 2006] foi repetido para cada possível tradução.

Além da alteração supracitada, neste trabalho, foi empregado o buscador Microsoft Bing®em vez do Altavista®. O Bing foi escolhido por ser gratuito e possuir API (Interface de Programação de Aplicativo, do inglês *Application Programming Interface*), que possibilita a criação de programas de computador que utilizem suas funcionalidades. Outras opções foram cogitadas, como Google Search®e Yahoo Search®, porém, são recursos com API comercial e/ou limitações de utilização gratuita.

4.2. DLS Multidocumento

Tendo em vista que ocorrências de uma mesma palavra tendem a assumir o mesmo sentido em uma coleção de textos relacionados (vide Seção 3), optou-se por empregar um algoritmo DLS que atribui somente um sentido para todas as ocorrências de uma palavra. Decisão essa que é adotada em alguns métodos heurísticos [Mihalcea 2006]. Com esse objetivo, em vez de empregar informação local (palavras em torno da PA), empregou-se uma Rede de Co-ocorrência Lexical (RCL) para capturar as relações lexicais em uma coleção de textos, que possibilita uma melhor representação do cenário multidocumento, e empregar o algoritmo de DLS. Essa abordagem baseia-se na hipótese de que ao encontrar relações léxicas mais relevantes em uma coleção, o resultado da DLS pode ser melhorado.

Uma RCL representa relações (ponderadas ou não) entre palavras. Em geral, uma RCL é modelada por meio de um grafo $G(V, A)$ composto por um conjunto de vértices V e um conjunto de arestas A, de forma que todo $v \in V$ representa uma palavra na rede e toda $a(v', v'')^w \in A$ indica uma aresta (ou relação) valorada com peso w entre duas palavras.

A construção de uma RCL varia conforme a especificidade de cada tarefa e o tipo de relação desejada. Neste trabalho, dada uma coleção de textos D, cada $v \in V$ indica uma única palavra (extraindo *stopwords* e repetições) contido em D e cada aresta, ponderada com peso w, representa que duas palavras co-ocorreram em w Janelas de Palavra (JP), que corresponde a uma sequência de n palavras em um texto).

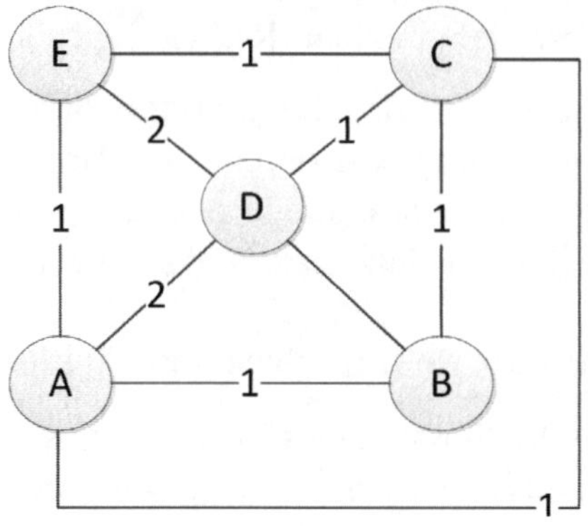

Figura 1. Exemplo de uma RCL para a sequência A,B,C,D,E,A e D

Por exemplo, para a sequência A,B,C,D,E,A e D têm-se as seguintes janelas de tamanho 3: ABC, BCD, CDE, D**EA**, **EA**D. É importante ressaltar que duas ou mais palavras podem co-ocorrer em janelas que se sobrepõem, por exemplo, as sequências marcadas em negrito (D**EA**, **EA**D), mesmo assim, estes casos devem ser contabilizados uma única vez. Portanto, as únicas letras que co-ocorrem duas vezes, nesse caso, são E-D e A-D e, consequentemente, as arestas que as relacionam são ponderadas com peso 2, como pode ser observado na Figura 1.

Após a criação de um RCL para uma coleção de documentos, conforme descrito anteriormente, para cada PA, utilizam-se as n respectivas palavras mais relacionadas (aquelas cuja arestas possuem maiores pesos) como contexto no algoritmo de desambiguação, que, nesse caso, foi a adaptação do algoritmo de [Kilgarriff et al. 2000] apresentada por [Nóbrega and Pardo 2012]. É importante ressaltar que o valor de n foi utilizado como parâmetro da RCL (tamanho da janela de palavras) e para a listagem das palavras mais relacionadas. Como experimentos, foi realizado configurações com redes com janelas de tamanho igual a 3 (R3) e 5 (R5).

5. Avaliação

Os métodos propostos neste trabalho foram comparados com os melhores resultados de [Nóbrega and Pardo 2012], que correspondem aos algoritmos (brevemente descritos na Seção 2: 1) heurístico (referenciado como H), que atribui o sentido mais frequente; e 2) método GT; e 3) algoritmo ST.

Foram adotadas quatro métricas de avaliação: P) Precisão, número de palavras corretamente desambiguadas sobre o total de palavras para as quais algum *synset* foi atribuído pelo método avaliado; C) Cobertura, número de palavras corretamente desambiguadas sobre o total de palavras anotadas no córpus; A) Abrangência, número de palavras desambiguadas correta ou incorretamente pelo método avaliado; e Ac) Acurácia, que corresponde à medida de precisão com auxílio do método heurístico para palavras que o método avaliado não foi capaz de atribuir algum *synset* [Specia 2007].

Com o propósito de avaliar estes métodos sob diferentes óticas, foram realizados três experimentos: 1) *all words*, na qual foi aferido o desempenho dos métodos na desambiguação de todas as palavras anotadas no CSTNews; 2) *lexical sample*, na qual aferiu-se a qualidade dos métodos na desambiguação de palavras mais ambíguas no córpus; e 3) avaliação multidocumento, onde foi verificado o desempenho da DLS ao empregar informações multidocumento.

Em todos os experimentos, somente para o método heurístico, não foi realizada a etapa de pré-processamento. Para os demais métodos, a tarefa de DLS constituiu-se em: 1) encontrar corretamente a PA (etiquetando-a adequadamente como substantivo comum); e 2) desambiguar a PA em seu determinado contexto. Ressalta-se que algumas palavras não obtiveram tradução e/ou *synsets* automaticamente, o que influenciou na qualidade de todos os métodos. Portanto, para o cálculo da abrangência, estes casos foram desconsiderados.

Na apresentação dos resultados, os métodos desenvolvidos neste trabalho serão referenciados por siglas, da seguinte forma (os últimos três, são do trabalho de [Nóbrega and Pardo 2012]: (R3) Algoritmo de DLS proposto com uma RCL de janela com tamanho 3; (R5) análogo ao anterior, porém, com uma RCL de janela com tamanho 5; (M) adaptação do trabalho de [Mihalcea and Moldovan 1999]; (H) método heurístico; (G-T) variação com glosa e tradução; S-T) variação com exemplos e tradução.

5.1. All Words

Neste experimento, a tarefa de DLS caracteriza-se pela desambiguação de todas as palavras do CSTNews que foram anotadas com algum *synset*. Cada coleção do córpus foi processada separadamente pelos métodos e, posteriormente, verificaram-se os resultados obtidos.

Os resultados aferidos para cada método são apresentados na Tabela 1, onde, na primeira coluna, são dispostos os métodos avaliados e nas demais são listadas as métricas de avaliação P, C, A e Ac, cujo valores são exibidos em escala percentual. Por exemplo, tem-se que o método R3 obteve 49.56% de precisão.

Tabela 1. Avaliação Geral: All Words

Método	P(%)	C(%)	A(%)	Ac(%)
H	51.00	51.00	100	–
G-T	42.20	41.20	91.10	41.20
S-T	42.20	41.10	91.10	41.10
GS-T	41.80	38.00	91.10	38.00
M	39.71	39.47	**99.41**	39.59
R3	**49.56**	**43.90**	88.59	43.90
R5	46.87	41.80	87.65	41.80

Pode-se observar que o método heurístico (linha H) obteve a melhor precisão. Contudo, é importante ressaltar que o córpus CSTNews apresenta um cenário propício para este método, visto que a maioria das palavras foi anotada com um único *synset* e que, normalmente, foi o mais frequente. Outro fato importante é que a diferença estatística entre o método *baseline* e o algoritmo R3, segundo Teste T de Student com 95% de confiança, é irrelevante.

A melhor abrangência, excluindo H, foi atingida pela adaptação do trabalho de [Mihalcea and Moldovan 1999]. Tendo em vista que o valor de abrangência é influenciado diretamente pela qualidade da etapa de pré-processamento, igualmente aplicada em todos os métodos, esse resultado era esperado, pois o algoritmo supracitado emprega menos informação advinda da etapa de pré-processamento, utilizando somente a PA e uma palavra-contexto.

Os valores de Acurácia, que representam o auxílio do algoritmo heurístico nos métodos avaliados, em geral, foram iguais aos valores de Cobertura. Esse fato indica que o método heurístico também não foi capaz de desambiguar, corretamente, palavras que os demais métodos não desambiguaram, o que, provavelmente, indica palavras difíceis para serem desambiguadas

5.2. Amostra de Palavras

Neste experimento (tarefa *lexical sample*), foram selecionadas somente palavras com dois ou mais sentidos anotados no córpus. Assim, por ser uma avaliação mais pontual, foi adotada apenas a métrica de Precisão.

Os resultados obtidos por cada algoritmo são apresentados na Tabela 2, não sendo diferenciado o algoritmo R3 do R5, visto que esses obtiveram resultados iguais. Nas linhas da tabela, são dispostas as 21 palavras consideradas e, nas colunas, os métodos avaliados. Por exemplo, tem-se que o método M obteve 94,83% de Precisão na desambiguação da palavra "ano". Nas últimas linhas da tabela, são listadas as quantidade de vezes em que os métodos foram superiores (Total > H), iguais (Total = H), maior ou igual (Total >= H) e inferiores (Total < H) ao método heurístico. Na última linha, é disposto o valor médio da Precisão aferida para cada algoritmo.

Tabela 2. Avaliação lexical-sample

Palavra	H	G-T	S-T	GS-T	M	G(3,5)
acordo	12.50	6.30	**12.50**	6.30	**13.33**	**12.50**
agência	41.70	**41.70**	**41.70**	**41.70**	20.00	25.00
ano	90.50	69.60	86.30	67.60	**94.83**	47.22
área	16.70	5.60	5.60	5.60	0.00	5.56
centro	61.50	0.00	**80.00**	0.00	57.14	36.36
competição	0.00	**6.70**	**0.00**	**0.00**	**35.71**	0.00
estado	33.30	**33.30**	16.70	16.70	28.57	30.00
filho	25.00	**25.00**	**25.00**	**25.00**	**25.00**	**25.00**
hora	50.00	**50.00**	**50.00**	**50.00**	**50.00**	0.00
investigação	74.10	61.50	73.10	61.50	60.00	18.75
local	30.00	0.00	**30.00**	0.00	**33.33**	17.65
obra	42.50	23.10	0.00	0.00	**64.71**	26.83
ouro	0.00	**0.00**	**0.00**	**0.00**	**0.00**	**0.00**
país	39.20	38.00	**40.00**	38.00	**76.47**	17.46
parte	10.00	0.00	**10.00**	**10.00**	**14.77**	**10.00**
partida	38.50	27.80	16.70	16.70	12.50	**52.63**
presidente	16.40	**19.00**	15.90	15.90	14.46	9.41
resultado	70.00	65.00	55.00	55.00	**78.95**	66.67
tempo	0.00	**14.30**	**28.60**	**35.70**	**0.00**	**0.00**
vez	0.00	**0.00**	**10.50**	**10.50**	**0.00**	**0.00**
vôo	3.60	0.00	0.00	0.00	0.00	0.00
Total > H	-	3	4	2	**8**	1
Total = H	-	6	8	6	5	7
Total >= H	-	9	12	8	**13**	8
Total < H	-	12	9	13	8	13
Média	27.88	23.19	28.46	21.72	**32.37**	19.10

Em geral, as palavras mais ambíguas apresentam mais de um sentido por coleção de documentos. Consequentemente, o método de DLS multidocumento obteve resultados pouco satisfatórios nesse experimento. Somente em um caso bem específico (a palavra "partida") o método multidocumento superou os demais. Essa palavra, apesar de ter sido anotada com dois *synsets* diferentes no córpus, foi anotada com um mesmo *synset* em uma das coleções, e, nesse caso, foi desambiguada corretamente apenas pelo método R3 e R5.

O método M obteve um bom resultado nessa avaliação, mesmo sendo inferior na anterior. Isso pode ser observado pela quantidade de vezes em que M foi melhor ou igual (13 casos) ao método heurístico. Além disso, seu valor médio de precisão foi superior a todos os outros algoritmos.

É importante também observar alguns casos particulares, como as palavras: "filho", com valor de precisão igual para todos os métodos; "hora", com todos os algoritmos, exceto o R3 e R5, com precisão igual a 50%; "ouro", em que todos os métodos determinaram incorretamente todas as suas ocorrências; e "vôo", em que somente o método heurístico obteve algum acerto.

5.3. Ganho de Informação Multidocumento

A qualidade da DLS por meio de RCL multidocumento, no primeiro experimento, mostrou-se superior aos demais, sendo, inclusive, equivalente ao método heurístico. Porém, no segundo experimento, seu desempenho não foi satisfatório. Assim, para analisar de forma mais eficiente a utilização desse tipo de informação para a DLS, especificamente no cenário multidocumento, verificaram-se as relações entre palavras desambiguadas pelos métodos G-T, M e R3 por meio de um Diagrama de Venn, ilustrado na Figura 2.

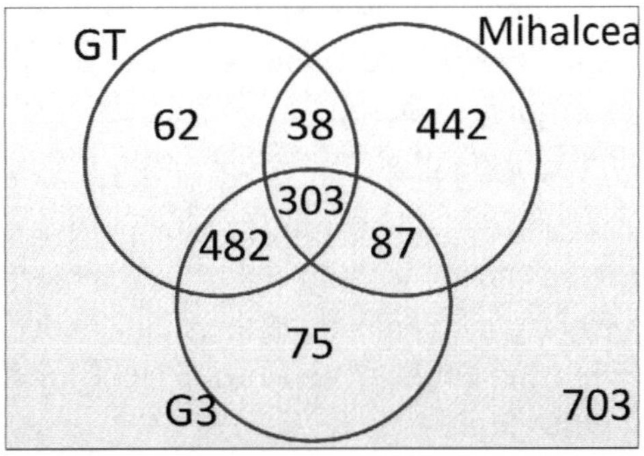

Figura 2. Relação de palavras desambiguadas pelos métodos

Nessa ilustração, cada círculo representa as palavras (aqui, referenciadas somente pela quantidade delas) corretamente desambiguadas pelos métodos. Assim, as áreas de sobreposições indicam casos em que dois ou os três métodos acertaram. Por exemplo, 482 palavras foram desambiguadas adequadamente pelos algoritmos GT e R3, e 303 palavras foram corretamente desambiguadas pelos três métodos. A área fora dos círculos compreende palavras que não foram corretamente desambiguadas por nenhum método, neste caso, 703.

O método M, isoladamente, acertou mais palavras que os demais. Essas palavras, normalmente, são aquelas mais ambíguas, que foram avaliadas no experimento de *lexical sample* (Seção 5.2 e, como dito anteriormente, o desempenho desse método foi superior nessa avaliação. Contudo, em geral, percebe-se que o método M é inferior aos demais, pois a soma de todos os valores de seu círculo é inferior a soma dos demais conjuntos, o que evidencia seu desempenho pouco satisfatório no primeiro experimento (Seção 5.1.

Desconsiderando-se as palavras para as quais tanto R3 quanto GT obtiveram êxito mutuamente, R3 obteve 162 acertos contra 100 do algoritmo GT. Assim, considerando que R3 aplica o algoritmo GT, embora por meio de um RCL para representação deste cenário, o uso da informação multidocumento contribuiu efetivamente para a DLS neste cenário.

6. Conclusões

Neste trabalho, apresentou-se a análise semântica (de sentidos) multidocumento do córpus CSTNews, na qual se pôde concluir que as palavras tendem a manter o mesmo sentido em uma coleção. É importante ressaltar que o córpus analisado é constituído por notícias jornalísticas com apenas 140 textos. Portanto, não se pode concluir que tal afirmativa é genérica para qualquer cenário multidocumento. Tal generalização necessita de uma análise maior, por meio de córpus mais expressivos.

Além da análise do córpus, foram apresentados dois métodos de DLS e posterior comparação com os melhores algoritmos descritos em [Nóbrega and Pardo 2012]. Na primeira análise, tarefa *all words*, pôde-se verificar que os métodos multidocumento (R3 e R5) foram superiores ao trabalho supracitado. Além disso, os métodos R3 e R5 apresentam tempo de execução computacional menor, pois atribuem somente um sentido para todas as ocorrências de uma palavra na coleção, o que proporciona sua aplicação em cenários onde é necessário processamento de diversos documentos em um tempo curto.

Na segunda análise, verificou-se que M obteve melhores resultados, ou seja, apresentou-se melhor na desambiguação de palavras mais ambíguas. Isso ocorre pelo viés deste algoritmo, que, por empregar buscas na Web, funciona melhor para desambiguação de palavras com muitos *synsets* ou com vários sinônimos em cada sentido.

Como trabalhos futuros, pretende-se estender esta análise e métodos de DLS multidocumento para outros córpus e outros idiomas, a fim de generalizar os resultados obtidos. Pretende-se também, investigar formas de diferenciar ocorrências de palavras com sentidos diferentes por meio de uma RCL, no intuito de melhor o desempenho do algoritmo R3 e R5 para palavras muito ambíguas.

7. Agradecimentos

Ao CNPq e à FAPESP pelo auxilio financeiro.

Referências

Agirre, E. and Edmonds, P. (2006). *Word Sense Disambiguation: Algorithms and Applications*, chapter Introduction, pages 1–28. Springer.

Agirre, E. and Soroa, A. (2009). Personalizing pagerank for word sense disambiguation. In *Proceedings of 12th Conference of the European Chapter of the ACL*, pages 33–41.

Aleixo, P. e Pardo, T. A. S. (2008). *CSTNews: Um córpus de textos jornalísticos anotados segundo a teoria discursiva multidocumento CST (cross-document structure theory)*. Technical Report 326, Instituto de Ciências Matemáticas e de Computação.

Banerjee, S. (2002). *Adapting the lesk algorithm for word sense disambiguation to wordnet.* Master's thesis, Department of Computer Science University of Minnesota.

Cardoso, P. C. F., Maziero, E. G., Jorge, M. L. R. C., Seno, E. M. R., Felippo, A. D., Rino, L. H. M., Nunes, M. d. G. V., e Pardo, T. A. S. (2011). CSTNews – a discourse-annotated corpus for single and multi-document summarization of news texts in brazilian portuguese. In *Anais do III Workshop "A RST e os Estudos do Texto"*, pages 88–105, Cuiabá, MT, Brasil. Sociedade Brasileira de Computação.

Carletta, J. (1996). Assessing agreement on classification tasks: The kappa statistic. *Computational Linguistics*, 22:249–254.

Fellbaum, C. (1998). *WordNet An Eletronic Lexical Database.* MIT Press.

Kilgarriff, A., England, B., and Rosenzweig, J. (2000). English senseval: Report and results. In *Proceedings of 2nd International Conference on Language Resources and Evaluation*, pages 1239–1244.

Lesk, M. (1986). Automatic sense disambiguation using machine readable dictionaries: How to tell a pine cone from an ice cream cone. In *Proceedings of 5th Annual International Conference on Systems Documentation*, pages 24–26, New York, NY, USA. Association for Computing Machinery.

Mihalcea, R. (2006). *Word Sense Disambiguation: Algorithms and Applications*, chapter Knowledge-Based Methods for WSD, pages 107–131. Springer.

Mihalcea, R. and Moldovan, D. I. (1999). A method for word sense disambiguation of unrestricted text. In *Proceedings of 37th Annual Meeting of the Association for Computational Linguistics*, pages 152–158, College Park, Maryland, USA. Association for Computational Linguistics.

Miller, G. A. (1995). Wordnet: a lexical database for english. *Communications of the ACM*, 38:39–41.

Nóbrega, F. A. A. e Pardo, T. A. S. (2012). Explorando métodos de desambiguação lexical de sentidos de uso geral para o português. In *Encontro Nacional de Inteligência Artificial*, Curitiba – Paraná – Brasil.

Piruzelli, M. P. F. e da Silva, B. C. D. (2010). Estudo exploratório de informações lexicais relevantes para a resolução de ambiguidades lexical e estrutural. In *Anais do Encontro do Círculo de Estudos Linguísticos do Sul*, Universidade do Sul de Santa Catarina, Palhoça, SC.

Plaza, L. and Diaz, A. (2011). Using semantic graphs and word sense disambiguation techniques to improve text summarization. In *Proceedings of Procesamiento del Lenguaje Natural*, volume 47, pages 97–105.

Specia, L. (2007). *Uma Abordagem Híbrida Relacional para a Desambiguação Lexical de Sentido na Tradução Automática.* PhD thesis, Instituto de Ciências Matemáticas e de Computação – ICMC – USP.

Realização Superficial baseada em Regras

Douglas F. P. da Silva Junior, Eder M. de Novais, Ivandré Paraboni

[1]School of Arts, Sciences and Humanities (EACH)
University of São Paulo (USP)
Av. Arlindo Bettio, 1000 - São Paulo, Brasil

douglas.fernandes.silva, eder.novais, ivandre@usp.br

Abstract. *This paper presents a surface realisation engine for the Brazilian Portuguese language. The system is presented as a library of functions, and it has been applied to the generation of newspapers headlines.*

Resumo. *Este trabalho apresenta um sistema de realização superficial para o Português brasileiro. O sistema é apresentado na forma de uma biblioteca de funções, e aplicado à tarefa de geração de manchetes de jornal.*

1. Introdução

Em sistemas de geração de língua natural (GLN), a realização superficial é a tarefa computacional de mapear uma representação abstrata do texto - frequentemente já contendo algum tipo de informação estrutural - para uma representação linear em língua natural [Reiter 2007]. A entrada de um módulo de realização textual é algum tipo de especificação abstrata da sentença, e a saída é um *string* em língua natural.[1]

Este trabalho enfoca a implementação e avaliação de um protótipo de sistema de realização superficial para o Português brasileiro. O sistema proposto é apresentado na forma de uma biblioteca de métodos de geração de sintagmas e sentenças completas, os quais podem ser acoplados a uma aplicação subjacente que necessite expressar dados não linguísticos em formato textual.

2. O Sistema Proposto

O presente trabalho pode ser visto como um equivalente para língua portuguesa do sistema *SimpleNLG* [Gatt and Reiter 2009] para o inglês. Seguindo [Gatt and Reiter 2009], enfocamos apenas o problema da realização superficial operacional[2], pressupondo que a escolha lexical e a seleção da estrutura da frase já tenham sido decididas. Restam assim as tarefas de completar as informações de entrada (se esta for subespecificada), estabelecer a concordância entre os termos da sentença e escolher a ordem linear destes[Malouf 2000, Mitchell 2009].

Assim como em [Gatt and Reiter 2009], o presente trabalho é disponibilizado na forma de uma biblioteca de métodos JAVA para construção de sentenças. Esta biblioteca foi projetada para ser inserida no código da aplicação subjacente e, em ambos os sistemas, exige um certo grau de conhecimento de programação para sua utilização.

[1]Ou seja, ao contrário da tarefa de *interpretação* de língua natural [Cuevas and Paraboni 2008].

[2]Problemas de geração de textos em português com base em conhecimento profundo são abordados em [Paraboni 2003, Paraboni et al. 2006, de Lucena et al. 2010]

Como forma de facilitar a adaptação do sistema a novas aplicações, foram implementadas duas modalidades de uso: uma ao estilo utilizado em [Gatt and Reiter 2009], em que a aplicação subjacente realiza uma série de chamadas incrementais aos métodos de construção da sentença, e uma modalidade de chamada única, na qual é fornecida uma árvore da sentença a ser gerada, semelhante ao padrão dito 'superficial' adotado no *Generation Challenges 2011 Surface Realisation Shared Task*[3].

Estas modalidades são discutidas separadamente nas seções a seguir com uso de exemplos simplificados por questões de clareza. Estes exemplos ilustram apenas algumas das diversas opções e recursos implementados para geração de texto.

2.1. Geração Incremental

Na sua forma mais típica de uso, o sistema é invocado mediante uma série de chamadas a métodos de construção de sintagmas e outros componentes da sentença. A criação de uma sentença completa consiste em invocar os métodos necessários para construção dos componentes individuais da estrutura, e então combiná-los em uma frase de acordo com um template pré-definido (e.g., voz ativa, passiva, imperativo etc.)

A classe *SintagmaNominal* permite a criação de diversos tipos de sintagma nominal (SN). A criação de um SN é feita invocando-se seu método construtor e especificando-se seus parâmetros como *Lemma* (i.e., a forma-base do núcleo do SN), *DetLemma* (o núcleo do termo determinante), gênero, número etc. Além disso, é possível utilizar Sintagmas adjetivais (classe *SintagmaA*) e preposicionais (classe *SintagmaP*) para modificar um SN. No exemplo a seguir, é criado um SN com determinante do tipo possessivo 'as lindas crianças da escola':

```
SintagmaNominal sn1 = SintagmaN.none();
sn1.setDetLemma( "o" );
sn1.setLemma("escola");

SintagmaP sp = new SintagmaP();
sp.setPreposicao("de");
sp.setConsequente(sn1);

SintagmaA sa1 = new SintagmaA();
sa1.setAdjetivo( "lindo" );

SintagmaNominal sn2 = SintagmaN.def();
sn2.setLemma( "criança" );
sn2.setDetLemma( "o" );
sn2.setModificadorSintagmaAdjetivo(sa1, Ordem.antes());
sn2.SetPPlist(sp);
```

A classe *SintagmaVerbal* permite a criação de sintagmas verbais (SV) de diversos tipos, que podem ainda ser modificados por sintagmas adverbiais (classe *SintagmaAdverbial*). O exemplo a seguir ilustra a criação da cadeia 'estão sorrindo alegremente'.

```
SintagmaVerbal sv = SintagmaV.VGer();
sv.setVerboPrincipal("estar");
sv.setVerboSegundario("sorrir");
sv.setParametroInt(Genero.Fem(),Numero.Plural(), Pessoa.Terceira(), Modo.Indic(),
Tempo.Presente());
```

[3]http://www.nltg.brighton.ac.uk/research/sr-task/

SintagmaAdverbial $sadv$ = new SintagmaAdverbial();
$sadv$.setAdverbio("alegremente");
sv.setModificadorSintagmaAdverbial($sadv$, Ordem.depois());

Finalmente, SNs e SVs podem ser combinados em uma sentença completa assumindo uma de quatro formas (ou templates) possíveis: voz ativa, voz passiva, imperativo e sujeito oculto. Um exemplo de geração de 'As lindas crianças da escola estão sorrindo alegremente' é apresentado a seguir.

vozAtiva $frase$ = new vozAtiva();
$frase$.setSN1(sn_1);
$frase$.setSN2(sn_2);
$frase$.setSV(sv);

2.2. Geração a partir de Árvore Subespecificada

A segunda modalidade de uso do sistema proposto é adequada para situações nas quais a informação a ser gerada já se encontra parcialmente disponível em forma textual. Problemas desta natureza, chamados de geração Texto-para-Texto, têm sido abordados, por exemplo, em [Belz et al. 2011], e possuem aplicações em áreas como simplificação textual [Aluisio et al. 2008], tradução automática [Aziz et al. 2008, Aziz et al. 2009] e outras.

Na geração a partir de Árvore Subespecificada, o sistema recebe como entrada uma árvore da sentença a ser gerada e invoca de forma autônoma todos os métodos que se façam necessários para impor concordância e linearização da sentença. Esta especificação pode ser incompleta, e o resultado obtido é assim apenas uma aproximação baseada em regras de linearização simples, o que pode nem sempre corresponder à ordem ideal dos termos. Para geração de sentenças mais complexas com total controle sobre o resultado, faz-se necessário o uso do sistema na modalidade de geração Incremental (seção 2.1).

A árvore de entrada contém os nós *agent*, *action* e, opcionalmente, *patient*, nesta ordem. Os termos *agent* e *patient* são conceitos a serem realizados como SNs, enquanto *action* representa um SV. Na prática, entretanto, SNs e SVs são apenas conjuntos de palavras a serem ordenadas pelo sistema. Um exemplo é apresentado a seguir.

(1) O escritor indiano Amitav Ghosh
concept(s15,obj, [s, ['indiano'], head('escritor'), ['amitav-ghosh'], def, m]).

Exceto pela declaração do núcleo, todos os demais termos são opcionais e, se necessário, serão inferidos com base em valores *default* e/ou traços morfológicos dos outros termos do sintagma. Por simplicidade, assume-se que sintagmas preposicionais inseridos na expressão principal com uso de preposições já estejam em sua forma final.

O exemplo (2) a seguir ilustra uma definição de conceito representado por um SN contendo um termo aninhado, e o exemplo (3) especifica um SV. A especificação de uma sentença consiste assim em referenciar os sintagmas s15, v15 e p15 na ordem desejada (4):

(2) festa de aniversário
concept(p15,obj, [f, s, rel(['de', 'aniversário']), head('festa')]).

(3) provavelmente não terá
concept(v15, act, [ind, ['provavelmente'],fut, head(['ter']), vfin], ['não']).

(4) O escritor indiano Amitav Ghosh provavelmente não terá festa de aniversário
sentence(u15, [agent(s15), action(v15), patient(p15)]).

3. Avaliação

A presente discussão será limitada a uma avaliação do sistema na modalidade de geração a partir de árvore subespecificada descrito na seção 2.2, em comparação com o uso de modelos estatísticos simples [Pereira and Paraboni 2008]. Uma avaliação baseada em modelos mais sofisticados é apresentada em [de Novais and Paraboni 2012], na qual o presente trabalho atua como um dos sistemas de *baseline* considerados.

Consideramos nesta avaliação três sistemas de *baseline* estatísticos de 2, 3 e 4-gramas [Pereira and Paraboni 2007] construídos segundo a técnica de geração em 2 estágios proposta em [Langkilde 2000]. Estes sistemas utilizam modelos estatísticos de língua treinados a partir de uma versão expandida do corpus NILC [Nunes et al. 1996] totalizando 141 milhões de palavras.

Como conjunto de teste foi utilizado o corpus de teste utilizado em [de Novais and Paraboni 2012], contendo 4.297 manchetes de jornal on-line do ano de 2009 considerando-se uma porção distinta da utilizada como corpus de treinamento. Estas sentenças sofreram um processo de abstração semelhante ao adotado na preparação dos dados adotado no *Generation Challenges 2011 Surface Realisation Shared Task* [Belz et al. 2011], resultando na representação discutida na seção 2 deste trabalho.

Cada uma das 4.297 entradas foi fornecida ao sistema proposto e aos três sistemas de *baseline*, comparando-se o *string* produzido e a frase de referência do corpus de teste. Os resultados obtidos apontam uma vantagem do sistema proposto, com acurácia de 69%, sobre os demais sistemas, que obtiveram acurácia de 63% (modelo de 2-gramas) e 66% (3-gramas e 4-gramas). Esta diferença é significativa segundo o teste de chi-quadrada sob os valores de acurácia ($\chi^2 = 8,62, df = 1, p < 0,0033$).

4. Considerações

Este artigo apresentou um sistema de realização superficial baseado em regras para o Português brasileiro. Os resultados superam os obtidos com uso de modelos de n-gramas padrão, sugerindo uma solução de baixo custo para o problema, aos moldes do sistema existente para a língua inglesa [Gatt and Reiter 2009]. Por outro lado, os resultados apresentados ainda são inferiores aos observados em estudos mais recentes com modelos estatísticos ditos fatorados, ou FLMs [Bilmes and Kirchhoff 2003] utilizados em [de Novais and Paraboni 2012].

Sistemas estatísticos, entretanto, possuem um custo computacional elevado. O uso de FLMs como discutido em [de Novais and Paraboni 2012], por exemplo, pode não ser viável em aplicações de geração de língua natural em tempo real. A abordagem baseada em regras, por outro lado, não sofre destas limitações.

Como trabalho futuro, o presente protótipo será documentado e expandido na forma de um sistema completo para uso de pesquisadores interessada no processamento da língua portuguesa.

Agradecimentos

Este trabalho contou com apoio FAPESP (2009/08499-9 e 2009/09061-7), e do programa Ensinar com Pesquisa da Universidade de São Paulo.

References

Aluisio, S. M., Specia, L., Pardo, T. A. S., Maziero, E., and Fortes, R. P. M. (2008). Towards brazilian portuguese automatic text simplification systems. In *The ACM Symposium on Document Engineering*, pages 240–248.

Aziz, W. F., Pardo, T. A. S., and Paraboni, I. (2008). An experiment in spanish-portuguese statistical machine translation. In *SBIA-2008*, pages 248–257.

Aziz, W. F., Pardo, T. A. S., and Paraboni, I. (2009). Statistical phrase-based machine translation: Experiments with brazilian portuguese. In *ENIA-2009*, pages 769–778.

Belz, A., White, M., Espinosa, D., Kow, E., Hogan, D., and Stent, A. (2011). The first surface realisation shared task: Overview and evaluation results. In *13th European Workshop on Natural Language Generation (ENLG)*, pages 217–226.

Bilmes, J. and Kirchhoff, K. (2003). Factored language models and generalized parallel backoff. In *HLT-NAACL 2003 conference*.

Cuevas, R. and Paraboni, I. (2008). A machine learning approach to portuguese pronoun resolution. *LNAI*, 5290:262–271.

de Lucena, D. J., Pereira, D. B., and Paraboni, I. (2010). From semantic properties to surface text: The generation of domain object descriptions. *Inteligencia Artificial. Revista Iberoamericana de Inteligencia Artificial*, (45):48–58.

de Novais, E. M. and Paraboni, I. (2012). Portuguese text generation using factored language models. *Journal of the Brazilian Computer Society*, 19:135–146.

Gatt, A. and Reiter, E. (2009). SimpleNLG: A realization engine for practical applications. In *European Natural Language Generation workshop (ENLG-2009)*.

Langkilde, I. (2000). Forest-based statistical sentence generation. In *Proceedings of ANLP-NAACL'00*, pages 170–177.

Malouf, R. (2000). The order of prenominal adjectives in natural language generation. In *38th Meeting of the ACL*.

Mitchell, M. (2009). Class-based ordering of prenominal modifiers. In *12th European Workshop on Natural Language Generation*, pages 50–57.

Nunes, M. G. V., Vieira, F. M. C., Zavaglia, C., Sossolote, C. R. C., and Hernandez, J. (1996). A construção de um léxico para o português do Brasil: lições aprendidas e perspectivas. In *II PROPOR*, pages 61–70.

Paraboni, I. (2003). *Generating references in hierarchical domains: the case of Document Deixis*. PhD thesis.

Paraboni, I., Masthoff, J., and van Deemter, K. (2006). Overspecified reference in hierarchical domains: measuring the benefits for readers. In *INLG-2006*, pages 55–62.

Pereira, D. B. and Paraboni, I. (2007). A language modelling tool for statistical NLP. In *TIL-2007*, pages 1679–1688.

Pereira, D. B. and Paraboni, I. (2008). Statistical surface realisation of portuguese referring expressions. In *LNAI*, volume 5221, pages 383–392. Springer-Verlag.

Reiter, E. (2007). An architecture for data-to-text systems. In *ENLG-2007*, pages 97–104.

JWN-Br – Uma API Java para a WordNet.Br

Vitor Machado Oliveira[1], **Norton Trevisan Roman**[1]

[1]Escola de Artes, Ciências e Humanidades – Universidade de São Paulo (USP)
São Paulo, SP – Brazil

{vitor.machado.oliveira,norton}@usp.br

Abstract. *This paper introduces JWN-Br – an API for Wordnet.br. Developed in Java, JWN-Br is responsible for (i) providing direct access to Wordnet.br, structuring its data as Java objects; (ii) abstracting away Wordnet.br's internal codification, making its use easier to the programmer; and (iii) giving room for the local augmentation of Wordnet.br's original data set. Distributed under GPL, JWN-Br is available to the community.*

Resumo. *Este artigo apresenta a JWN-Br – uma API para a Wordnet.br. Desenvolvida em Java, a JWN-BR possui as vantagens de (i) fornecer acesso direto à Wordnet.br, estruturando seus dados na forma de objetos Java; (ii) abstrair a codificação interna usada pela Wordnet.br, tornando seu uso mais fácil ao programador; e (iii) possibilitar o incremento local da base de dados original da Wordnet.br. Distribuída sob a GPL, a JWN-Br está disponível para a comunidade.*

1. Introdução

Consistindo basicamente de uma base de dados lexical, a Wordnet [Miller 1995] fornece a seus usuários um conjunto de substantivos, verbos, adjetivos e advérbios em inglês, organizados em grupos de sinônimos, denominados SynSets. Esses grupos, por sua vez, são ligados entre si por relações semânticas. Dentre estas, podemos citar a sinonímia (relação simétrica em que duas palavras possuem o mesmo significado), a antonímia (relação também simétrica, em que duas palavras possuem significado contrário), a hiponímia e a hiperonímia (relações assimétricas que estabelecem uma hierarquia entre palavras)[1]. Naturalmente, por ser organizada em SynSets, a sinonímia constitui a relação básica da Wordnet.

Originalmente desenvolvida na Universidade de Princeton[2], a Wordnet serviu de inspiração para várias iniciativas semelhantes, sempre compatíveis com a original. Estas, por sua vez, foram desenvolvidas para as mais diversas línguas, do Japonês [Bond et al. 2010] ao Português Europeu [Marrafa 2002], passando pelo Árabe [Elkateb et al. 2006] e Alemão [Hamp and Feldweg 1997] . Além destas, merece também destaque a Wordnet.br, desenvolvida para o Português do Brasil [da Silva 2006], que, em sua versão atual, conta com um total de 19.882 SynSets, bem como as relações de sinonímia e antonímia[3], estando as demais ainda em andamento (*cf.* [Scarton and Aluísio 2010]).

[1]Para o conjunto completo das relações consulte [Miller 1995].
[2]`http://wordnet.princeton.edu`
[3]Estas informações foram obtidas a partir da análise direta da Wordnet.

Atualmente, a base construída em Princeton é usada nas mais variadas áreas de pesquisa, indo desde sistemas para recomendação de notícias (*e.g.* [Capelle et al. 2012]) até o reconhecimento automático de inferência em textos (*e.g.* [Pakray et al. 2011]), passando pela classificação de documentos médicos de acordo com o público-alvo pretendido (*e.g.* [Lakiotaki et al. 2013]) e a construção de sistemas capazes de responder questões feitas em língua natural (*e.g.* [Hakimov et al. 2013]). Cada uma dessas interações, por sua vez, exige uma API especializada, que conecte a aplicação à Wordnet. Esta API deve então ser desenvolvida para cada Wordnet específica pois, do contrário, resta ao pesquisador fazer uma tradução da língua em que se trabalha para o Inglês, para assim usar as APIs disponíveis para a Wordnet de Princeton (*e.g.* [Pakray et al. 2011]).

Por tratar-se de um mapeamento a outra língua, no entanto, é possível que essa abordagem acabe por perder alguma informação durante a tradução. Dessa forma, o ideal seria que cada Wordnet possuísse sua própria API de acesso. O trabalho aqui descrito busca preencher essa lacuna para o Português do Brasil, ao apresentar JWN-BR – uma API Java para a Wordnet.br. Construída nos moldes da API JAWS[4] para a Wordnet de Princeton, a JWN-Br possui as vantagens de (i) fornecer acesso direto à Wordnet.br, estruturando seus dados na forma de objetos Java; (ii) abstrair a codificação interna usada pela Wordnet.br, tornando seu uso mais fácil ao programador; e (iii) possibilitar o incremento local, por meio da API, da base de dados original da Wordnet.br. Distribuída sob a GPL, a JWN-Br está disponível para a comunidade no endereço http://www.each.usp.br/norton/resdial/.

O restante desse trabalho é organizado como segue. Na Seção 2 é feito um levantamento das APIs atualmente disponíveis para a Wordnet. A Seção 3, por sua vez, apresenta a descrição da JWN-Br, apontando suas particularidades, enquanto que a Seção 4 descreve os métodos para gerenciamento da API, permitindo sua modificação. Por fim, na Seção 5 são apresentadas as conclusões desse trabalho.

2. Trabalhos Relacionados

Ainda que não possua uma API oficial, a Wordnet de Princeton conta, atualmente, com uma lista de 38 APIs[5] para 22 linguagens diferentes, de R a Java. Outras Wordnets, por outro lado, são bem mais modestas, contando com um número bastante reduzido de APIs, como é o caso da GermaNet[6], com duas APIs (para Java e Perl), e a Wordnet para Hindi[7], com apenas uma API. As demais Wordnets parecem não fornecer API alguma a partir de seus sítios oficiais na *web*, como é o caso com Português Europeu, Holandês, Italiano, Japonês, Polonês, Vietnamita, Tailandês, Árabe, Assamês e Urdu, além, naturalmente, do Português do Brasil[8].

[4] http://lyle.smu.edu/~tspell/jaws

[5] https://wordnet.princeton.edu/wordnet/related-projects/#local

[6] http://www.sfs.uni-tuebingen.de/lsd/tools.shtml

[7] http://www.cfilt.iitb.ac.in/wordnet/webhwn/API_downloaderInfo.php

[8] Respectivamente, http://www.clul.ul.pt/clg/wordnetpt/index.html, http://www2.let.vu.nl/oz/cltl/cornetto/index.html, http://catalog.elra.info/product_info.php?products_id=1110, http://nlpwww.nict.go.jp/wn-ja/index.en.html, http://www.ltc.amu.edu.pl/polnet/, http://vi.asianwordnet.org, http://www.tcllab.org/~wn-th/#download, http://www.globalwordnet.org/AWN, http://www.tezu.ernet.in/~nlp/wordnet.php, http://www.cle.net.pk/urduwordnet/, e https://github.com/WordNet-Br.

Esses números, por sua vez, só vêm demonstrar a importância de se haver uma API dedicada exclusivamente à Wordnet.Br, facilitando assim a construção de sistemas que possam fazer uso desse poderoso recurso. Dessa forma, dentre as APIs presentes para a Wordnet de Princeton, e que foram escritas em Java, optamos por seguir o exemplo da Java API for WordNet Searching (JAWS) quando da construção da JWN-Br, devido à sua simplicidade de uso e configuração, além do fato desta ilustrar de forma mais clara a estrutura da Wordnet.

3. Descrição da API

A Wordnet.Br consiste de um arquivo contendo, em cada linha, as informações necessárias para a construção de um Synset. Estas, por sua vez, incluem a palavra principal do Synset (*headword*) e seu número de identificação, bem como sua função sintática [da Silva 2006]. Em seguida, há um conjunto de sentidos para a palavra que representa o Synset. Para cada sentido apresentado, há tanto uma lista de Synsets sinônimos quanto o Synset antônimo ao analisado.

A função básica da API é fornecer um objeto que implemente a interface Synset, responsável por fornecer métodos para acesso a cada um de seus elementos (a Figura 1 ilustra o diagrama de classes presentes na JWN-Br). Além disso, a API respeita a regra de que um mesmo termo pode estar em dois conjuntos de sinônimos distintos (ou seja, ter mais de um significado). Assim, quando se procura por um termo (com *getSynsets(String s)*, em *DataBase*), a API retorna uma lista dos Synsets que contêm este termo, ou null caso não encontre nenhum. Outras funções de *DataBase* são:

- *exists(String s)*: retorna *true* caso o termo s seja termo de algum Synset;
- *getSynsetByReference(int reference)*: retorna o Synset cujo identificador seja igual ao inteiro passado por parâmetro;
- *dataBaseSize()*: retorna o número de Synsets na Wordnet;
- *getSynsets()*: retorna uma lista com todos os Synsets da Wordnet.Br.

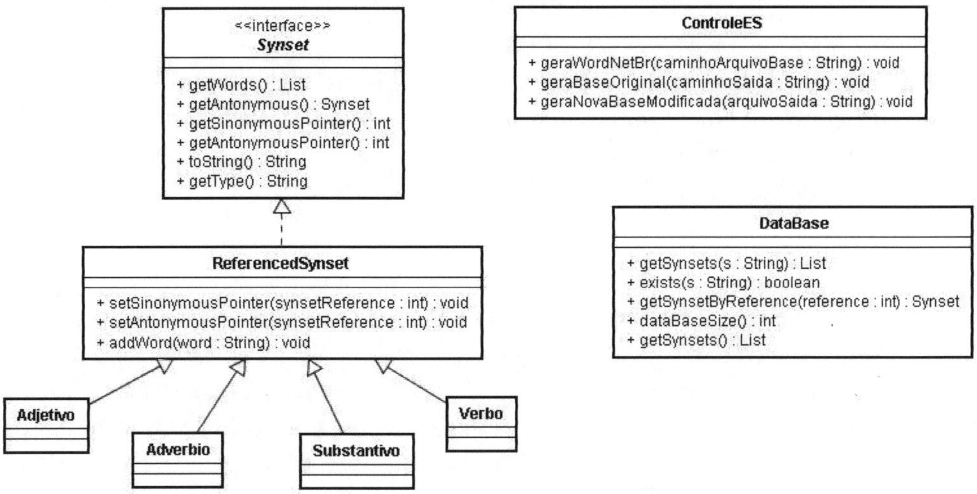

Figura 1. Diagrama de classes da JWN-Br.

O Synset antônimo de um determinado Synset, por sua vez, pode ser recuperado usando-se *getAntonimous()*, definido em *Synset*. Vale notar que, dentro da Wordnet, termos não possuem antônimos, somente Synsets. Isso porque um termo pode ter vários significados e, portanto, constar de vários Synsets. Assim, o antônimo de um termos dependeria muito de seu significado, capturado por seu Synset. Outras funções presentes em *Synset* são:

- *getWords()*, que retorna uma lista dos termos que constituem o Synset;
- *getSinonymousPointer()*, que retorna o identificador para o Synset em uso;
- *getAntonymousPointer()*, que retorna o identificador do Synset antônimo ao Synset em uso;
- *toString()*, correspondendo à representação String do Synset, segundo a estrutura "número_do_Synset tipo_do_Synset termo_1 termo_2 ... termo_n"; e
- *getType()*, que identifica o tipo sintático (String) do Synset[9].

4. Gerenciando a API

Além das funções para uso direto da API, descritas na Seção 3, há também um conjunto de funções destinadas ao seu gerenciamento. Conforme mencionado, devido ao fato da Wordnet.br tratar-se, de fato, de um arquivo texto, a primeira ação a ser tomada pelo programador é carregar o arquivo na memória, com o uso dos métodos *geraBaseOriginal(String caminhoSaida)* e *geraWordNetBr(String caminhoArquivoBase)*, de *ControleES*. Nesse caso, o primeiro lê o arquivo original da Wordnet, transformando-o em um arquivo intermediário, a ser lido pelo segundo método.

Nesse momento, é criado um objeto *DataBase* (presente na classe *ControleES*), dando ao programador acesso aos objetos *Synset* da base. A interface *Synset*, por sua vez, implementada por *ReferencedSynset*, apresenta métodos para modificação de um Synset específico. São estes: *setSinonymousPointer(int SynsetReference)*, que permite a atribuição de um identificador ao Synset (modificando o atual ou então atribuindo um novo, caso o Synset tenha sido criado pelo programador); *setAntonymousPointer(int SynsetReference)*, que permite a atribuição de um identificador ao Synset antônimo àquele sob consideração; e *addWord(String word)*, que permite a adição de um novo termo ao Synset.

Por fim, tendo modificado a base de dados original da Wordnet, o usuário pode usar o método *geraNovaBaseModificada(String arquivoSaida)*, de *ControleES*, para armazenar a nova base em um arquivo separado, caso deseje, podendo então trabalhar tanto com objetos da Wordnet original quanto da modificada por ele.

5. Conclusão

Nesse artigo apresentamos a JWN-Br – uma API java para a Wordnet.br. Única do gênero, até onde pudemos averiguar, a JWN-Br tem como principais características: (i) o oferecimento de acesso direto, para programas em Java, à Wordnet.br; (ii) a abstração de sua codificação interna; e (iii) a possibilidade de incremento, via API, da base de dados da Wordnet.br. Distribuída sob a GPL, a JWN-Br está disponível para a comunidade no endereço http://www.each.usp.br/norton/resdial/.

[9]Vale lembrar que todos os termos de um Synset são do mesmo tipo.

Referências

Bond, F., Isahara, H., Uchimoto, K., Kuribayashi, T., and Kanzaki, K. (2010). Japanese wordnet 1.0. In *Proceedings of the 16th Annual Meeting of The Association for Natural Language Processing*, page A5–3, Tokyo, Japan.

Capelle, M., Frasincar, F., Moerland, M., and Hogenboom, F. (2012). Semantics-based news recommendation. In *Proceedings of the 2nd International Conference on Web Intelligence, Mining and Semantics (WIMS '12)*, Craiova, Romania.

da Silva, B. C. D. (2006). Wordnet.br: An exercise of human language technology research. In *Proceedings of the Third International WordNet Conference (GWC 2006)*, pages 301–303, South Jeju Island, Korea.

Elkateb, S., Black, W., Rodríguez, H., Alkhalifa, M., abd Adam Pease, P. V., and Fellbaum, C. (2006). Building a wordnet for arabic. In *Proceedings of The fifth international conference on Language Resources and Evaluation (LREC 2006)*, pages 29–34, Genoa-Italy.

Hakimov, S., Tunc, H., Akimaliev, M., and Dogdu, E. (2013). Semantic question answering system over linked data using relational patterns. In *Proceedings of the Joint EDBT/ICDT 2013 Workshops*, pages 83–88, Genoa, Italy.

Hamp, B. and Feldweg, H. (1997). Germanet – a lexical-semantic net for german. In *Proceedings of ACL workshop Automatic Information Extraction and Building of Lexical Semantic Resources for NLP Applications*, Madrid, Spain.

Lakiotaki, K., Hliaoutakis, A., Koutsos, S., and Petrakis, E. G. (2013). Towards personalized medical document classification by leveraging umls semantic network. In *Proceedings of the Second International Conference on Health Information Science (HIS 2013)*, pages 93–104, London, UK.

Marrafa, P. (2002). The portuguese wordnet: General architecture and semantic internal relations. *DELTA*, 18:131–146. ISSN 0102-4450.

Miller, G. A. (1995). Wordnet: A lexical database for english. *Communications of the ACM*, 38(11):39–41.

Pakray, P., Neogi, S., Bandyopadhyay, S., and Gelbukh, A. (2011). A textual entailment system using web based machine translation system. In *Proceedings of the 9th NII Test Collection for Information Retrieval Workshop Meeting (NTCIR-9)*, Tokyo, Japan.

Scarton, C. E. and Aluísio, S. M. (2010). Análise da inteligibilidade de textos via ferramentas de processamento de língua natural: adaptando as métricas do coh-metrix para o português. *Linguamática*, 2(1):45–61.

Geração de features para resolução de correferência: Pessoa, Local e Organização

Evandro B. Fonseca[1], Renata Vieira[1], Aline A. Vanin[1]

[1]Faculdade de Informática – Pontifícia Universidade Católica do Rio Grande do Sul (PUCRS)
Porto Alegre – RS – Brazil

evandro.fonseca@acad.pucrs.br, renata.vieira@pucrs.br, aline.vanin@ymail.com

Abstract. *This work aims at resolving coreference in Portuguese, focusing on categories of named entities Person, Location and Organization. The proposed method uses supervised learning. To this end, the use of features that assist in the correct classification of named entities is critical. The construction and refinement of these features are of great relevance to his task. The performance of many other tasks depends on the correct output of coreference resolution systems, in special the extraction of relationships between named entities.*

Resumo. *Este trabalho tem por objetivo a resolução de correferência em língua portuguesa, tendo como foco entidades nomeadas das categorias Pessoa, Local e Organização. O método proposto utiliza aprendizado supervisionado. Para tal, o uso de features que auxiliem na correta classificação das entidades nomeadas é fundamental. A construção e o refinamento dessas features são de grande relevância para essa tarefa. O desempenho de muitas outras tarefas depende da correta saída de sistemas de resolução de correferência, em especial, a extração de relação entre entidades nomeadas.*

1. Introdução

Este trabalho tem como foco a identificação de entidades nomeadas e suas cadeias de correferência. O objetivo principal é a resolução de correferências em língua portuguesa para os domínios Pessoa, Local e Organização. A resolução de correferências é uma tarefa relevante e também um grande desafio para a área de linguística computacional. Tratando-se da língua portuguesa, esse desafio é ainda maior. Isto é, a quantidade de recursos para a língua portuguesa é limitada se comparada com a quantidade de recursos que temos disponíveis para outras línguas, como o inglês. Collovini et al. (2011) propõem a extração de relação entre entidades nomeadas presentes em textos da língua portuguesa. A extração desse tipo de relação possui um impacto considerável para a área de processamento da linguagem natural, dado o fato que esse tipo de técnica pode melhorar a performance de muitas tarefas. Nesse contexto, a tarefa de reconhecimento de entidades nomeadas tem como objetivo identificar, desambiguar e atribuir uma categoria semântica a essas entidades, como pessoa, organização, entre outras. É nesse ponto que está a contribuição deste trabalho. Tendo textos como entrada, pretende-se gerar cadeias de correferência para categorias específicas de entidades nomeadas e, com isso, pretende-se contribuir para a extração de relações entre entidades, por meio de inferência. Gabbard et al. (2011) mostram que a resolução de correferência pode prover ganhos significativos para a extração de relação entre entidades nomeadas. Identificando as várias formas de nos referenciarmos à mesma entidade em um determinado texto, é possível tornar mais eficiente o processo de extração de relação entre entidades. Por exemplo, considere a seguinte sentença: "José da Silva reside próximo à Cidade Baixa, em Porto Alegre. O aluno está no primeiro ano de seu mestrado na PUC-RS.". Identificando e criando uma relação de correferência entre as entidades 'José da Silva' e 'aluno', é possível inferir uma relação direta entre as entidades 'José da Silva' e 'PUC-RS' (José da Silva é aluno da PUC-RS). Ao dizermos que José da Silva é um aluno, pode-se classificá-lo como pessoa, assim como dizer que tem relação com PUC-RS.

2.Trabalhos relacionados

Existem muitos trabalhos na literatura voltados à resolução de correferência. Alguns são puramente baseados em regras, outros utilizam uma abordagem mais dinâmica, baseada em aprendizado de máquina. Na CoNLL 2011 (Conference on Computational Natural Language Learning), Lee et al. (2011) apresentaram seu sistema puramente baseado em regras para a resolução de correferências na língua inglesa, ficando em primeiro colocado. O sistema, "*Stanford's Multi-Pass Sieve Coreference Resolution System*", puramente determinístico, atingiu uma eficiência de 57.79%. Essa eficiência foi medida pela média entre três métricas de desempenho (MUC, B-CUBED e CEAFe), descritas em Pradhan et al. (2011). Em 2012, na CoNLL, Fernandes et al. (2012) apresentaram um sistema de aprendizado de máquina baseado em um algoritmo perceptron. O sistema baseou-se em duas técnicas principais: "*latent coreference trees*" e "*entropy guided feature induction*". Para o português, Silva (2011) propôs um sistema de resolução de correferência baseado em domínios específicos (Pessoa, Local e Organização), utilizando um algoritmo de aprendizado não supervisionado. Seu sistema é dividido basicamente em duas fases, sendo elas: identificação das menções (sintagmas nominais) e características e identificação das cadeias de correferência.

Ainda no âmbito da língua portuguesa, Coreixas (2010) propõe a resolução de correferências com foco nas categorias de entidades nomeadas. Em seu trabalho, para a geração de *features*, a autora faz uso de um analisador sintático proprietário. Esse é o diferencial proposto neste artigo. Um dos objetivos do modelo proposto é a utilização de apenas recursos livres, tendo como foco um produto final aberto a toda comunidade científica. Daí a grande importância para a implementação das *features* selecionadas. Dado o fato de, atualmente, o português possuir poucos recursos, limitar a utilização desses recursos às licenças *open source* pode ser considerado um desafio.

3. Aprendizado de Máquina Voltado à Resolução de Correferências

No contexto de aprendizado de máquina, temos os algoritmos de aprendizado supervisionado. Esses algoritmos aprendem com base em exemplos, previamente classificados. A ideia na utilização desse tipo de algoritmo para o foco deste trabalho é gerar esses exemplos e então codificá-los, de forma que esses algoritmos consigam aprendê-los. É onde entram as *features*. Cada *feature* é responsável por analisar um par de sintagmas nominais, visando identificar se esse par possui determinada propriedade, retornando 'true' ou 'false' para cada uma delas. Por fim, um arquivo é gerado, contendo toda informação proveniente do processamento dessas *features*. Por meio dessa saída, o algoritmo consegue analisar os padrões e aprender com isso, culminando em um modelo de classificação de pares correferentes. Esse modelo é base do sistema de resolução de correferências.

Neste trabalho são utilizados dois corpora: um deles na construção dos pares para treino e outro na avaliação do sistema. Para a construção dos pares, utilizou-se o corpus Summ-it (Collovini (2007)). O Summ-it é um corpus composto por cinquenta textos jornalísticos do caderno de Ciências da Folha de São Paulo. A parte de avaliação será realizada utilizando medidas como abrangência e precisão, sob o corpus do Harem (Freitas et al. (2010)), pelo fato de esse possuir marcação de diversas categorias de entidades e de correferência.

4. Seleção de Features

A seleção de *features* deu-se com base no estudo das features do atual estado da arte. Além disso, Soon et al. (2001) realizaram um experimento com o propósito de verificar o impacto de determinadas features na correta classificação de pares correferentes. Como resultado, os autores constataram que as features String_Match, Alias e Aposto/*Appositive* apresentam um retorno significativo na correta classificação dos pares. Por meio dessas premissas, podemos visualizar as features selecionadas na tabela1.

Tabela 1: Descrição das features

String_Match	Se um SN está contido no outro.
Alias	Se uma das palavras de SN1 é sigla de SN2.
Aposto	Se um SN é aposto do outro.
M_Gênero	Se os sintagmas concordam em gênero (masculino/feminino).
M_Número	Se os sintagmas concordam em número (singular/plural).
IJ_Pronome	Se pelo menos um dos sintagmas possui um pronome.
Cat_Semântica	Se as categorias de entidades (Pessoa, Local, Organização...) são iguais.

A construção dos pares de SNs foi realizada com base nas informações de correferência, contidas no corpus Summ-it. Uma característica levada em consideração na construção desses pares foi a de que todo par deve possuir pelo menos um nome próprio. Como o foco são categorias de entidades, todo SN que se refira a uma pessoa, local ou organização, obrigatoriamente deverá possuir um nome próprio. Tratando-se das *features*, alguns cuidados foram tomados na implementação, de forma a calibrar a precisão e abrangência de cada uma delas. No caso da *feature String_Match*, foram removidos todos os artigos de cada um dos SNs, verificando se SN1 está contido dentro de SN2, ou se SN2 está contido dentro de SN1. Por meio de testes realizados, essa foi a forma que melhor surtiu resultados, minimizando falsos positivos e aumentando sua abrangência e precisão. Para as *features* M_Gênero, M_Número e IJ_Pronome as informações podem ser extraídas do LX-Tagger (2012), um part-of-speech tagger gratuito para o Português.

Para a *feature Alias,* utilizou-se o cálculo de similaridade. Para cada palavra existente em um SN (excluindo stopwords), se a letra inicial for maiúscula, essa é selecionada. Como resultado, tem-se uma string com as iniciais do sintagma com e sem pontos ".", como no exemplo: SN1="Instituto Nacional de Pesquisas Espaciais, Inpe" e SN2="INPE". As siglas geradas pela *feature* serão "I.N.P.E.I." e "INPEI". Após esse passo, as siglas geradas são comparadas com cada palavra do SN2 pelo cálculo de similaridade. Notemos que 'INPEI' não é exatamente igual ao SN2 'INPE', porém o cálculo de similaridade dará um resultado muito próximo de "1", nos dizendo que as strings são bastante semelhantes. Com isso, conclui-se que SN2 é sigla de SN1.

Na *feature* Cat_Semântica foram utilizados dois recursos que possuem/geram informações referentes à categorias de entidades. O Repentino (REPositório para reconhecimento de ENtidades Nomeadas) Repentino (2013) e um Sistema de Reconhecimento de Entidades Nomeadas por meio de Conditional Random Fields para a Língua Portuguesa (NERP-CRF) (Amaral (2013)). Existem limitações em ambos os recursos utilizados, dentro do contexto de busca utilizado pela *feature* implementada. No caso do Repentino, o problema são as ambiguidades. Por exemplo, ao buscarmos pela entidade 'Amazônia', o Repentino pode conter tanto a categoria 'Organização' quanto 'Local' – respectivamente, Banco da Amazônia e Amazônia. Já o sistema NERP-CRF possui uma taxa de acerto de 83,99%. Isto é, não classifica todas as entidades corretamente. Pensando nessas duas limitações, a ideia foi buscar pelas entidades presentes nos SNs em ambos os recursos, alinhando seus resultados. Dessa forma, a saída torna-se mais confiável e precisa. Para os casos em que o Repentino retorna mais de uma categoria, verifica-se se uma delas combina com a saída do sistema NERP-CRF e, se for o caso, a categoria fornecida por NERP-CRF é atribuída à entidade. Caso não seja encontrada a categoria semântica da entidade no Repentino, são usadas heurísticas para a resolução da categoria, como listas, contendo sinônimos como: Instituto, Empresa, Organização. Essas listas serão construídas por meio de um dicionário. A *feature* 'Aposto' ainda não está implementada, porém sua arquitetura será baseada em regras heurísticas, como uso de vírgulas ou travessões entre dois SNs, como em "Porto Alegre, antiga Porto dos Casais".

5. Conclusão e Trabalhos Futuros

Neste trabalho, foram apresentadas as *features* propostas para gerar um sistema de resolução de correferências, com foco em categorias de entidades nomeadas. Apesar de haver muitos trabalhos relacionados, poucos focam em categorias específicas de entidades. O uso de categorias específicas de entidades nomeadas tem um impacto positivo na tarefa de resolução de correferência, já que cada categoria apresenta características distintas e bem definidas (Coreixas (2010)). Já o motivo pela escolha das categorias selecionadas deu-se objetivando auxiliar sistemas de extração de relação entre entidades nomeadas, como o de Collovini et al. (2011). Como trabalho futuro, visa-se a construção do modelo e posteriormente do sistema de resolução de correferências.

6. Referências

Collovini, S., Grando, F., Souza, M., Freitas L. And Vieira, R., **Semantic Relations Extraction in the Organization Domain**, IADIS International Conference Applied Computing, 2011

Gabbard, R., Freedman, M., Weischedel, R. M. "**Coreference for Learning to Extract Relations: Yes, Virginia,Coreference Matters**". In: Proceedings 49th Annual Meeting of the Association for Computational Linguistics: shortpapers, pages 288–293, Portland, Oregon, 2011

Lee, H., Peirsman, Y., Chang, A., Chambers, N., Surdeanu, M. and Jurafsky, D. **Stanford's Multi-Pass Sieve Coreference Resolution System at the CoNLL-2011 Shared Task**, Conference on computational natural language learning, 2011.

CoNLL2011, **Conference on computational natural language learning**, Disponivel em: http://conll.cemantix.org/2011/ Acessado em 05/08/2012.

Pradhan, S., Ramshaw, L., Marcus, M., Palmer, M., Weischedel, R. and N. Xue **Modeling Unrestricted Coreference in OntoNotes**, CoNLL Shared Task, 2011.

Fernandes, E., Santos, C. and Milidiú, R. **Latent Structure Perceptron with Feature Induction for Unrestricted Coreference Resolution**, Conference on computational natural language learning, 2012.

Silva, J., **Resolução de Correferência em Múltiplos Documentos Utilizando Aprendizado Não Supervisionado**, Dissertação de Mestrado, USP, 2011.

Coreixas, T., **Resolução de Correferência e Categorias de Entidades Nomeadas**, Dissertação de Mestrado, Pontifícia Universidade Católica Do Rio Grande Do Sul, 2010.

Soon, W. M., Ng, H. T., Lim, D. C. Y. **A Machine Learning Approach to Coreference Resolution of Noun Phrases**". In: Computational Linguistics, pages 521-544, 2001

Collovini, S., Carbonel, T., Fuchs, J., Coelho, J., Rino, L. e Vieira, R., **"Summ-it: Um corpus anotado com informações discursivas visando à sumarização automática"**. In: V Workshop em Tecnologia da Informação e da Linguagem Humana – TIL. Proceedings of XXVII Congresso da SBC, Rio de Janeiro, 2007.

Amaral, D., **Reconhecimento de entidades nomeadas por meio de conditional random fields para a língua portuguesa**, Dissertação de mestrado, Pontifícia Universidade Católica do Rio Grande do Sul,2013

Repentino, **REPositório para reconhecimento de ENtidades Nomeadas**, Disponivel em: http://labclup.letras.up.pt/repentino/faq.html, Acessado em 10/03/2013.

Freitas, C., Mota, C., Santos, D., Oliveira, H. and Carvalho P., **Second HAREM: Advancing the State of the Art of Named Entity Recognition in Portuguese**, Linguateca, FCCN, 2010.

LX-Tagger, **Language Resources and Technology for Portuguese University of Lisbon**, NLX-Natural Language and Speech Group Disponível em: http://lxcenter.di.fc.ul.pt/tools/en/LXTaggerEN.html, Acesso em: 05/12/2012

Modalidade no Português Brasileiro: as estruturas condicionais

Priscila Osório Côrtes[1], Heliana Mello[1, 2]

[1]Laboratório de Estudos Empíricos e Experimentais da Linguagem – Universidade Federal de Minas Gerais (UFMG)
Av. Antônio Carlos, 6627, Faculdade de Letras, sala 4017 – 31270-901 – Belo Horizonte – MG – Brasil

[2]Escola de Matemática Aplicada – Fundação Getúlio Vargas

{pritico,hmello}@ufmg.br

Abstract. *This paper is an outcome of a project dedicated to the study of modality in spontaneous spoken Brazilian Portuguese, stemming from the C-ORAL-BRASIL corpus (Raso; Mello 2012). Its focus is on conditional strategies as epistemic modal indexes. The study reveals different kinds of realization for conditional structures in speech in relation to their informational organization, in accordance with the hypothesis proposed by the Speech Act Theory (Cresti 2000; 2008).*

Resumo. *Este artigo resulta do projeto de estudo da modalidade no Português Brasileiro de fala espontânea a partir de dados do corpus C-ORAL-BRASIL (Raso; Mello 2012) e tem seu foco nas estratégias condicionais como índice de modalidade epistêmica. O estudo revela tipos diferentes de realização das estruturas na fala, relacionadas à sua organização informacional, segundo a hipótese proposta pela Teoria da Língua em Ato (Cresti 2000; 2008).*

1. Introdução

Este artigo insere-se no projeto de estudo da modalidade no corpus C-ORAL-BRASIL, que mapeou todas as estratégias de modalização do PB encontradas na amostra (Mello; Côrtes e.p.), assim como no projeto de estudo da sintaxe e da semântica da fala, em fase inicial. O presente estudo tem seu foco na estratégia das construções condicionais como índice modal e na sua organização na fala. Partimos da noção da modalidade como um domínio semântico que acomoda variadas nuances de sentido (conteúdos semânticos desiderativos, intentivos, hipotéticos, dubidativos, dentre outros), adicionadas a uma hipotética estrutura neutra (Mello; Côrtes e.p.) e defendemos que as condicionais são índices de modalidade epistêmica, aquela que diz respeito à avaliação que o falante faz de uma estrutura neutra em termos de possibilidade e necessidade, segundo seus conhecimentos.

As condicionais destacam-se neste estudo porque assumem uma estrutura textual, que difere das estratégias lexicais, e possuem uma distribuição prosódico-pragmática peculiar. Vários estudos já atentaram para as instâncias condicionais como veículos de modalidade, como Neves (1999), Vale (2005), Sweetser (1990), Bezerra & Meireles (2009), dentre outros. Condicionais são instâncias hipotéticas que instauram uma condição/possibilidade em que se ancora um julgamento ou consequência. Ao levantamento de uma condição, que é uma projeção para um mundo hipotético, associa-se um grau de certeza, sempre inerente à modalização epistêmica. Neste artigo, mostramos como as condicionais, enquanto veículos de modalidade, ocorrem no PB falado e investigamos a sua interação com a estrutura informacional prevista pela Teoria da Língua em Ato (Cresti 2000; 2008), descrita a seguir.

2. Metodologia

O corpus C-ORAL-BRASIL representa a diatopia mineira da fala espontânea do Português Brasileiro e é segmentado prosodicamente em enunciados e unidades tonais, segundo a Teoria da Língua em Ato (Cresti 2000; 2008), que defende a organização da fala em unidades informacionais[1], as quais compõem enunciados, unidades mínimas de interpretação pragmática que são a contraparte lingüística de uma ação (ilocução). O enunciado se limita por uma quebra prosódica terminal, percebida pelos falantes da língua como de perfil conclusivo.[2] As unidades informacionais que podem compor os enunciados têm valor não-terminal (não-conclusivo).

Para este estudo, analisamos manualmente um subcorpus balanceado, representativo do corpus, constituído de 20 textos do domínio informal (30 mil palavras). Reconhecemos como condicionais as estruturas que envolvem a instauração de uma condição ou estado aos quais pode se associar uma conclusão, consequência, julgamento ou ação, ligados principal – mas não somente - pela conjunção "se".

3. As estruturas condicionais em um corpus de fala espontânea

Estudos como os de Vale e de Neves mostram que tanto na escrita quanto na fala as condicionais se distanciam de sua dita forma mais canônica, a estrutura lógica "se p, (então) q" para se estruturarem de maneiras diversas. Segundo Neves (1999), as construções condicionais são denominadas tradicionalmente períodos hipotéticos, em que a proposição subordinada, que veicula causa ou condição, é chamada de prótase, e a principal, que veicula a consequência, a conclusão, realização da condição mencionada etc, é a apódose.

Quanto à modalidade, Cresti (2002) e Tucci (2008) defendem que o seu escopo na fala é a unidade informacional. Isso significa dizer que o valor modal veiculado por um índice de modalidade (como os elencados acima) incide apenas sobre o conteúdo locutivo da unidade informacional que o abriga. Em seu estudo sobre a modalidade no PB, Mello & Côrtes (e.p.) corroboram essa hipótese no que diz respeito aos outros índices modais simples, como verbos, adjetivos, advérbios etc. As estruturas condicionais desafiam essa hipótese, porque raramente se limitam a uma unidade informacional, como mostraremos mais adiante. A construção condicional pode ultrapassar os limites de um enunciado ou estar completamente acomodada nele, dividida, ou não, em mais de uma de suas unidades tonais.

Na amostra aqui analisada foram encontrados os seguintes tipos de condicionais com relação à estrutura e à distribuição informacional:

Tabela 1. Estrutura sintática e informacional das construções

	Estrutura Informacional	Frequência

1 As UI recebem etiquetas anotadas após as fronteiras prosódias (TOP=tópico; COM=comentário).

2 A fronteira de um enunciado é representada pelo símbolo "//" e a fronteira de uma unidade tonal, por "/".

Estrutura sintática	TOP / COM	CMM / CMM[3]	COM	Enunciados diferentes	Outros	total
pro/apo	49	9	7	8	3	76
apo/pro	2	2	2	2	2	10
pro	--	--	21	--	2	23
Frequência total						109

4. A relação entre as estruturas sintática e informacional das condicionais

Conforme mencionado anteriormente, nosso corpus de análise é segmentado prosodicamente em unidades tonais. Partimos do princípio de que a estrutura informacional do enunciado está intimamente atrelada à estrutura sintática das condicionais. Sendo assim, apresentamos a seguir as relações mais frequentes encontradas entre as duas estruturas: prótase-apódose em perfil TOP/COM e prótase realizada no COM.

4.1. Prótase /=TOP= apódose //=COM= (49 ocorrências)

(1) *BRU: [268] <e **se for uma palavra composta** /=TOP= **cê faz assim**> //=COM=$

O par prótase-apódose-TOP/COM é o mais frequente na amostra. Talvez haja preferência dessa estrutura justamente por causa da própria natureza do padrão TOP/COM, semelhante ao padrão prótase/apódose. O tópico é o campo de aplicação da força ilocucionária presente no comentário, isto é, funciona como uma base para o ato que será realizado em seguida, ao passo que a prótase representa uma condição para a realização ou conclusão da apódose. Portanto, o tópico é uma entidade pragmática que contém alguma informação sobre a qual há referimento posterior, delimitando assim um domínio específico.

4.2. Prótase //=COM= (21 ocorrências)

Observando as ocorrências de prótase na amostra, percebemos que elas podem ser categorizadas em três subgrupos de acordo com a realização ou não da apódose, e em caso positivo, com o seu tipo: (a) prótases cuja apódose não é realizada, mas é suspensiva, compreensível intersubjetivamente pelos falantes que participam da interação; (b) prótases que são perguntas parciais; (c) prótases cuja apódose foi realizada anteriormente à prótase, podendo estar diluída no contexto ou ter sido realizada por outro falante. Abaixo encontram-se exemplos dessas estruturas:

(2) *ANE: [38] eh /=PHA= **se cê nũ tiver um carrinho que** [/1]=SCA= **que sobe aqui** //=COM=$

A ocorrência (2) pertence ao grupo das prótases cuja apódose não é realizada, mas pode ser compreendida no contexto de enunciação (grupo a). A ocorrência desse tipo de prótase não gera dúvidas nos ouvintes sobre o conteúdo da apódose. Este é compartilhado por todos. O falante faz uma asserção sobre a dificuldade de dirigir nas ruas muito inclinadas.

---

3 A etiqueta CMM refere-se às unidades de comentários múltiplos, descritos mais adiante.

Outro contexto em que há ausência de apódose é quando a condicional é na verdade uma pergunta (grupo b), como em:

(3) *LUC: [311] <**se alguém se enrola** hhh> //=COM=$

Em outros casos, prótase e apódose são conjugadas em turnos de falantes diferentes (4), caso em que também não apresentam a sintaxe tradicional:

(4) *TER: [22] mas /=INP= gente velha /=TOP= **já prometeu o** [/1]=SCA= **os presente** /=TOP= <**já** /=SCA= **pode**> **garantir que ganhou** //=COM=$

*RUT: [23] <ah /=CMM= é> //=CMM=$ [24] **se nũ morrer antes** <**deles** //=COM=$

Em (4) a falante RUT estabelece uma condição, expressa pela prótase iniciada pela conjunção "se", para o que foi dito anteriormente pela falante TER. No entanto, no turno de TER, já há uma construção condicional, daquelas sem a conjunção. O que ela diz poderia ser parafraseado como: "se já prometeram os presentes, já é possível garantir que os ganhou". Essa ocorrência pertence ao grupo (c), em cujas ocorrências a prótase segue a apódose, que pode não ser canonicamente realizada.

5. Conclusões

As estruturas condicionais encontradas na amostra apontam para o fato de que a sua manifestação na fala não é canônica em relação ao que se afirma sobre as estruturas proposicionais. A estrutura "se p, (então) q" não reflete o uso das construções condicionais nas línguas naturais. Como observado, a realização canônica da apódose é facultativa; na sua ausência, elementos da situação se misturam à linguagem e constroem estruturas condicionais. Como aponta Greenberg (1963*),* a forma não-marcada das condicionais nas línguas naturais é a realização da prótase seguida pela apódose. Comrie (1986) defende que a prótase contém a parte essencialmente não-factual da construção. O nosso estudo confirma isso e apresenta a hipótese de que quando ocorre a ordem inversa, o foco da construção está no conteúdo veiculado pela apódose, isto é, a parte mais saliente informativamente é a ação presente na apódose.

Somada a essas, há a questão da realização informacional das condicionais. Neste estudo, encontramos as condicionais acomodadas em variadas estruturas informacionais: prótase e apódose na mesma unidade de comentário, no perfil tópico/comentário, em enunciados diferentes, em perfis de comentários múltiplos etc. Quando a prótase e a apódose são realizadas em enunciados diferentes, a estrutura se completa em atos de fala diferentes, cada um veiculando uma ilocução.

Quanto à epistemicidade das construções condicionais, a modalidade strictu-sensu está presente na apódose, que traz a avaliação do falante sobre um estado de coisas apresentado na prótase, a qual funciona como instanciador de um espaço hipotético sobre o qual a modalização irá incidir. As condicionais se definem como construções epistêmicas em que uma condição ou estado de coisas hipotético é apresentado (na prótase) e julgado (na apódose).

Observamos também que o escopo da modalidade ultrapassa a unidade informacional quando o índice modal é uma estrutura condicional. Esse aspecto merece uma investigação mais ampla, pois põe em xeque uma premissa da Teoria da Língua em Ato, a de que o escopo da sintaxe é a unidade informacional.

6. References

Bezerra, W.; Meireles, F. (2009) "Um estudo sobre construções condicionais no Português do Brasil". In: Miranda, N.; Salomão, M. (Ed.). Construções do Português do Brasil – Da gramática ao discurso. Belo Horizonte: Ed. UFMG, p.150-176.

Comrie, B. (1986) Conditionals: A Typology. In: Traugott, E. C. ; Meulen, A.; Reilly, J.S.; Ferguson, C. A. (eds.) On Conditionals. Cambridge, Cambridge University Press, p. 77-99.

Cresti, E. (2000a) Corpus di italiano parlato. Firenze: Accademia della Crusca, v. 1. 2 v.

Cresti, E. (2002) Illocuzione e modalità. In: Beccaria, P. – Marello, C. (eds.) La parola al testo. Scritti per Bice Mortara-Garavelli. Torino: Ed. dell'Orso, p. 133-145.

Greenberg, J. H. (1963) Some Universals of Grammar with Particular Reference to the Order of Meaningful Elements. In: Greenberg, Joseph H. (eds.) Universals of Language. Cambridge, Mit Press, p. 73-113.

Mello, H.; Côrtes, P. (em preparação) "Valências modais em enunciados complexos".

Neves, M. H. (1999) "As construções condicionais" In: Neves, M. H. (ed.) Gramática do Português falado – vol. VII. Campinas: Ed. Unicamp, p. 497-544.

Raso, T.; Mello, H. (Ed.) (2012) C-ORAL-BRASIL I. Belo Horizonte: Editora UFMG.

Sweetser, E. (1990) From etymology to Pragmatics: Metaphorical and cultural aspects of semantic structure. Cambridge: Cambridge University Press.

Tucci, I. (2008) "La modalizzazione nel parlato spontaneo. Relazione tra espressioni lessicali della modalità e unità d'informazione." In: M. Pettorino, A. Giannini, M. Vallone, R. Savy (Eds). La comunicazione parlata. Atti del Convegno Internazionale (Napoli 23-25 febbraio 2006). Napoli: Liguori, pp. 447-64.

Vale, Flávia. (2005) A expressão da condicionalidade no português escrito do Brasil: contínuo semântico-pragmático. Tese de doutorado (Doutorado em Letras Linguística e Língua Portuguesa). Universidade Estadual Paulista, Araraquara, 149p.

Um repositório de verbos para a anotação de papéis semânticos disponível na web

Magali Sanches Duran, Jhonata Pereira Martins, Sandra Maria Aluísio
Núcleo Interinstitucional de Linguística Computacional
ICMC – University of São Paulo - São Carlos – SP – Brazil
magali.duran@uol.com.br, jhonata.p.martins@gmail.com; sandra@icmc.usp.br

Abstract. *This paper describes the semi-automatic construction of a large repository of verbs in Portuguese, using as source of examples a corpus annotated with semantic role labels, created by the PropBank-Br project. To enable the task, additional annotation has been included in the PropBank-Br corpus: the identification, in Propbank's lexical resource for English, of a sense equivalent to the annotated sense in Portuguese; an identification of the verb sense in Portuguese; a gloss of the verb sense; predicate lemma and sense and example notes. The resulting lexical resource will be used in an annotation task to evaluate whether its sense granularity is adequate to reach good inter-annotator agreement measures.*

Resumo. *Este artigo descreve a construção semi-automatica de um grande repositório de verbos em português, usando como fonte de exemplos um corpus anotado com rótulos de papéis semânticos, criado pelo projeto PropBank-Br. Para viabilizar a tarefa, novos campos de anotação foram incluídos no corpus PropBank-Br: a identificação, no repositório do Propbank inglês, de um sentido equivalente ao sentido anotado em português; uma identificação do sentido do verbo em português; uma glosa para cada sentido do verbo; o lema do predicado e notas do sentido e do exemplo. O recurso lexical resultante será usado em uma tarefa de anotação para julgar se sua granularidade de sentidos é adequada para se atingir um bom índice de concordância entre anotadores.*

1. Introdução

A tarefa de anotação de papéis semânticos consiste em identificar/delimitar o predicador (normalmente um verbo) e seus argumentos e atribuir a cada argumento um rótulo de papel semântico (Palmer et al. 2010). Por exemplo, na oração "O homem reclamou ao patrão sobre as péssimas condições de trabalho", o predicador é "reclamou" e seus argumentos são: "o homem" (Agente), "ao patrão" (Receptor) e "sobre as péssimas condições de trabalho" (Tema ou Tópico).

Como existem várias propostas de conjuntos de rótulos de papéis semânticos e como nem sempre é simples decidir qual o rótulo mais adequado para anotar um argumento, grandes projetos de anotação de papéis semânticos (SRL: Semantic Role Labeling) desenvolveram repositórios lexicais onde estão definidos os papéis semânticos previstos pelos sentidos dos predicadores. Alguns desses repositórios definem papéis semânticos para as classes verbais, como é o caso da Verbnet (Kipper et al. 2006), outros para os frames semânticos, como é o caso da Framenet (Baker et al. 1998) e outros ainda para os sentidos de cada verbo, como o Propbank (Palmer et al. 2005). Quanto mais completo for o repositório lexical e quanto mais clara for a distinção que ele faz dos sentidos do predicador, mais simples a tarefa se tornará para os anotadores, aumentando a probabilidade de se atingir bons índices de concordância entre anotadores e de se obter boa precisão no aprendizado de máquina da tarefa (Duffield et al. 2007; Palmer et al. 2007; Hovy et al. 2006). No repositório do Propbank, por exemplo, o anotador pode consultar o arquivo do predicador (*frame file*), ver qual o sentido que coincide com o sentido que está sendo anotado e ver quais os papéis semânticos previstos para esse sentido (*roleset*).

A alternativa para a anotação de SRL, quando não se tem um repositório lexical para guiar a tarefa, é utilizar apenas um guia contendo regras e alguns exemplos de anotação. Essa alternativa foi adotada na anotação do PropBank-Br (Duran e Aluísio, 2010), anotado por um único linguista. Os classificadores que usaram esse corpus para treinamento (Alva-Manchego e Rosa, 2012; Fonseca e Rosa, 2013), no entanto, não atingiram o estado da arte, em parte porque o corpus é pequeno (possui 1068 verbos e 6142 instâncias anotadas, o que é menos de 10% do tamanho do Propbank do inglês), e em parte porque ele não contém distinção de sentidos dos verbos.

A fim de superar esses pontos fracos, é preciso empreender um projeto de anotação de SRL em larga escala. Uma das condições para isso é a existência de um repositório lexical para guiar um processo de anotação que envolva diversos anotadores. A construção semi-automática desse repositório, ainda em curso, é o tema deste artigo.

2. Metodologia

O modelo de banco de dados adotado foi o do repositório do projeto Propbank, composto por um arquivo xml para cada verbo, que possui um editor dedicado - Cornerstone (Choi et al. 2010). As telas do Cornerstone possuem campos para inserir verbos, sentidos de verbos, definição de cada sentido dos verbos, os papéis semânticos previstos pelos sentidos dos verbos e exemplos anotados de cada um desses sentidos.

Tínhamos algumas alternativas para construir o repositório:

1) Traduzir o recurso inglês. Descartamos essa alternativa pois ela excluiria todos os verbos e sentidos de verbos que não tivessem equivalentes em inglês. Além disso, a tradução dos exemplos seria trabalhosa;

2) Construir a partir do zero, usando informações de dicionários. Descartamos essa alternativa porque os dicionários trazem muitos sentidos que não se verificam em corpus e fazem uma divisão de sentidos muito detalhada, o que não era nosso interesse;

3) Construir a partir do zero utilizando evidências de corpus. Essa alternativa foi adotada por ser relativamente mais rápida e mais automatizável, já que poderíamos aproveitar as sentenças do Propbank-Br para suprir a necessidade de exemplos anotados com papéis semânticos.

A criação manual dos arquivos do repositório no Cornerstone envolvia, de um lado, tarefas muito rudimentares, como copiar e colar os exemplos anotados nos campos reservados e, de outro lado, tarefas muito complexas, como definir e criar identificações para cada sentido dos verbos. Visando acelerar o processo, decidimos separar as tarefas automatizáveis das que exigiam trabalho linguístico. Percebemos que, se o corpus contivesse todas as informações necessárias, os arquivos do repositório poderiam ser construídos automaticamente. Por isso, complementamos a anotação do corpus com as informações exigidas pelos arquivos do repositório. Para isso, criamos seis campos de anotação ou *wordtags*, um recurso da ferramenta de anotação de corpus adotada (SALTO – Burchardt et al. 2006): (1) *PB-roleset*: sentido no repositório do Propbank inglês, equivalente ao sentido anotado em português, que permitirá herdarmos as definições dos papéis semânticos e seus mapeamentos para os papéis semânticos e classes da Verbnet; (2) Nota: campo utilizado sempre que for necessário fazer alguma observação sobre o sentido do verbo para os anotadores; (3) Nota do exemplo: esse campo é utilizado para chamar a atenção dos anotadores para algum aspecto do exemplo; (4) *Predicate lemma*: campo obrigatório na primeira ocorrência de um sentido; é onde se coloca o nome do predicado, incluindo predicados complexos (idiomáticos ou não), como por exemplo "abrir_mão"; (5) Sentido: identificação do sentido do verbo; (6) t-glosa: campo obrigatório na primeira ocorrência de um sentido; é onde se coloca uma definição clara do sentido do verbo que permita ao anotador distinguir um sentido de outro. A Figura 1 apresenta uma instância do corpus com quatro dessas *wordtags* preenchidas.

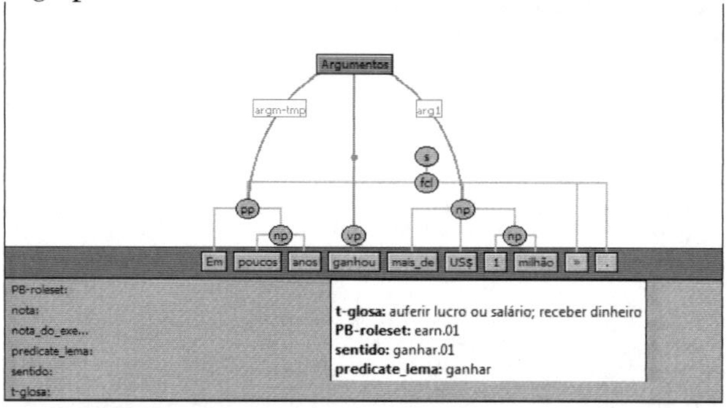

Figura 1 - Instância do Propbank-Br e novos campos preenchidos

Das seis *wordtags*, as duas mais desafiadoras são "PB-roleset" e "Sentido". "PB-roleset" só deve ser deixada em branco quando não for identificado nenhum sentido no repositório inglês que corresponda ao sentido em português, como é o caso, por exemplo, do sentido caber.01 (*caber a* alguém fazer alguma coisa), que em inglês é expresso por uma expressão "*to be up to* someone to do something". Decidir qual o sentido equivalente mais adequado em inglês implica consultar o repositório do inglês e identificar um sentido que apresente estrutura argumental mais similar à estrutura argumental do sentido em português. Se este campo estiver em branco, o arquivo terá que ser complementado manualmente, no editor Cornerstone, com todas as informações que não puderem ser herdadas automaticamente.

A *wordtag* "Sentido", por sua vez, é a única que deve ser preenchida obrigatoriamente em todas as instâncias anotadas do corpus. É constituída pelo nome do verbo seguido de um número sequencial de dois dígitos (ganhar.01, por exemplo). Todas as instâncias com o mesmo sentido devem ter o mesmo número de identificação, porém os sentidos de um verbo nem sempre são facilmente delimitáveis e muitas vezes o contexto da sentença não é suficiente para inferi-los, o que torna a tarefa complexa.

A decisão quanto à granularidade de sentidos (mais genéricos ou mais específicos) impacta tanto a anotação (se os anotadores não forem capazes de distingui-los, a concordância entre anotadores diminui) quanto o futuro aprendizado de máquina que usa o corpus anotado (se não houver nenhuma "pista" explícita da diferença de sentido, a precisão do classificador automático ficará prejudicada). Por exemplo, o verbo "esperar" pode ter o sentido de "aguardar" e o de "ter esperança ou expectativa".

O primeiro prevê um NP como argumento (Arg1) após o verbo e o segundo prevê uma oração subordinada (introduzida por "que" ou reduzida de infinitivo).

Nas 4554 instâncias anotadas até o momento, foram contemplados 794 verbos e identificados 1092 sentidos, o que dá uma média de 1,37 sentido por verbo. Desses verbos, 81,2% apresentam um único sentido, 12,1% dois sentidos, 2,9 três sentidos, 1,8% quatro sentidos e 2% cinco ou mais sentidos. Tal distribuição assemelha-se à relatada para os verbos do inglês no Propbank. O próximo passo é fazer um programa que mapeie alguns campos dos arquivos do repositório inglês para os respectivos campos dos arquivos do repositório português, usando como chave o identificador de sentido informado no campo "PB-roleset" do corpus. Os campos a serem aproveitados do repositório inglês são: vnclass (classe da Verbnet), vnrole (papel semântico correspondente na Verbnet), definições dos papéis semânticos para futura tradução (*earner, wages, benefective* e *source* na Figura 2a).

Predicate: earn

Roleset id: earn.01 , *wages*, **vncls:** 13.5.1-1, **framnet:**

Roles:

Arg0: *earner* (vnrole: 13.5.1-1-Agent)
Arg1: *wages* (vnrole: 13.5.1-1-Theme)
Arg2: *benefactive* (vnrole: 13.5.1-1-Beneficiary)
Arg3: *source* (vnrole: 13.5.1-1-Source)

Example: benefactive

...a relationship with the government that *trace* has earned the Mitsubishi group the dubious moniker of "seisho".

Arg0: *trace*
ArgM-RCL: that=a relationship
Rel: earned
Arg2: the Mitsubishi group
Arg1: the dubious moniker of "seisho"

Example: with source

[Xerox Corp.'s third-quarter net income]-1 grew 6.2% on 7.3% higher revenue, *trace*-1 earning mixed reviews from Wall Street analysts.

Arg0: *trace*
Rel: earning
Arg1: mixed reviews
Arg3: from Wall Street analysts

Predicate: *ganhar*

Roleset id: ganhar.01, **auferir lucro ou salário; receber dinheiro,**
vncls: 13.5.1-1, **Propbank:** earn.01

Ganhar.01: Arg2 não foi identificado em nosso corpus de português

Roles:

Arg0: *ganhador* (vnrole: 13.5.1-1-Agent)
Arg1: *salário* (vnrole: 13.5.1-1-Theme)
Arg2: *beneficiário* (vnrole: 13.5.1-1-Beneficiary)
Arg3: *fonte* (vnrole: 13.5.1-1-Source)

Example:

Onze milhões de aposentados ganham mínimo.

Arg0: Onze milhões de aposentados
Rel: ganham
Arg1: mínimo

Example:

As crianças que ganham mesada dos pais aprendem a poupar desde cedo.

Arg0: As crianças (que)
Rel: ganham
Arg1: mesada
Arg3: dos pais

Figura 2 – (a) Roleset do repositório do Propbank. (b) Repositório do Português

3. Trabalhos futuros e conclusão

Quando o repositório estiver pronto (Figura 2b), deverá ser validado em uma tarefa de anotação, a fim de julgarmos se a divisão de sentidos é apropriada para a tarefa de anotação de papéis semânticos. Os sentidos que não obtiverem um bom índice de concordância entre anotadores deverão ser reavaliados linguisticamente e provavelmente mesclados a outros sentidos. Além disso, futuramente as informações de classes da Verbnet poderão ser utilizadas a fim de promover a inclusão dos verbos da Verbnet.Br (Scarton e Aluísio, 2012) que ainda não estejam no repositório, da mesma forma que foi feito para estender o Propbank inglês com os verbos da VerbNet. Nossa estratégia de complementar a anotação do corpus Propbank-Br com sentidos de verbos e outras informações sobre o predicador anotado gerará um corpus mais rico para o aprendizado automático. Esse corpus será disponibilizado na Web, no endereço http://www.nilc.icmc.usp.br/portlex, assim como os arquivos do repositório.

Agradecimentos

Agradecemos à FAPESP e ao CNPq pelo apoio aos pesquisadores.

Referências bibliográficas

Alva Manchego, F. E.; Rosa, J. L. G. (2012). Semantic Role Labeling for Brazilian Portuguese: A Benchmark. In IBERAMIA 2012, *Lecture Notes in Artificial Intelligence*, v. 7637 p. 481–490. Springer.

Baker, C.F.; Fillmore, C. J.; Lowe. J. B. (1998).The Berkeley FrameNet Project. In: *Proceedings of Computational Linguistics 1998 Conference.*

Burchardt, A.; Erk, K.; Frank, A.; Kowalski, A.; Pado, S. (2006) SALTO - A Versatile Multi-Level Annotation Tool. In: *Proceedings of LREC 2006.*

Choi, J. D.; Bonial, C.; Palmer, M. (2010) Propbank Frameset Annotation Guidelines Using a Dedicated Editor, Cornerstone. In: *Proceedings of LREC-2010.*

Duffield, C. J.; Hwang, J. D.; Brown, S. W.; Dligach, D.; Vieweg, S. E.; Davis, J.; Palmer, M. (2007). Criteria for the Manual Grouping of Verb Senses. In: *Proceedings of the Linguistic Annotation Workshop*, p. 49–52, Prague, June 2007. Association for Computational Linguistics.

Fonseca, E. R.; Rosa, J. L. G. (2013) A Two-Step Convolutional Neural Network Approach for Semantic Role Labeling. In: *Proceedings of IJCNN 2013 International Joint Conference on Neural Networks* (no prelo).

Gildea, D.; Jurafsky, D. (2001) Identifying Semantic Roles in Text. In: *Seventeenth International Joint Conference on Artificial Intelligence* (IJCAI-01), Seattle, Washington.

Hovy, E.; Marcus, M.; Palmer, M.; Ramshaw, L.; Weischedel, R. (2006). OntoNotes: The 90% Solution. In: *Proceedings of the Human Language Technology Conference of the NAACL*, Companion Volume: Short Papers, p. 57-60.

Kipper,K.; Korhonen, Anna; Ryant, N.; Palmer, M. (2006). Extensive Classifications of English verbs. *Proceedings of the 12th EURALEX International Congress*. Turin, Italy.

Palmer, M.; Dang, H.; Fellbaum, C. (2007). Making Fine-grained and Coarse-grained sense distinctions, both manually and automatically. *Journal of Natural Language Engineering*,13:2, 137-163.

Palmer, M.; Gildea, D.; Kingsbury, P. (2005). The Proposition Bank: An Annotated Corpus of Semantic Roles. *Computational Linguistics*, 31:1., pp. 71-105, March, 2005.

Palmer, M.; Gildea, D.; Xue, N. (2010). *Semantic Role Labeling*. Synthesis Lectures on Human Language Technology Series, ed. Graeme Hirst, Mogan & Claypoole.

Scarton, C. And Aluisio, S. (2012).Towards a cross-linguistic VerbNet-style lexicon to Brazilian Portuguese. In: *LREC 2012 Workshop on Creating Cross-language Resources for Disconnected Languages and Styles*, 2012, Istambul, Turkey.

Entity-centric Sentiment Analysis on Twitter data for the Potuguese Language

Marlo Souza[1], **Renata Vieira**[2]

[1]Instituto de Informática – Universidade Federal do Rio Grande do Sul - UFRGS
Porto Alegre – RS – Brazil

[2]Faculdade de Informática – Pontifífica Universidade Católica do Rio Grande do Sul
Porto Alegre – RS – Brazil

marlo.souza@inf.ufrgs.br, renata.vieira@pucrs.br

Abstract. *Twitter is a popular microblogging platform which is commonly used to express opinions about entities of the world. The solutions provided to perform Sentiment Analysis in such a media, however, relies on classifying an entire sentence regarding the opinion it express, rather than the content and reference of the opinion expressed in the text. We propose and evaluate a Entity-centric Sentiment Analysis method over Twitter data for the Portuguese language.*

1. Introduction

Twitter is a popular microblogging platform released in 2006 and in wide-spread use. Sentiment analysis in Twitter data has been used in many commercial tools for Social Media Monitoring and Competitive Intelligence. In our opinion, the depth of analysis performed is, however, inadequate for the task, since most tools focuses on a sentence level.

We propose and evaluate a modular entity-centric Sentiment Analysis (ESA) method over Twitter data for the Portuguese language. The current paper is structured as follows: we present the most influential work on entity-based sentiment analysis and opinion mining on Twitter microtexts in Section 2. On Section 3, we present our proposal, which combines multiple techniques already developed in the literature to perform entity-centric sentiment analysis. We, then, evaluate our methods (Section 4).

2. Related Work

While multiple solutions have been proposed for identification of opinionated expressions in text, work on entity-centric sentiment analysis, i.e. to associate opinions with its referent, fall over three major approaches: those which use the context of an entity - as a fixed window of words around the entity or its syntactic context - to identify an opinion about the entity [Grefenstette et al. 2004, Hu and Liu 2004]; those which use pre-defined rules and linguistics resources - such as FrameNet - to identify the opinion reference as [Ding et al. 2008, Kim and Hovy 2006, Wu et al. 2009]; and those which relies on machine learning techniques as [Popescu and Etzioni 2005, Kobayashi et al. 2007, Ding and Liu 2010].

More related to our work, however, are the work of Jansen et al. [Jansen et al. 2009] and Silva et al. [Silva and TEAM 2011]. Jansen et al. use out-of-the-box commercial tool - no longer available - to perform Entity-centric subsentential sentiment analysis on Twitter. They apply their strategy on brand names for word-of-mouth detection.

Silva et al. [Silva and TEAM 2011] describe the construction of the Twittómetro - a tool for subsentential sentiment analysis on Twitter for the political domain. They explore a dictionary-based approach combined with lexico-syntactic rules to identify and compose opinions and to attribute reference to them.

We believe that, while these work address a problem similar to ours, their strategies are not adequate for our case since they do not perform the analysis on a sufficiently grained fashion, as in [Jansen et al. 2009], or they rely too strongly on the structure of the domain, as in [Silva and TEAM 2011].

3. Entity-centric sentiment analysis on Twitter data

Given the difficulty of working with Twitter data - an extremely noisy channel - and the inexistence of Twitter specific linguistic processors for the Portuguese language, we opted to use only shallow linguistic information, such as lexical and morphological information. We perform the necessary steps to perform entity-centric sentiment analysis, such as entity identification and opinion expression identification separately and integrate the partial results with a opinion reference resolver.

3.1. Subsentential sentiment analysis

In the opinion identification and polarity classification, we rely on a dictionary-based approach, similar to [Souza and Vieira 2012]. The method may be summarized by searching the opinion expression of the lexicon in the tweet. Since many words on the lexicon are in the canonical form, we apply a Stemmer and search for the words in the tweet if there is a polarized word with the same stem in the lexicon. The polarity is determined by the lexicon and the presence of a negation particle in the vicinity of the opinion expression. As opinion lexicon, we employ the OpLexicon [Souza et al. 2011] which already contains polarized emoticon and hastags - Twitter user-generated metadata.

3.2. Named entity recognition

Following the work of Liu et al. [Liu et al. 2011] for NER on Twitter data and the Ratinov and Roth [Ratinov and Roth 2009], we developed a NER system based on a Conditional Random Fields tagger. As features for the NER system, we provide Ratinov and Roth's [Ratinov and Roth 2009] lexical and morphological features and external information features - based on Repentino name gazetteer [Sarmento et al. 2006].

3.3. Opinion reference resolution

To identify which opinion-bearing expressions reference which named entity, we apply a opinion reference resolution method. In this phase, those opinion expressions that do not refer to a mentioned entity will be discarded. The results of this phase is then the annotated text. We implement a linear Support Vector Machine (SVM) classifier with the features:

- Positional features: location of the opinon expression (OE) and entity in the sentence, distance between the OE and the entity, centrality of the OE and entity in the sentence;
- Number of identified entities in the sentence;
- Length of the sentence;

- Number concordance of expression and entity.

Once established the methods employed, we will now discuss the implementation of the prototype and its usage to validate our method for entity-centric sentiment analysis in Twitter data.

4. Evaluation

We implemented a prototype of the previously discussed methods in the Python programming language using the NLTK[1] language toolkit for linguistic processing and the Mallet[2] and SciKit toolkits for the Machine Learning techniques. Since we perform the extraction of referenced opinion in three different processes, namely opinion mining, named-entity extraction and opinion reference resolution, the evaluation will be performed individually for each task. We perform an intrinsic evaluation of each method using a common manually annotated resource created for this purpose [Souza 2012].

4.1. Subsentential sentiment analysis

Since in the corpus only those opinionated expressions which referred to a entity explicitly mentioned in the tweet were annotated, we chose to evaluate the each annotated opinionated expression in the corpus would be classified by the sentiment analysis method previously discussed. Note that we do understand that applying our method directly to the text would generate more - non-evaluated - expressions, but they should be discarded in the opinion reference identification step.

The results of the evaluation over the 130 opinions annotated in the corpus may be seen in the Table 1.

Table 1. Sentiment Analysis method evaluation

	Method			Metrics		
Anotation	Pos	Neutral or Non-opinion	Neg	Prec	Rec	F-measure
Pos	27	26	2	0.73	0.49	0.59
Neg	10	30	31	0.94	0.44	0.60

4.2. Named entity recognition

To evaluate the results of our method for NER in Twitter for Portuguese language, we implemented the method in Python using the NLTK and the Mallet toolkit as an implementation of the CRF tagger.

The cases in which a polylexical name has been identified as multiple entities have been counted as one partial correctly identified entity and the first entity of the set has been used to compute the error factor of [Santos et al. 2006]. Table 2 presents the results of the evaluation, along with the HAREM evaluation score - which are use to compute the Precision, Recall and F-measure, according to the definitions for the HAREM evaluation [Santos et al. 2006].

[1] http://nltk.org/
[2] http://mallet.cs.umass.edu

Table 2. NER evaluation

	Correct	Partial	Faulty	Spurious	Prec	Rec	F-measure
Number of occ	975	418	472	101	-	-	-
HAREM score	975.00	218.26	472.00	101.00	0.92	0.64	0.75

4.3. Opinion reference resolution

To evaluate the reference resolution method, as implemented in Python using the SciKits implementation of linear SVM, we performed a 10-fold cross validation on the evaluation corpus. To exclude influence of the errors of the previous phases, we used the entities and opinions as annotated by the human judges. The accumulated confusion matrix may be seen in Table 3.

Table 3. Accumulated confusion matrix of the opinion reference resolution method over 10-fold cross validation

	Method		Metrics		
Anotation	Refer	Don't Refer	Prec	Rec	F-Measure
Refer	94	39	0,69	0,71	0,70
Don't Refer	43	85	0,69	0,66	0,67

5. Discussion

Regarding the Sentiment Analysis method, we observed that many errors resulted from the low coverage of the OpLexicon. The use of morphosyntactical rules may help to extrapolate the data of the lexicon and identify patterns of opinions on text. The entity identification method achieved good results, specially for single word entities. Many errors occurred because of the system bias to classify multi-word entities as multiple simple entities. For reference identification, the main problem is that the system gives much importance to the distance between the entity and the opinion expression. Overall, however, the results achieved for such a hard task with such a simple method are very satisfying.

In the future, we plan to explore more reliable methods for opinion identification, such as a model for opinion composition or linguistic-inspired opinion expression patterns. Also, an hybridization of the opinion reference method with reference identification rules and patterns may be useful to improve the performance of the system.

References

Ding, X. and Liu, B. (2010). Resolving object and attribute coreference in opinion mining. In *23rd International Conference on Computational Linguistics*, COLING '10, pages 268–276, Stroudsburg, EUA. Association for Computational Linguistics.

Ding, X., Liu, B., and Yu, P. S. (2008). A holistic lexicon-based approach to opinion mining. In *1st International Conference on Web search and web data mining*, pages 231–240, New York, EUA. ACM.

Grefenstette, G., Qu, Y., Shanahan, J. G., and Evans, D. A. (2004). Coupling niche browsers and affect analysis for an opinion mining application. In Fluhr, C., Grefenstette, G., and Croft, W. B., editors, *7th International Conference on Computer-Assisted Information Retrieval*, pages 186–194. CID.

Hu, M. and Liu, B. (2004). Mining and summarizing customer reviews. In *10th International Conference on Knowledge Discovery and Data mining*, pages 168–177, New York, EUA. ACM.

Jansen, B. J., Zhang, M., Sobel, K., and Chowdury, A. (2009). Twitter power: Tweets as electronic word of mouth. *Journal of the American Society for Information Science and Technology*, 60(11):2169–2188.

Kim, S.-M. and Hovy, E. (2006). Extracting opinions, opinion holders, and topics expressed in online news media text. In *Workshop on Sentiment and Subjectivity in Text*, pages 1–8, Morristown, NJ, USA. Association for Computational Linguistics.

Kobayashi, N., Inui, K., and Matsumoto, Y. (2007). Extracting aspect-evaluation and aspect-of relations in opinion mining. In *12th Conference on Empirical Methods in Natural Language Processing*.

Liu, X., Zhang, S., Wei, F., and Zhou, M. (2011). Recognizing named entities in tweets. In *ACL*, pages 359–367. The Association for Computer Linguistics.

Popescu, A.-M. and Etzioni, O. (2005). Extracting product features and opinions from reviews. In *10th Conference on Empirical Methods in Natural Language Processing*, pages 339–346, Morristown, EUA. Association for Computational Linguistics.

Ratinov, L. and Roth, D. (2009). Design challenges and misconceptions in named entity recognition. In *13th Conference on Computational Natural Language Learning*, pages 147–155, Morristown, EUA. Association for Computational Linguistics.

Santos, D., Cardoso, N., and Seco, N. (2006). Avaliação no harem: Métodos e medidas. Technical report, Departamento de Informática, Faculdade de Ciências da Universidade de Lisboa.

Sarmento, L., Pinto, A. S., and Cabral, L. (2006). REPENTINO–a wide-scope gazetteer for entity recognition in portuguese. In *Computational Processing of the Portuguese Language*, pages 31–40. Springer.

Silva, M. J. and TEAM, R. (2011). Notas sobre a realização e qualidade do twitómetro. Technical report.

Souza, M. (2012). Mineração de opiniões aplicada a mídias sociais. Master's thesis, Pontifícia Universidade Católica do Rio Grande do Sul.

Souza, M. and Vieira, R. (2012). Sentiment analysis on twitter data for portuguese language. *Computational Processing of the Portuguese Language*, pages 241–247.

Souza, M., Vieira, R., Busetti, D., Chishman, R., and Alves, I. M. (2011). Construction of a portuguese opinion lexicon from multiple resources. In *8th Brazilian Symposium in Information and Human Language Technology*, Cuiabá, Brazil.

Wu, Y., Zhang, Q., Huang, X., and Wu, L. (2009). Phrase dependency parsing for opinion mining. In *14th Conference on Empirical Methods in Natural Language Processing*, pages 1533–1541, Singapore. Association for Computational Linguistics.

Approaches for Helping Brazilian Students Improve their Scientific Writings

Ethel Schuster[1], Rick Lizotte[1], Sandra M. Aluísio[2], Carmen Dayrell[3]

[1]Northern Essex Community College – 100 Elliott Street – Haverhill, MA 01830, USA

2NILC/ICMC, USP – CP 668 13560-970 – São Carlos – SP – Brazil

[3]UNINOVE – Av. Dr. Adolpho Pinto, 109 – 01156-050 - São Paulo – SP – Brazil

{eschuster,rlizotte}@necc.mass.edu, sandra@icmc.usp.br, dayrellc@gmail.com

Abstract. *Writing well in English is a challenge for non-native English speakers. When readers are unable to comprehend what they read they just give up reading and fail to get to the content. In this paper we describe problems encountered in the English writing of scientific abstracts by Brazilian Portuguese speakers. We collected and analyzed a corpus of 115 abstracts in which we identified specific language-related errors that affect comprehension. We show that students who must write scientific papers may benefit significantly with practice exercises, and computer-based tools. The use of such tools can enhance the students' level of confidence and thus enable them to improve their writing.*

1. Introduction

Academic researchers anywhere in the world must publish in English. However, their ability to produce well-written documents that get published is hindered by their linguistic capabilities. Researchers at Núcleo Interinstitucional de Linguística Computacional (NILC) have studied scientific writing over the last 20 years [Fontana et al. 1993; Aluísio and Oliveira 1995; Aluísio et al. 2001; 2005; Schuster et al. 2005; Dayrell et al. 2012]. They have developed techniques and software tools to assist novice researchers with their writing. Still, many students fail to publish their research findings because the grammatical and lexical errors in their writing interfere with their ability to convey their message clearly. Writing well is a pervasive problem among non-native speakers of English and several researchers [Han et al. 2006; Genoves et al. 2007; Lee 2009; Umezawa et al. 2013] have focused on this problem. This paper describes specific problem areas that can help students improve their writing. Section 2 describes our corpus-based approach. Section 3 discusses what we have learned from this analysis; we can turn these into teaching strategies to help writers.

2. Methods and materials: A Corpus-based Approach

We collected 115 abstracts from students enrolled in five graduate scientific writing courses at several universities in Brazil, beginning in 2004[1]. Students came from various disciplines, including pharmacy, chemistry, biology/genetics, physics, and computer

[1] This corpus is available if asked for. Names of students were not included in order to preserve anonymity.

science. As part of the course's requirements, the students had to write a research paper. The abstracts were collected from these final papers.

2.1 Tagging Errors

A native English speaker who is a linguist and teaches English as a Second Language tagged 23 error categories in each abstract. The errors were organized into three groups: (1) mechanical, e.g., the use of punctuation (tagged as P), capitalization (CAP), and spelling (SP); (2) lexical; and (3) syntactic. Lexical use included word use errors (WU), the incorrect use of a word to express an intended meaning, such as "Mutants were **availed**" instead of "Mutants were **used**"; word use collocation errors (WUCol), the incorrect use of lexical items in idioms and common collocations, such as *depend **of*** instead of *depend **on***; and word form errors (WF), the incorrect use of common word forms, such as *this/these, that/those*. Categories for syntactic accuracy included those dealing with article use (ART-, ART+, ART), word order (WO_NP, WO_ADJ, WO_S, WO), Subject-Verb-Object structure of the clause (S+VO, S-VO, SV-O), part-of-speech (POS), verb use (VU, VF, SVA), and the use of singular/plural in nouns and adjectives (S/PL, S/PL_ADJ). At times, abstract writers incorrectly used a Portuguese word or the Portuguese spelling of a technical term (PORT). These 23 categories comprehensively covered all the errors we found. Six error categories (WU, ART-, P, SP, WUCol, ART+) accounted for 66% of all errors. The distribution (Rank, Error, Count, Percent) was: 1, WU, 497, 25.8%; 2, ART-, 258, 13.4%; 3, P, 165, 8.6%; 4, SP, 147, 7.6%; 5, WUCol, 109, 5.7%; 6, ART+, 95, 4.9%. Total: 1271 errors, 66.0%.

3. Discussion: What can the results teach us?

Here, we focus on errors related to lexical use (WU and WUCol) and those involving the incorrect use of articles (ART- and ART+). We discuss our results and suggest ways to correct writers' errors.

3.1 Word-Use errors (WU)

These errors result when an incorrect word is used. For example, let us compare the use of **"amount"** and **"number"** when describing a sequence of multiple steps called "alignments." Since the number of steps is countable, the correct phrase would be "The **number** of alignments." However, very often we encounter the incorrect use of "*The **amount** of alignments."[2] On the other hand, the correct form, "the **amount** of information" (which cannot be counted) is often confused by non-native English speakers with the twice incorrect countable form, "*the **number** of **informations**." Another common error is "*many researches," which is a direct (but incorrect) translation from the Portuguese equivalent of "many papers." Research cannot be counted, but papers can be.

3.2 Word Use-collocation errors (WUCol)

Collocations are strings of words that go together. Many times, students use wrong word combinations. For example, they may use the wrong preposition such as: "* The search **of** genes responsible…" rather than "The search **for** genes responsible…"

---

2 Here we use the "*" as standard convention to mark an ungrammatical sentence.

3.3 Article errors (ART-, ART+)

We have identified sentences in which the lack of an article (the words "the", "a") (ART-) interferes with the ability of the reader to understand the text and thus the content of the paper. For example: "* Pollen is ∅ male gamete of higher plants…" instead of "Pollen is **the** male gamete of higher plants…" Our writers, however, generally tended to include an article where it should not be present (ART+). One Portuguese writer included a superfluous article, which introduced ambiguity in the text: "In this paper, we write about the protein. We discuss how the bacteria grows and we discover how the protein has …" If specific protein or bacteria have not been mentioned beforehand, one correct form would be: "In this paper, we write about proteins. We discuss how bacteria grow and we discover how the proteins have …" The definite and indefinite use of articles depend on several factors: (1) countability of the modified noun, (2) generality of the referent, (3) definiteness of the referent, and (4) possible previous mention of the referent.

3.3.1 Countable and General

If the noun is countable and meant to refer to a general category, the most common choice is the plural noun without any article. For example, instead of "***The** computer is equipment that can improve **the** math learning of ***the** students." (first sentence in abstract), the correct sentence would not include the articles: "Computers are pieces of equipment that can improve math learning for students." Computers and students are described in general but none of them have been specifically referred to before.

3.3.2 Uncountable and General

If the noun is not countable and meant to refer to a general description, the most common choice is the singular noun without any article. For example, "Alcohol electrooxidation is a theme … studied in electrocatalysis." does not include the article as in "***The** alcohol electrooxidation is a theme … studied in **the** electrocatalysis." The sentence refers to a process in general and not to a particular instance of its use. One explanation for finding so many (ART+) errors is that Romance languages tend to use the definite article in this case in which English does not.

3.3.3 Countable/Uncountable, Specific and Indefinite

If there is a specific but indefinite reference for a noun and the noun is countable, the most common choice is the article "a"/"an". For instance, "This work shows the necessity for **a** *hole injection layer*." is the correct sentence instead of "*This work shows the necessity for ∅ hole injection layer." There is a specific instance of "a hole injection layer" mentioned for the first time, but it is not referring back to a particular one. If the noun is uncountable, no article is used, as in "Our results show the necessity for ∅ further research on this topic."

3.3.4 Countable/Uncountable, Specific and Definite: Anaphoric Use

If specific reference to an instance(s) of a noun has been made using an indefinite article *a/an/plural* for countable nouns or *nothing* for uncountable nouns, the referent of that noun can be "pointed to" using the definite article *the*. For example (uncountable): "This work uses egg white …to verify ... **The** egg white (anaphoric use) underwent two heating rates." instead of "This work uses egg white …to verify ... * ∅ Egg white underwent two heating rates."

This example (countable) includes the article, "A total of ... *tests* were conducted…The results of **the** tests indicated that …" compared to the original with the missing article "*A total of … *tests* were conducted…The results of ∅ tests indicated that …" This is called the "second mention" use of the definite article, or anaphoric use of the definite article. It can be explained as *pointing backwards* to the indefinite use of the noun.

3.3.5 Extension of Anaphoric Use of Definite Article

If the referent of a noun has been introduced into the discourse, any part or process associated with the referent can be pointed to with the definite article, as in "We investigated the … using *an experiment that…* **The** results demonstrated …"

3.3.6 Cataphoric Use

When both the referent and its associated part or process can be introduced within the same noun phrase (NP), this is called a cataphoric use. The definite noun indicating the part or process can occur *before* the noun that introduces the whole into the discourse. For example, an abstract could begin with "The results of *an experiment* testing … demonstrated that …" where the results are part of the experiment, first mentioned in *an experiment*. The article "**the**" in "the results" points forward to *an experiment*. The lack of cataphoric reference use with definite articles was so noticeable in our data that we find it necessary to teach the specifics of their use.

4. Concluding Remarks

We have identified errors that can be taught to improve writing quality and readability. Computer-based tools are very useful. Errors related to lexical use (WU and WUCol) can be reduced by consulting the Corpus of Contemporary American English (COCA)[3]. For example, no matching records are found for "*the **number** of **information**". Students could search for a noun to replace "number" while keeping the intended meaning. A total of 171 instances are displayed for "the **amount** of information"; clearly, "amount" is the best choice. COCA can also help choose the right preposition. For example, we found 31 instances of "the search **of**". In most cases, "of" is followed by a noun that indicates either data (major databases, the literature, records), location (the house, his computer, student luggage) or the agent performing the action (the Federal Police). Querying "what preposition follows 'the search'?", "for" yields 1,100 hits. The examples show that "the search **for**" is followed by a noun that refers to whatever you are looking for. Han [Han et al. 2006] and Genoves [Genoves et al. 2007] implemented machine-learning systems that automatically detect English article usage errors. Unfortunately, these are not yet available to users. We hope to make them available within our writing tools soon. We also plan to assess quality improvements in students' writing after their using corpus-based tools such as COCA.

---

3 COCA is a 450-million word corpus and includes academic texts, fiction, spoken language, popular magazines, and newspapers. It is freely available from http://corpus.byu.edu/coca/.

References

Aluísio, S. M., Schuster, E., Feltrim, V. D., Pessoa Jr., A., Oliveira Jr., O. N. (2005) "Evaluating Scientific Abstracts with a Genre-specific Rubric", In: 12th International Conference on Artificial Intelligence in Education (AIED 2005), 2005, Amsterdam, 2005. v. 1. pp. 738-740.

Aluísio, S. M., Barcelos, I., Sampaio, J., Oliveira Jr, O. N. (2001) "How to Learn the Many Unwritten ´Rules of the Game´ of the Academic Discourse: A Hybrid Approach Based on Critiques and Cases to Support Scientific Writing", In: IEEE INTERNATIONAL CONFERENCE ON ADVANCED LEARNING TECHNOLOGIES, 2001, Madison, Wisconsin. Los Alamitos, CA: IEEE Computer Society, 2001. v. 1, pp. 257-260.

Aluísio, S. M. and Oliveira Junior, O. N. (1995) "A Case-Based Approach for Developing Writing Tools Aimed at Non-native English Users", In the Proceedings of The 1st International Conference, ICCBR-95, Sesimbra, Portugal, pp. 121-132.

Dayrell, C., Candido Jr. A., Lima, G., Machado Jr. D., Copestake, A. A., Feltrim, V.D., Tagnin, S.O. and Aluísio, S.M. (2012) "Rhetorical Move Detection in English Abstracts: Multi-label Sentence Classifiers and their Annotated Corpora", LREC 2012, pp. 1604-1609.

Fontana, N., (Caldeira), Aluísio, S.M., De Oliveira, M.C.F. and Oliveira Jr., O.N. (1993) Computer Assisted Writing Applications to English as a Foreign Language. CALL, Volume 6 (2), pp. 145-161.

Genoves Jr., L.C., Lizotte, R., Schuster, E., Dayrell, C., Aluísio, S.M. (2007) "A two-tiered approach to detecting English article usage: an application in scientific paper writing tools", In the Proceedings of The 6th International Conference Recent Advances in Natural Language Processing (RANLP 2007), Borovets, Bulgaria, pp. 225-229.

Han, N., Chodorow, M. and Leacock, C. (2006) Detecting errors in English article usage by non-native speakers. Nat. Lang. Eng. 12, 2 (June 2006), pp. 115-129.

Lee, J. S. Y. Automatic Correction of Grammatical Errors in Non-native English Text. (2009) Ph. D. Thesis. Massachusetts Institute of Technology, 2009, http://groups.csail.mit.edu/sls/publications/2009/Thesis_Lee.pdf

Schuster, E., Aluísio, S. M., Feltrim, V. D., Pessoa Jr, A., Oliveira Jr., Osvaldo N. (2005) "Enhancing the Writing of Scientific Abstracts: A Two-phased Process Using Software Tools and Human Evaluation", In: Encontro Nacional de Inteligência Artificial (ENIA 2005), São Lourenço, Brazil, pp. 962-971.

Umezawa, J., Mizuno, J., Okazaki, N., Inui, K. (2013) "Evidence in automatic error correction improves learners' English skill", Proceedings of the 14th international conference on Computational Linguistics and Intelligent Text Processing (CICLing 2013). Berlin: Springer-Verlag, 2013, pp. 559-571.

BrGram: uma gramática computacional de um fragmento do português brasileiro no formalismo da LFG*

Leonel F. de Alencar[1]

[1]Programa de Pós-Graduação em Linguística – Universidade Federal do Ceará (UFC)
Av. da Universidade, 2683 – 60.020-181 – Fortaleza – CE – Brazil

leonel.de.alencar@ufc.br

Abstract. *This paper deals with BrGram, a grammar for deep syntactic parsing of a fragment of Brazilian Portuguese. Presently, this grammar, implemented in XLE, the state of the art in computational grammar development within the LFG generative framework, covers an extensive subset of Brazilian Portuguese. BrGram aims at bridging the gap in Brazil between research in formal syntax and natural language processing.*

Resumo. *Este artigo trata da BrGram, uma gramática para a análise sintática automática profunda de um fragmento do português brasileiro. No momento, essa gramática, implementada no sistema XLE, que representa o estado da arte no desenvolvimento de gramáticas computacionais no modelo gerativo da LFG, abrange um amplo subconjunto do português brasileiro. A BrGram almeja superar o fosso, vigente no Brasil, entre a pesquisa em sintaxe formal e o processamento automático da linguagem natural.*

1. Introdução

Todo falante do português padrão reconhecerá como gramaticalmente bem formados exemplos do tipo de (1), (2) e (3) e mal formados exemplos como (4). As intuições de um falante sobre as sentenças de sua língua, porém, não se restringem a julgamentos de gramaticalidade. Referem-se, também, à estrutura sintática e às propriedades semânticas dessas construções, como o fato de que o sujeito de (1) é a expressão em itálico ou o fato de que o sujeito de (2) é parafraseável por *nós,* ao passo que o de (3), superficialmente idêntico, se parafraseia por *eles*.

(1) *Todos nós três agrônomos* temos rejeitado a proposta.

(2) Os três temos rejeitado a proposta.

(3) Os três têm rejeitado a proposta.

(4) *Os três temos rejeitando a proposta.

No presente artigo, partimos da carência no Brasil, no cenário atual da linguística computacional e processamento automático de linguagem natural (doravante PLN), de esforços voltados para a construção de uma gramática computacional do português do Brasil que tenha ampla cobertura e se baseie nas pesquisas mais recentes em gramática gerativa, especialmente no âmbito dos modelos não derivacionais, representados, sobretudo, pela Gramática Léxico-Funcional (doravante LFG, do inglês *Lexical-Functional Grammar*) (FALK, 2001) e a HPSG (SAG; WASOW; BENDER, 2003). Esses modelos oferecem os recursos necessários para a descrição formal de fenômenos gramaticais não triviais, como os exemplificados acima, e têm tido sua eficácia comprovada na construção de gramáticas computacionais de ampla cobertura para diversas línguas (MÜLLER, 2010). Visamos, portanto, ao contribuir para preencher essa lacuna, eliminar o descompasso que se observa, entre nós, no âmbito da

* Este trabalho, desenvolvido com o apoio da CAPES, Processo nº BEX 10175/12-1, constitui um desdobramento de Alencar (2013).

análise sintática automática, em relação aos EUA e muitos países da Europa, Ásia etc., onde a implementação de gramáticas computacionais para novas línguas e o aperfeiçoamento das gramáticas existentes continua na ordem do dia das pesquisas tanto na linguística quanto na informática.

Para tanto, descrevemos aspectos da BrGram, uma gramática de um fragmento do português brasileiro implementada no sistema XLE, o qual representa o estado da arte no desenvolvimento de gramáticas computacionais no modelo da LFG. Uma comparação da nossa proposta com as iniciativas mais importantes de *parsing* profundo do português, como o LX-Parser (SILVA *et al.*, 2010), LXGram (BRANCO; COSTA, 2010) e o *parser* do projeto VISL (BICK, 2000) fica de fora do presente artigo por motivo de espaço. Independentemente dessa comparação, a nossa proposta é original, na medida em que adota o modelo da LFG para formalização da gramática e o sistema XLE para implementação, o que ainda não foi feito, com a mesma extensão, para o português (MÜLLER, 2010; MISTICA *et al.*, 2012).

2. O formalismo da LFG e o sistema XLE

Atualmente, no *parsing* sintático profundo baseado em regras, vários formalismos gramaticais se destacam (LJUNGLÖF; WIRÉN, 2010). Todos dispõem de sistemas bastante sofisticados para o desenvolvimento de gramáticas computacionais e têm sido usados na implementação de *parsers* de ampla cobertura para diversas línguas (MÜLLER, 2010). Nesse quadro, quando consideramos tanto as implicações desses formalismos para a linguística teórica quanto as suas aplicações nas tecnologias da linguagem natural, a HPSG e a LFG sobressaem. Uma extensa gramática do português europeu, a LXGram, desenvolvida no formalismo da HPSG, está disponível. A LFG, por sua vez, tem sido usada como base para a elaboração de gramáticas computacionais de mais de duas dezenas de línguas, especialmente no âmbito do Projeto ParGram, voltado para a descrição de línguas tipologicamente diversas, a partir de um aparato conceitual comum (PARGRAM, 2012). O português, contudo, como ressaltamos, ainda não dispõe de uma gramática de maior extensão baseada na LFG.

A característica mais marcante de *parsers* baseados na LFG é a geração de vários níveis de representação sintática para as sentenças gramaticais, minimamente a estrutura de constituintes (*c-structure*) e a estrutura funcional (*f-structure*) (FALK, 2001), exemplificadas, respectivamente, na Figura 1 e na Figura 2. Esse segundo tipo de estrutura representa uma dimensão mais abstrata da informação gramatical, codificando a estrutura de predicado e argumentos, as relações gramaticais sujeito (SUBJ), objeto direto (OBJ) etc. bem como as propriedades morfossintáticas dos diferentes constituintes, como pessoa, número, gênero, tempo, modo etc. Por abstrair da estrutura superficial das sentenças, a estrutura funcional é utilizável como interlíngua em sistemas de tradução automática (CROUCH *et. al.*, 2011), entre outras aplicações.

No momento, os três principais ambientes de desenvolvimento de gramáticas computacionais em LFG, os quais oferecem as correspondentes facilidades de *parsing* em interfaces amigáveis, são, por um lado, o Xerox Linguistic Environment (XLE) (CROUCH *et al.*, 2011), e, por outro, o XLFG5 (CLÉMENT, 2010) e o LFG Parser (MINOS, 2013). Enquanto o primeiro visa à implementação tanto de *parsers* quanto de geradores para aplicações de escala industrial, os dois últimos, dotados de bem menos recursos, focam o ensino da LFG e a pesquisa linguística nesse arcabouço. Desse modo, optamos pelo XLE para implementação de nossa gramática.

3. Aspectos da BrGram

Na construção da BrGram, utilizamos a metodologia consagrada para elaboração de gramáticas formais de uma língua natural, que consiste em definir, inicialmente, um fragmento cobrindo um leque inicial de fenômenos, fragmento esse ampliado sucessivamente, resultando em versões cada vez mais abrangentes da gramática

(FRANCEZ; WINTNER, 2012).

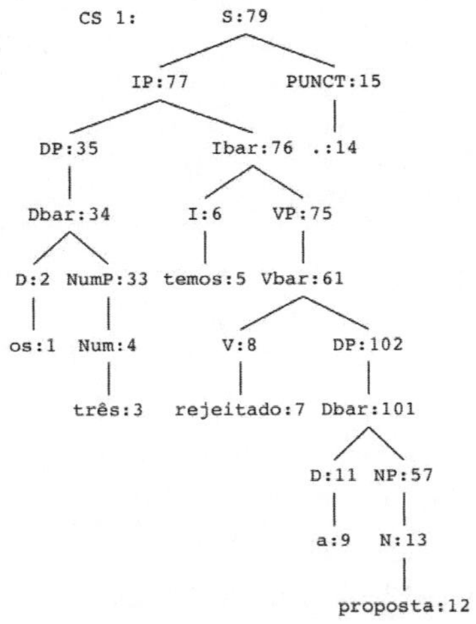

Figura 1. Exemplo de estrutura de constituintes gerada no XLE conforme a BrGram

Dada a complexidade de uma língua natural, o desenvolvimento de uma gramática voltada para o *parsing* sintático profundo é algo correspondentemente complexo, sobretudo quando se utilizam formalismos gramaticais da envergadura da LFG e da HPSG. A experiência dos projetos internacionais mais importantes nessa área, que alcançaram resultados significativos no *parsing* de textos autênticos em línguas como inglês, alemão, francês etc., demonstra que se trata de tarefa que necessariamente consome vários anos e implica um trabalho de equipe. No entanto, uma vantagem crucial da utilização de um desses arcabouços na implementação de uma nova gramática é que, no tratamento de grande parte dos fenômenos, não se precisa "reinventar a roda", bastando transferir ou adaptar, para a nova língua em questão, soluções anteriormente propostas para outras línguas.

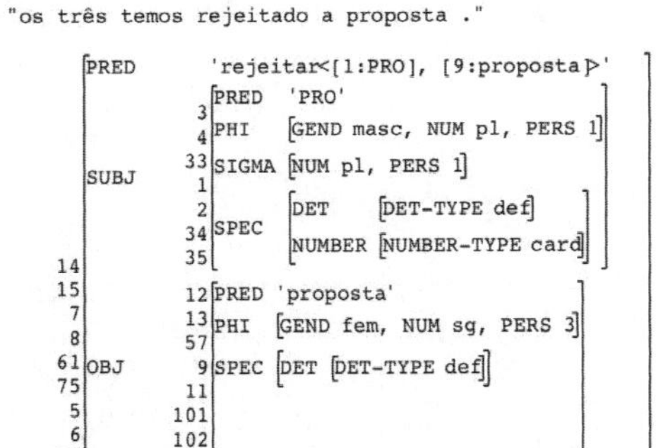

Figura 2. Estrutura funcional gerada pelo XLE a partir da BrGram

Em seu atual estágio, fruto de esforços aplicados no projeto, de forma não contínua, ao longo de um ano, a BrGram cobre um leque não trivial de fenômenos gramaticais do português, como já sugerem a Figura 1 e a Figura 2. Essa última utiliza, essencialmente, a notação do projeto PARGRAM (KING, 2004), que se estabeleceu como um padrão internacional para gramáticas desenvolvidas no âmbito do XLE.

O Curupira (MARTINS; OTHERO, 2012), a exemplo de outras iniciativas brasileiras anteriores de implementação de analisadores sintáticos automáticos do português levadas a cabo por equipes mais vinculadas à computação, não leva em conta os esforços mais recentes no âmbito da linguística gerativa para a descrição do português, recorrendo, antes, a abordagens tradicionais. A BrGram, pelo contrário, dada a sua fundamentação numa teoria linguística como a LFG, toma exatamente esses trabalhos como ponto de partida, lançando mão, também, de descrições formais de outras línguas, notadamente o francês, cuja estrutura morfossintática, na qualidade de língua neolatina, apresenta significativas analogias com a portuguesa. Nesse sentido, há que destacar dois trabalhos. O primeiro é a implementação de um fragmento do francês no formalismo da LFG, realizada por Schwarze (1998), que nos orientou na escolha tanto do leque de fenômenos a serem cobertos inicialmente por nossa gramática do português quanto da solução a adotar no tratamento de várias questões gramaticais. O segundo trabalho é a modelação em termos da teoria X-barra, proposta por Othero (2009), de um considerável fragmento da sintaxe do português do Brasil no formalismo da CFG.

Com base nas sentenças geradas pela gramática francesa de Schwarze (1998), definimos um conjunto análogo de sentenças do português a serem analisadas pela BrGram em sua primeira etapa de desenvolvimento. Alguns exemplos:

A rainha é esperada. A fada vê o cavaleiro passar. A rainha quer dançar. A fada quer esperar o cavaleiro. A rainha começa a dançar. A rainha para de dançar. A rainha sabe que o cavaleiro quer dançar. A rainha quer que o cavaleiro saiba que a menina espera.

Esse conjunto foi em seguida bastante ampliado, de modo a incluir construções como (1), (2) e (3).

Dentre os fenômenos gramaticais modelados pela BrGram, destacamos: (i) concordância nominal, (ii) concordância verbal tanto sintática quanto semântica por meio da distinção entre traços phi e sigma (ALENCAR, 2013), (iii) valência verbal e diáteses verbais, (iv) auxiliares *ter* + particípio e *estar* + gerúndio, (v) verbos modais e aspectuais de controle do sujeito ou do objeto, (vi) recuperação do sujeito "lógico" implícito (como *nós* e *eles* em (2) e (3)), (vii) projeções funcionais no interior do sintagma determinante (DP), como sintagma quantificador, sintagma numeral e sintagma possessivo (OTHERO, 2009).

Como a LFG é um formalismo baseado em restrições, o XLE, ao carregar a BrGram, não apenas analisa as sentenças gramaticais do fragmento, como também acusa, no caso de construções agramaticais como (4), violações dessas restrições, afetando a concordância, a valência, o modo, a forma verbal etc.

4. Conclusão

Este trabalho tratou da BrGram, uma gramática computacional para um fragmento do português brasileiro. Com essa gramática, implementada no sistema XLE, o estado da arte no *parsing* com base no modelo gerativo da LFG, pretendemos preencher lacuna na linguística computacional e PLN no Brasil, onde, diferentemente dos grandes centros internacionais de pesquisa nessas áreas, não se tem ultimamente focado a análise sintática automática profunda.

Por outro lado, a BrGram, que, no momento, constitui apenas um protótipo, não obstante abranger um leque significativo de fenômenos gramaticais do português, se pretende como uma alternativa futura às iniciativas europeias de *parsing* sintático do português, LXGram/LX-Parser e VISL. Enquanto essa última iniciativa não leva em conta a gramática gerativa, a BrGram oferece, na análise sintática automática do português baseada em regras, a perspectiva da LFG, teoria gerativa irmã, porém distinta da HPSG, em que se fundamenta a LXGram.

Referências

ALENCAR, L. F. de. Modelação computacional de padrões variáveis de concordância em português. *Revista de Estudos da Linguagem*, Belo Horizonte, n. 21, vol. 1, p. 43-110, 2013. Disponível em: <http://relin.letras.ufmg.br/revista/upload/2112-ALENCAR.pdf> Acesso em: 17. mai. 2013.

BICK, E. *The parsing system "Palavras"*: automatic grammatical analysis of Portuguese in a Constraint Grammar framework. 2000. Tese (Dr. phil.) – Department of Linguistics, University of Århus, Århus, Dinamarca, 2000. 505 p. Disponível em: <beta.visl.sdu.dk/pdf/PLP20-amilo. ps.pdf> Acesso em: 27 out. 2009.

BRANCO, A.; COSTA, F. LXGram: A Deep Linguistic Processing Grammar for Portuguese. In: PARDO, T. A. S. *et al.* (Eds.). INTERNATIONAL CONFERENCE ON COMPUTATIONAL PROCESSING OF THE PORTUGUESE LANGUAGE, n. 9, 2010, Porto Alegre. *Proceedings*... Berlin; Heidelberg: Springer, 2010. p. 86-89.

CLÉMENT, L. *XLFG5*. [S.l.]: [s.n.], 2010. Disponível em: <http://nlp.ioperm.org/lfg-parser.html> Acesso em: 19. abr. 2013.

CROUCH, D. *et al. XLE Documentation*. Palo Alto: Palo Alto Research Center, 2011. Disponível em: <http://www2.parc.com/isl/groups/nltt/xle/doc/xle_toc.html> Acesso em: 5. nov. 2012.

FALK, Y. N. *Lexical-functional grammar*: an introduction to parallel constraint-based syntax. Stanford, CSLI Publications, 2001.

FRANCEZ, N.; WINTNER, S. *Unification grammars*. Cambridge: CUP, 2012.

KING, T. H. *Starting a ParGram Grammar*. 2004. Disponível em: <http://www2.parc.com/isl/groups/nltt/xle/doc/PargramStarterGrammar/starternotes.html> Acesso em: 10. nov. 2012.

LJUNGLÖF, P. ; WIRÉN, M. Syntactic parsing. In: INDURKHYA, N.; DAMERAU, F. J. (Ed.). *Handbook of Natural Language Processing*. 2. ed. Boca Raton, FL: Chapman & Hall/CRC, 2010. p. 59-91.

MARTINS, R.; OTHERO, G. A. Parsing do português. In: ALENCAR, L. F. de; OTHERO, G. A. (Org.). *Abordagens computacionais da teoria da gramática*. 1. ed. Campinas: Mercado de Letras, 2012, p. 99-126.

MINOS, P. *LFG Parser*. [S.l.]: [s.n.], 2013. Disponível em: <http://nlp.ioperm.org/lfg-parser.html> Acesso em: 19. abr. 2013.

MISTICA, M. *et al.* LFG Bibliography. [S.l.]: [s.n.], 2012. Disponível em: <http://ww2.cs.mu.oz.au /~mmistica/ bibliography.html> Acesso em: 21. nov. 2012.

MÜLLER, S. *Grammatiktheorie*. Tübingen: Stauffenburg, 2010.

OTHERO, G. A. *A gramática da frase em português*: algumas reflexões para a formalização da estrutura frasal em português. Porto Alegre: Edipucrs, 2009. Disponível em:< http://www. pucrs. br/edipucrs/gramaticadafrase.pdf> Acesso em: 02.08.2010.

PARGRAM/ParSem: An international collaboration on LFG-based grammar and semantics development. [S.l.]: [s.n.], 2012. Disponível em: <http://pargram.b.uib.no/> Acesso em: 2. nov. 2012.

SAG; WASOW; BENDER. *Syntactic theory*: a formal introduction. 2. ed. Stanford: CSLI, 2003.

SCHWARZE, C. *Lexikalisch-funktionale Grammatik*: eine Einführung in 10 Lektionen mit französischen Beispielen. 2. ed. Konstanz: Fachgruppe Sprachwissenschaft der Universität Konstanz, 1998.

SILVA, J. *et al.* Out-of-the-Box Robust Parsing of Portuguese. In: PARDO, T. A. S. *et al.* (Ed.). INTERNATIONAL CONFERENCE ON COMPUTATIONAL PROCESSING OF THE PORTUGUESE LANGUAGE, n. 9, 2010, Porto Alegre. *Proceedings*... Berlin; Heidelberg: Springer, 2010. p. 75-85.

Geração de instruções em mundos virtuais: primeiros passos

Diego Cardozo Sandrim, Felipe Freire, Ivandré Paraboni

[1]School of Arts, Sciences and Humanities (EACH)
University of São Paulo (USP)
Av. Arlindo Bettio, 1000 - São Paulo, Brasil

(diego.sandrim, felipe.freire, ivandre)@usp.br

Abstract. *The generation of navigational instructions in natural language concerns the computational task of producing sentences to guide a user to a target point in virtual or real worlds. This paper describes the development of a system of this kind, which will participate in a shared task, and it is intended to motivate further research in the field.*

Resumo. *A geração de instruções de navegação em língua natural trata da tarefa computacional de produção de sentenças para guiar um usuário até um ponto de destino em ambientes reais ou virtuais. Este artigo descreve o desenvolvimento de um sistema deste tipo, com o objetivo de fomentar esta linha de pesquisa e para participação em uma competição da área.*

1. Introdução

Com o avanço em áreas da ciência da computação como processamento gráfico e interação humano-computador, problemas de geração de língua natural (*GLN*) puramente textuais encontraram domínios mais realistas - e efetivamente novas aplicações - em diversas áreas que utilizam sistemas baseados em mundos virtuais interativos. Dentre estas aplicações, destacamos a geração de instruções de navegação em língua natural em ambientes como *Gruve* (*Giving Route instructions in Uncertain Virtual Environments*) [Janarthanam et al. 2012] ilustrado na Figura 1.

A geração de instruções em ambientes virtuais consiste na tarefa computacional de produzir sentenças na forma verbal ou escrita para guiar um usuário de um ponto de origem até um ponto de destino. A tarefa apresenta uma ampla gama de desafios computacionais ainda pouco explorados, como a incerteza inerente aos dados de entrada[1], a questão da granularidade da instrução gerada, a natureza dinâmica da aplicação (que requer que instruções sejam reformuladas em tempo de execução), o tratamento do histórico de navegação e conhecimento prévio do domínio etc.

Com o objetivo de divulgar esta linha de pesquisa e, se possível, motivar novos pesquisadores a colaborar na investigação destes e outros desafios, este artigo descreve o estudo e desenvolvimento prático de um sistema de geração de instruções utilizando a plataforma *Gruve* [Janarthanam et al. 2012], e que foi projetado especificamente para participar do desafio *Gruve Challenge* conforme detalhado nas seções seguintes.

[1]Em sistemas baseados em *smartphones*, por exemplo, as coordenadas fornecidas pelo dispositivo de GPS naturalmente apresentam um elevado grau de incerteza [Zandbergen and Barbeau 2011]

Figura 1. Interface do ambiente Gruve [Janarthanam et al. 2012]

2. Trabalho relacionado

Gruve [Janarthanam et al. 2012] é um ambiente de desenvolvimento e teste de vários tipos de sistemas de geração de instruções em mundos virtuais, incluindo sistemas ditos 'a priori' (i.e., que geram, em um único passo, uma descrição completas de como atingir o objetivo), incrementais (onde cada instrução é fornecida passo a passo, e.g., [Dale et al. 2003]) ou interativos (que, além de fornecer instruções a cada passo, permitem a interação na forma de perguntas e respostas, e.g., [Malaka and Zipf 2000]).

O sistema inclui um modelo de jogo onde são representados os personagens, regras e objetivos da uma aplicação-exemplo, um mediador cliente-servidor que instancia a aplicação para múltiplos usuários *on-line*, um sistema de navegação a ser desenvolvido pelo pesquisador de *GLN*, um modelo do mundo virtual, um sintetizador de voz e um cliente web que utiliza imagens fotográficas reais fornecidas pela API *Google Maps*.[2]

O modelo de mundo do sistema é representado na forma de um grafo cujos nós são pontos de decisão (e.g., esquinas etc.) e arestas de ligação, o qual é enriquecido com informações passíveis de referência (e.g., nomes e tipos de logradouros, distâncias, áreas ocupadas etc.) fornecidas por um modelo geográfico aberto derivado do projeto *OpenStreetMap*.[3] Dada uma estrutura deste tipo e uma rota (ou sequência de nós) para guiar um usuário de um ponto inicial *a* até um ponto final ou objetivo *b*, a geração de instruções consiste em transformar esta rota em instruções em língua natural.

O sistema *Gruve* forma a infraestrutura básica do desafio computacional *Gruve Challenge*, que é parcialmente inspirado na série de desafios *GIVE* (*Generating Instructions in Virtual Environments*) [Byron et al. 2007]. Diferentemente do seu antecessor, no entanto, o presente desafio enfoca o problema de descrição de rotas de navegação, e não de um plano de ações de manipulação de objetos (e.g., destravar alarmes, abrir portas etc.)

[2]`https://maps.google.com/`

[3]`http://www.openstreetmap.org/`

3. O sistema proposto

O ambiente *Gruve* foi utilizado para implementação de um sistema de geração de instruções passo a passo que aceita um grau limitado de interação com o usuário na forma de botões de perguntas.[4] O estudo em andamento possui duas frentes de ação: (1) o tratamento computacional da incerteza e (2) o aprimoramento das instruções de navegação. Estas etapas são dscutidas individualmente a seguir.

3.1. Tratamento da incerteza

Sistemas de GPS existentes em *smartphones* da atualidade fornecem coordenadas com uma margem de erro considerável [Zandbergen and Barbeau 2011]. Esta característica é simulada na plataforma *Gruve*, que fornece coordenadas com variação de até 50 metros em relação à posição real do usuário, o que significa que a posição deste no grafo representando o ambiente virtual é apenas estimado a partir de um grupo de nós candidatos.

Uma primeira alternativa para o tratamento computacional da incerteza seria levar em conta todas as posições candidatas para então produzir uma série de instruções condicionais cobrindo todas as possibilidades. Como resultado, seria produzida uma descrição completa porém bastante extensa, como em *'You must go to Windmill st. If you are already in Chapel st. with Nicolson st., turn around to your right and walk onto Windmill st. But if you are on Chapel st., turn right. If you are on Windmill st., continue walking'*.

Considerando-se que as sentenças candidatas são na forma (*SE-Condição-Instrução*), e que várias delas podem repetir a mesma instrução, uma alternativa a considerar seria a identificação da instrução mais frequente, que seria então eleita como a saída a ser fornecida ao usuário. Em testes realizados, entretanto, o número de repetições foi relativamente baixo, tornando esta alternativa pouco efetiva.

Em virtude destas dificuldades, optamos por não produzir descrições alternativas. Ao invés disso, a estratégia adotada consiste em instruir o usuário a encontrar o ponto de partida (esteja ele certo ou errado) com base no qual a instrução foi gerada, e a partir deste ponto seguir normalmente a instrução produzida (que a partir deste ponto estará necessariamente correta). Por exemplo, supondo-se que as coordenadas fornecidas pelo sistema localizam o usuário em *Marshall st.*, o sistema poderia gerar a instrução *'You should start from Marshall st. Then, continue walking onto Potterrow'*. A desvantagem desta abordagem é o maior ônus ao usuário, que precisa encontrar o início da rota por conta própria e sem maior apoio do sistema.

Além disso, procuramos também ajustar situações em que o usuário possa estar em um ponto mais avançado do percurso do que o indicado pelo sistema.[5] O sistema neste caso informa não apenas a instrução atual como também antecipará a próxima, como em *'Continue walking onto Potterrow. After that, go to Nicolson Square'*. A desvantagem desta estratégia é a geração de instruções ligeiramente mais longas do que o necessário nos casos em que a coordenada fornecida estava realmente correta.

[4]Mas não oferecendo suporte para entrada de dados em língua natural, o que exigiria funcionalidades adicionais como resolução anafórica [Paraboni 1997, Cuevas and Paraboni 2008] e outras.

[5]Casos em que o usuário possa ser atrasado em relação às coordenadas fornecidas já são tratados pela implementação nativa, que impede a geração de instruções duplicadas.

3.2. Aprimoramento das instruções de navegação

Diversas outras funcionalidades para melhoria da experiência de navegação do usuário foram acrescentadas ao sistema original. Dentre estas, destacamos a detecção de erros de orientação, o uso de pontos de referência nas instruções geradas e o tratamento de situações em que o sistema não conseguiu produzir uma rota adequada.

A detecção de erros cometidos pelo usuário verifica eventuais desvios de rota - medidos pelo ângulo do usuário em relação ao local de destino - e produz instruções para sua correção. Na implementação atual, quando este ângulo ultrapassa 90 graus, o usuário é informado de que está no caminho errado e a instrução original é repetida, como em *'You are going the wrong way. Turn around and walk onto Potterrow'*.

O uso de pontos de referência nas instruções é uma forma de tentar enriquecer a informação fornecida (particularmente importante quando lidando com situações de incerteza, cf. seção anterior) e assim minimizar o número de erros cometidos pelo usuário. Para este fim, é computada uma lista de todas entidades salientes que se encontram nas proximidades, e que possuem um nome próprio passível de referência, tais como bancos, lojas e restaurantes. Uma vez obtida esta lista, o sistema escolhe de forma aleatória dois[6] pontos de referência e os acrescenta à instrução corrente, como em *'Turn left onto Potterrow. Things you will see near your objective: KFC and Barclays bank'*.[7]

Finalmente, o planejamento de rota entre dois pontos pode ser complexo, especialmente quando o usuário está posicionado em um ponto muito afastado de uma rua principal. Em casos como estes, o planejador do sistema *Gruve* pode retornar uma rota vazia, não havendo assim nenhuma instrução a fornecer ao usuário. Como forma de contornar esta dificuldade, o sistema proposto detecta situações de ausência de informação e solicita ao usuário que se reposicione em um local mais acessível para que a instrução possa ser gerada.

4. Considerações

Este artigo descreveu o estudo e desenvolvimento de um sistema de geração de instruções de navegação em mundos virtuais, com o objetivo de fomentar o estudo na área e para participação em uma competição internacional de aplicações deste tipo. O sistema proposto encontra-se em fase de teste, e será submetido para avaliação junto ao *Gruve Challenge*. Segundo [Janarthanam et al. 2012], a avaliação será realizada *on-line* com uma grande massa de usuários (possivelmente recrutados via *crowd-sourcing*) levando em conta métricas como tempo de navegação, número de erros cometidos etc., e critérios subjetivos como a opinião dos usuários.

Como trabalho futuro, esperamos agregar ao sistema um módulo completo de geração de expressões de referência [Paraboni et al. 2006] e um módulo de realização textual de maior cobertura [Pereira and Paraboni 2007, Pereira and Paraboni 2008, de Novais and Paraboni 2012]. Outra possibilidade contemplada é a adaptação do ambiente para aplicações com maior interatividade, incluindo a interpretação de requisições do usuário e outros.

[6]Este limite foi estabelecido como forma de evitar a geração de instruções excessivamente longas.

[7]Na implementação atual, entretanto, ainda não há geração de expressões de referência propriamente dita [Paraboni 2003, de Lucena et al. 2010, Paraboni and van Deemter 2013].

Referências

Byron, D., Koller, A., Oberlander, J., Stoia, L., and Striegnitz, K. (2007). Generating instructions in virtual environments (GIVE): A challenge and evaluation testbed for NLG. In *Proceedings of the Workshop on Shared Tasks and Comparative Evaluation in Natural Language Generation.*

Cuevas, R. and Paraboni, I. (2008). A machine learning approach to portuguese pronoun resolution. *Advances in Artificial Intelligence–IBERAMIA 2008*, LNAI 5290:262–271.

Dale, R., Geldof, S., and Prost, J.-P. (2003). CORAL : Using natural language generation for navigational assistance. In *Proceedings of the Twenty-Sixth Australasian Computer Science Conference (ACSC2003).*

de Lucena, D. J., Pereira, D. B., and Paraboni, I. (2010). From semantic properties to surface text: The generation of domain object descriptions. *Inteligencia Artificial. Revista Iberoamericana de Inteligencia Artificial*, (45):48–58.

de Novais, E. M. and Paraboni, I. (2012). Portuguese text generation using factored language models. *Journal of the Brazilian Computer Society*, 19(2):135–146.

Janarthanam, S., Lemon, O., and Liu, X. (2012). A web-based evaluation framework for spatial instruction-giving systems. In *Proceedings of the 50th Annual Meeting of the Association for Computational Linguistics*, pages 49–54.

Malaka, R. and Zipf, E. (2000). Deep Map - challenging IT research in the framework of a tourist information system. *Information and Communication Technologies in Tourism*, pages 15–27.

Paraboni, I. (1997). Uma arquitetura para a resolução de referências pronominais possessivas no processamento de textos em língua portuguesa. Master's thesis, PUCRS, Porto Alegre.

Paraboni, I. (2003). *Generating references in hierarchical domains: the case of Document Deixis.* PhD thesis, University of Brighton.

Paraboni, I., Masthoff, J., and van Deemter, K. (2006). Overspecified reference in hierarchical domains: measuring the benefits for readers. In *INLG-2006*, pages 55–62.

Paraboni, I. and van Deemter, K. (2013). Reference and the facilitation of search in spatial domains. *Language and Cognitive Processes*, online.

Pereira, D. B. and Paraboni, I. (2007). A language modelling tool for statistical NLP. In *5th Workshop on Information and Human Language Technology (TIL-2007). Anais do XXVII Congresso da SBC*, pages 1679–1688.

Pereira, D. B. and Paraboni, I. (2008). Statistical surface realisation of portuguese referring expressions. LNAI 5221:383–392.

Zandbergen, P. A. and Barbeau, S. J. (2011). Positional accuracy of assisted gps data from high-sensitivity gps-enabled mobile phones. *Journal of Navigation*, 64(3):381–399.

Extração de Vocabulário Multilíngue para Tradução em Domínios Especializados

Lucas Welter Hilgert, Renata Vieira

Faculdade de Informática (FACIN) – Pontifícia Universidade Católica do Rio Grande do Sul (PUCRS)
Porto Alegre – RS – Brazil

lucaswhilgert@gmail.com, renata.vieira@pucrs.br

Abstract. *This paper presents a process for multilingual vocabulary extraction which aims to auxiliate machine translation tools during the intermediation of the communication between multilingual teams.*

Resumo. *Este trabalho apresenta um processo para a extração de vocabulário multilíngue proposto com o objetivo de auxiliar ferramentas de tradução de máquina durante a intermediação da comunicação entre equipes multilíngues.*

1. Introdução

Serviços de tradução de máquina em tempo real tem sido considerados como alternativas promissoras para o auxílio à comunicação entre equipes multilíngues durante a execução de tarefas colaborativas [Calefato et al. 2011].

No entanto, como demonstrado em diferentes trabalhos [Calefato et al. 2011] [Yamashita and Ishida 2006] [Yamashita et al. 2009], estes serviços apresentam problemas que interferem negativamente no processo de comunicação, causando atrasos durante o estabelecimento de um conhecimento comum (*common ground* entre as equipes distribuídas [Calefato et al. 2011] [Yamashita and Ishida 2006].

Dentre os principais problemas apontados na literatura (e identificados a partir da análise de registros de comunicação [Hilgert et al. 2012]), optou-se neste trabalho por abordar aqueles relacionados a traduções inadequadas ou inconsistentes (múltiplas traduções para um mesmo contexto), para os quais a construção de um vocabulário específico de domínio é apontado como uma das possíveis soluções [Nakatsuka et al. 2010].

Sendo assim, este artigo apresenta um processo para a extração de vocabulário multilíngue (português-inglês) a partir de um corpus paralelo composto por manuais de *software*, focado na extração de equivalências multilíngues de palavras mais específicas do domínio.

Inicialmente, a Seção 2 apresenta o corpus bilíngue empregado na pesquisa, seguido pela apresentção do processo de extração proposto (Seção 3), do método de avaliação utilizado e dos resultados obtidos (Seção 4). Por fim, a Seção 5 apresenta as principais conclusões e trabalhos futuros.

2. Corpus

Um corpus, no contexto deste trabalho, pode ser definido com um conjunto de documentos construído de acordo com um objetivo específico (extração de vocabulário

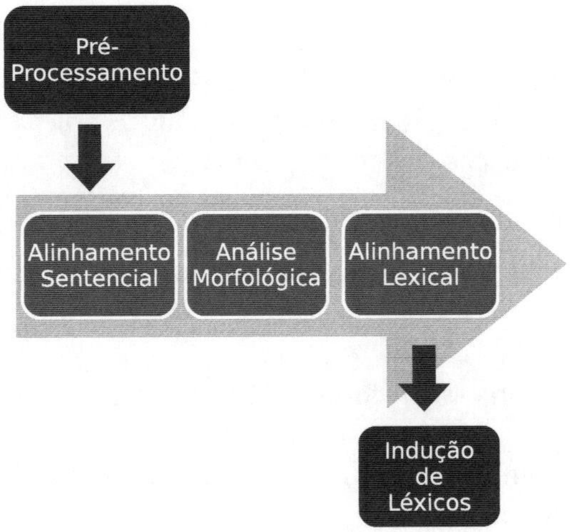

Figure 1. Processo proposto

bilíngue, por exemplo). Corpus paralelo, por sua vez, consiste em um corpus formado por documentos acompanhados de suas respectivas traduções para um segundo idioma [Ha et al. 2008].

O corpus utilizado no decorrer deste trabalho foi construído de forma manual a partir de manuais de *softwares* de projetos de código livre (*open source*), tendo o sítio desses como repositório. O corpus construído foi composto por 553.333 palavras (29.770 sentenças) para o português e 556.027 palavras (28.619 sentenças) para inglês, sendo considerado como de tamanho mediano de acordo com padrões linguísticos.

3. Processo Proposto

O processo proposto (baseado em [Caseli and Nunes 2007] [Tiedemann 2012] [Ha et al. 2008] e [Zhang 2009]) é apresentado na Figura 1 e descrito a seguir.

3.1. Pré-Processamento

Durante o pré-processamento os documentos componentes do corpus foram convertidos para texto puro (sem formatação e ilustrações) e filtrados para a remoção de símbolos considerados como sujeira (marcadores, caracteres não codificáveis, etc.).

Posteriormente, os documentos foram organizados no formato de uma sentença por linha, como exigido pelas ferramentas de alinhamento sentencial (discutido na próxima seção).

3.2. Alinhamento Sentencial

O alinhamento sentencial consiste na identificação de sentenças equivalentes entre os documentos paralelos do corpus, ou seja, em identificar possíveis traduções para essas.

Dentre as ferramentas de alinhamento sentencial encontradas ([Caseli 2003] [Moore 2002] e [Varga et al. 2005]), optou-se pela utilização do *Bilingual Sentence Aligner* [Moore 2002] (melhor desempenho em testes anteriores) para a realização dos alinhamentos.

3.3. Análise Morfológica

A etapa de análise morfológica consiste na atribuição de informações morfológicas (classe gramatical, flexões de número e gênero, etc.) às palavras formadoras dos documentos, tendo como objetivo a eliminação de ambiguidades.

Durante esta etapa é conduzida, ainda, a identificação de expressões multipalavras (conjunto de palavras) [Ramisch et al. 2010] e a unificação de seus componentes (mediante inserção do símbolo "_"). Esta unificação se faz necessária durante o alinhamento lexical.

Nesta etapa foram utilizadas ferramentas da plataforma de tradução *Apertium* [Forcada et al. 2011] que, para um maior desempenho tanto na identificação de expressões multipalavras quanto na atribuição dos rótulos morfológicos, tiveram seus dicionários morfológicos ampliados.

Esta ampliação foi realizada a partir das listas de palavras (e expressões multipalavras) extraídas pelas ferramentas de extração terminológica *ExATOlp* [Lopes et al. 2012] (português) e *TTC TermSuite* [Rocheteau and Daille 2011] (inglês). Essas, além de fornecerem as informações morfológicas necessárias, realizam a identificação das palavras mais relevantes de um determinado domínio, permitindo a especialização do vocabulário.

3.4. Alinhamento Lexical

O alinhamento lexical consiste na identificação de equivalências entre palavras e expressões multipalavras de sentenças consideradas paralelas (previamente alinhadas), logo, na definição de traduções para essas.

Para a realização desta etapa foi utilizada a ferramenta *Giza++* (versão 2.0) [Och and Ney 2003]. O alinhamento foi conduzido em ambos os sentidos (português-inglês e inglês-português) e os resultados desses foram unidos utilizando o algoritmo de união (em conjunto com heurísticas) proposto em [Och and Ney 2003].

3.5. Indução do Vocabulário Bilíngue

Por fim, a partir dos resultados dos alinhamentos anteriores, foram induzidos os vocabulários bilíngues mediante a utilização da ferramenta *ReTraTos* [Caseli and Nunes 2007].

O *ReTraTos* extrai, a partir da lista de equivalências gerada na etapa anterior, uma segunda lista, composta pelas entradas consideradas como mais relevantes. Esta segunda lista (composta pelo vocabulário bilíngue) é então formatada de acordo com o formalismo utilizado nos dicionários bilíngues da plataforma de tradução *Apertium* [Forcada et al. 2011].

4. Avaliação e Resultados

Os dicionários gerados ao final do processo foram avaliados de forma intrínseca (tradução das palavras avaliada fora da sentença) e manual. Esta estratégia de avaliação foi selecionada devido a padrões de referência (*golden standards*) não terem sido encontrado.

Para a avaliação, cada avaliador recebeu um conjunto composto por 200 entradas do dicionário (palavra acompanhada de sua tradução) referentes a palavras simples e 50 entradas referentes a expressões multipalavras. Estas entradas foram classificadas (de acordo com a equivalência bilíngue) em: Válidas (V), Parcialmente Válidas (PV), e Não-Válidas (NV) (de acordo com [Caseli and Nunes 2007]). Ao final, entradas nas categorias V e PV foram classificadas como corretas.

Como resultados, obteve-se uma precisão de 81% na identificação de equivalências para palavras simples e 39% na identificação de expressões multipalavras. Estes valores são próximos aos apresentados em [Caseli and Nunes 2007] (80% para palavras simples e 38% para multipalavras), apresentando uma vantagem em relação às expressões multipalavras.

5. Conclusões e Trabalhos Futuros

Como pode ser observado, mediante os resultados apresentados, o processo proposto apresentou resultados próximos aos trabalhos de referência [Caseli and Nunes 2007], tendo apresentado melhor desempenho na identificação de expressões multipalavras.

Estima-se que esta melhora tenha sido causada pelo enfoque dado ao reconhecimento deste tipo de estrutura durante a etapa de análise morfológica, com a ampliação dos dicionários mediante a inserção de palavras mais específicos de domínio.

A investigação desta hipótese, bem como da relação do vocabulário extraído com os conceitos de domínio estão previstos como trabalhos futuros. Ainda como trabalhos futuros, prevê-se a otimização de cada uma das etapas envolvidas com a utilização de ferramentas como, por exemplo, o *mweToolkit* [Ramisch et al. 2010] em conjunto com o *ExATOlp* [Lopes et al. 2012] durante a análise morfológica.

6. Agradecimentos

Agradecimentos à FAPERGS pelo incentivo financeiro concedido ao projeto.

Referências

Calefato, F., Lanubile, F., and Prikladnicki, R. (2011). A controlled experiment on the effects of machine translation in multilingual requirements meetings. In *Global Software Engineering (ICGSE), 2011 6th IEEE International Conference on*, pages 94 –102.

Caseli, H. M. (2003). Alinhamento sentencial de textos paralelos português-inglês. Master's thesis, ICMS-USP.

Caseli, H. M. and Nunes, M. (2007). Automatic induction of bilingual lexicons for machine translation. In *International Journal of Translation*, volume 19, pages 29–43.

Forcada, M. L., Ginestí-Rosell, M., Nordfalk, J., O'Regan, J., Ortiz-Rojas, S., Pérez-Ortiz, J. A., Sánchez-Martínez, F., Ramírez-Sánchez, G., and Tyers, F. (2011). Apertium: a free/open-source platform for rule-based machine translation. *Machine Translation*, 25:127–144.

Ha, L. A., Fernandez, G., Mitkov, R., and Corpas, G. (2008). Mutual bilingual terminology extraction. In *Proceedings of LREC*, Marrakesh, Morocco.

Hilgert, L., Calefato, F., Lanubile, F., Prikladnicki, R., Vieira, R., Finatto, M. J., and Termignoni, S. (2012). Real-time machine translation for software development teams. Technical report, PUCRS.

Lopes, L., Vieira, R., Fernandes, P., and Couto, G. (2012). Exatolp: extraction of language resources from portuguese corpora. In *International Conference on Computational Processing of the Portuguese Language - PROPOR*.

Moore, R. C. (2002). Fast and accurate sentence alignment of bilingual corpora. In *Proceedings of the 5th Conference of the Association for Machine Translation in the Americas on Machine Translation: From Research to Real Users*, AMTA '02, pages 135–144, London, UK, UK. Springer-Verlag.

Nakatsuka, M., Yasunaga, S., and Kuwabara, K. (2010). Extending a multilingual chat application: Towards collaborative language resource building. In *Cognitive Informatics (ICCI), 2010 9th IEEE International Conference on*, pages 137 –142.

Och, F. J. and Ney, H. (2003). A systematic comparison of various statistical alignment models. *Comput. Linguist.*, 29(1):19–51.

Ramisch, C., Villavicencio, A., and Boitet, C. (2010). mwetoolkit: a Framework for Multiword Expression Identification. In Calzolari, N., Choukri, K., Maegaard, B., Mariani, J., Odjik, J., Piperidis, S., Rosner, M., and Tapias, D., editors, *Proceedings of the Seventh International Conference on Language Resources and Evaluation (LREC 2010)*, Valetta, Malta. European Language Resources Association.

Rocheteau, J. and Daille, B. (2011). Ttc termsuite: A uima application for multilingual terminology extraction from comparable corpora. In *5th International Joint Conference on Natural Language Processing*.

Tiedemann, J. (2012). Parallel data, tools and interfaces in opus. In Calzolari, N., Choukri, K., Declerck, T., Doğan, M. U., Maegaard, B., Mariani, J., Odijk, J., and Piperidis, S., editors, *Proceedings of the Eighth International Conference on Language Resources and Evaluation (LREC-2012)*, pages 2214–2218, Istanbul, Turkey. European Language Resources Association (ELRA). ACL Anthology Identifier: L12-1246.

Varga, D., Németh, L., Halácsy, P., Kornai, A., Trón, V., and Nagy, V. (2005). Parallel corpora for medium density languages. In *Recent Advances in Natural Language Processing (RANLP 2005)*, pages 590–596.

Yamashita, N., Inaba, R., Kuzuoka, H., and Ishida, T. (2009). Difficulties in establishing common ground in multiparty groups using machine translation. In *Proceedings of the 27th international conference on Human factors in computing systems*, CHI '09, pages 679–688, New York, NY, USA. ACM.

Yamashita, N. and Ishida, T. (2006). Effects of machine translation on collaborative work. *Proceedings of the 2006 20th anniversary conference on Computer supported cooperative work CSCW 06*, page 515.

Zhang, C. (2009). Extracting chinese-english bilingual core terminology from parallel classified corpora in special domain. In *Proceedings of the 2009 IEEE/WIC/ACM International Joint Conference on Web Intelligence and Intelligent Agent Technology - Volume 03*, WI-IAT '09, pages 271–274, Washington, DC, USA. IEEE Computer Society.

Corpus-amostra Coelho Netto: compilação, anotação e ocorrências em textos literários dos séc. XIX e XX

Francimary Macêdo Martins[1]

[1]Universidade Federal do Maranhão (UFMA)
Caixa Postal 15.064 – 91.501-970 – São Luís -MA - Brasil

francimary@dee.ufma.br

Abstract. *This paper presents doctoral thesis in progress of formation of corpus-sample Coelho Netto, a corpus compiled, annotated and analyzed morphosyntactically occurrences and opulence of verbs, adjectives and adverbs in-ly compared the texts of the same period, as well as observation the accuracy of automatic labeler Aelius (free software in Python), model Hunpos, trained at Corpus of Historical Portuguese Tycho Brahe (CHPTB) in literary texts by this author: two novels and three short stories of the period between the end of the 19th century and early 20th century. The Corpus is approximately forty-seven thousand tokens (words and punctuations).*

Resumo. *Este trabalho apresenta a tese de doutoramento em andamento da constituição do corpus-amostra Coelho Netto, um corpus compilado, anotado morfossintaticamente e analisadas as ocorrências e opulência de verbos, adjetivos e advérbios em –mente em comparação a textos do mesmo período, além de observação da acurácia do etiquetador automático Aelius (software livre em Python), modelo Hunpos, treinado no Corpus Histórico do Português Tycho Brahe (CHPTB) em textos literários desse autor: dois romances e três contos do período entre final do século XIX e início do século XX. O Corpus tem aproximadamente quarenta e sete mil tokens (palavras e pontuações).*

1. Introdução

Tendo como norteador a experiência do grupo ComPlin (Computação e Linguagem Natural) da UFC (Universidade Federal do Ceará), o CORPTEXTLIT (Corpus de Língua Portuguesa de Textos Literários do Século XIX), que anotará, morfossintaticamente, "textos de literatura brasileira do século XIX que compreenderá 40 obras do período [..] cerca de 2.500.000 *tokens*, com 10% a serem revistos manualmente" [ALENCAR, 2010b], estruturou-se o trabalho de compilação, anotação e análise de ocorrência do *corpus*-amostra Coelho Netto, doravante CACN: um *corpus*-amostra de textos literários de obras de Coelho Netto, no caso específico dois romances (*Turbilhão* e *A Conquista*) e três contos (Firmo, o vaqueiro; Mandovi e O Enterro, do livro *Sertão*) produzidos entre os anos de 1896 a 1906.

Entende-se que a disponibilização digital de textos desse autor, especificamente dois dos mais renomados romances e os principais contos de sua vertente regionalista, constitui-se em uma colaboração primordial para que o escritor possa ser lido e seus textos explorados em análises linguístico-literárias, contribuindo assim para a revitalização de seus textos, que teve sua obra, às portas do Modernismo Brasileiro, intensamente negada e desqualificada pelos seus representantes, ao ponto de suas produções serem excluídas das grandes coletâneas literárias que fez com que ele fosse praticamente esquecido pelo seu país e por sua terra, não sendo lido pelas gerações futuras [NETTO, 1964]. Além de possibilitar acesso aos textos para leitura e análises pontuais, o *corpus* permite também um estudo mais completo sobre o fenômeno literário tanto do escritor quanto da época de suas produções.

A Linguística de Corpus se ressente do distanciamento que ainda persiste entre as áreas de Letras, por um lado, e Computação e Informática, por outro. Percebe-se na região Sudeste do Brasil uma crescente investigação de linguistas com o suporte da Linguística Computacional e Linguística de Corpus (LCLC). No Nordeste, as pesquisas ainda são tímidas, o que justifica que se realizem investigações utilizando a LCLC [ALENCAR, 2009]. O uso da LCLC vai possibilitar mais do que explorar um *corpus* computadorizado com possibilidades de mais precisão e maior qualidade na análise dos dados, mas também contribuir com a disponibilização de textos literários de autores não tão lidos, muito ricos em produção e poucos reconhecidos pela comunidade acadêmica, enriquecendo o banco de dados de corpora já existentes no Brasil e na Europa, como: CHPTB, CORPTEXTLIT, Linguateca, Floresta Sintática, Corpus de Araraquara, Lácio-Web/NILC, CE-DOHS dentre outros [BERBER SARDINHA, 2000; ALUÍSIO E ALMEIDA, 2006, SARDINHA, 2004].

2. O *Corpus*-Amostra Coelho Netto (CACN)

O *corpus*-amostra será denominado assim porque que se trata da compilação somente de dois romances e três contos do acervo da obra de Coelho Netto. Considerando-se o volume de sua obra publicada, em torno de dezessete romances, dezessete livros de contos, mais de mil artigos, diversos contos avulsos, comédias, peças teatrais etc. [NETTO, 1964], o *corpus* que será compilado constitui-se somente como uma amostra de tudo que foi produzido pelo escritor. O *corpus* compreende dois romances: *A conquista* (1899 – séc. XIX): cap. I, VI, XII, XVIII, XXVIII; *Turbilhão* (1906 – séc. XX): cap. I, V, X, XV, XX, XXV. E três contos do livro *Sertão* (1896 – séc. XIX): Firmo, o vaqueiro; Mandovi e O Enterro. O CACN conterá aproximadamente 47.000 *tokens*. É um *corpus*, relativamente, pequeno [BERBER SARDINHA, 2000]. O tamanho do *corpus* depende dos objetivos da pesquisa: "O *corpus* é uma amostra de uma população cuja dimensão não se conhece (a linguagem como um todo). Desse modo, não se pode estabelecer qual seria o tamanho ideal da amostra para que ela represente esta população" [BERBER SARDINHA, 2000, p. 342]. Neste caso, o tamanho do *corpus* foi delimitado conforme entendimento que para a produção de uma tese seria suficiente para o início de ações posteriores de aumento do *corpus* demandados em projetos de pesquisas destinados exclusivamente a criação e compilação de *corpora* robustos, como no caso do CORPTEXTLIT.

O *corpus* de comparação servirá como base para verificar a acurácia do anotador (Aelius, modelo Hunpos) em comparação a outros textos literários do séc. XIX e XX e também da ocorrência de verbos, adjetivos e advérbios em –mente. Esse *corpus* consiste de textos dos escritores Machado de Assis - *Esaú e Jacó* (1904): cap. 01, 04 e 08; e Camilo Castelo Branco - *Amor de Perdição* (1862): cap. 01, 02 e 04. O primeiro é do português brasileiro e o segundo do português de Portugal. Ressalta-se que estes textos foram escolhidos para servir de comparação com os textos de Coelho Netto por esses escritores sofreram da mesma crítica pelos modernistas: de utilizarem linguagem muito rebuscada em seus escritos, pois "foram vítimas das mesmas acusações (de ser rebuscado e prolixo em seus textos), os escritores: Chateaubriand, Victor Hugo, Eça de Queiroz, Camilo Castelo Branco, Castro Alves, Álvarez de Azevedo, José de Alencar, Rui Barbosa, Euclides da Cunha, todos os românticos e os naturalistas também" [BROCA, 1958, p. 3]. Convém ressaltar que o conceito o rebuscamento adotado provinha do entendimento dos modernistas à época, como no trecho:

> Levantou-os, de novo, acima da cabeça, as mãos juntas, estrincando os dedos enclavinhados e bocejou, espichando-se nas pontas dos pés caindo depois, rijamente, sobre os tacões. Já as primeiras páginas haviam descido para a clichagem. Embaixo, martelavam pancadas crebas, como de matracas [NETTO, 1958, p. 829].

3. Ferramentas Computacionais

Para o processamento automático do CACN está sendo utilizada a linguagem de programação Python, intuitiva, de fácil assimilação, mas de altíssimo nível, orientada a objeto, de tipagem dinâmica e forte, interpretada e interativa, do tipo *open-source* (código-fonte aberto) podendo ser rodado em Windows, Linux / Unix, Mac OS X [PYTHON.ORG., 2012]. É acessado através da IDLE (*Interactive Development Environment*), traduzido como ambiente de desenvolvimento interativo. Python permite análises que buscam observar concordâncias, frequências, quantidades, repetições, diversidades, exceções, listas, extrações, sentenciação, toquenização (segmentação de um texto em unidades menores), anotações morfossintáticas dentre outros. Python utiliza a biblioteca NLTK que contém um conjunto de ferramentas necessárias à construção de programas para manipulação de dados voltados para trabalhar com o Processamento da Linguagem Natural (PLN). Tem também código-fonte livre e aberto e é uma ferramenta escrita em Python e para Python. A versão do NLTK utilizada nesse trabalho é a versão 2.0.1rc1 compatível com Python 2.7.3 instalados para o processamento do *corpus*.

O etiquetador morfossintático utilizado é o Aelius que faz parte do projeto *Aelius Brazilian Portuguese POS-Tagger,* registrado no SourceForge.net[1], e destina-se "ao pré-processamento de textos, construção de etiquetador morfossintático, anotação de corpora e auxílio de revisão humana de anotação automática" [ALENCAR, 2010a, p. 2]. O modelo utilizado é o Hunpos, treinado em textos do português do séc. XIX, do *Corpus* Histórico do Português Tycho Brahe (CHPTB), e que demonstrou melhor performance no que se refere à acurácia da anotação em textos literários desse período, de 95%, como constatou Alencar [2011].

4. Procedimentos

A compilação, anotação e análise de um *corpus* cumprem etapas distintas como referenciadas em Sardinha [2004] e Aluísio e Almeida [2006], que se configuram em etapas metodológicas para sua composição: seleção de textos; compilação e manipulação

[1] SOURCEFOGE.NET - Maior hospedagem mundial de software de código aberto. Disponível em: http://sourceforge.net/

do *corpus* que consiste primeiramente em armazenar/arquivar os textos selecionados; limpeza, edição e atualização dos textos/arquivos para o processamento computacional (retiram-se imagens, gráficos, tabelas, nº de páginas, cabeçalhos, rodapés e outras informações que não são propriamente o texto), a edição está relacionada com a comparação do texto digitado com o texto original impresso (necessária para a correta análise do anotador morfossintático), e a atualização refere-se à uniformização dos textos de acordo com a norma ortográfica vigente para que o processador possa fazer a anotação; nomeação de arquivos feita após conversão dos textos no formato "txt"; e anotação morfossintática do *corpus* compilado que consiste em: "atribuir um rótulo ou etiqueta (tag) [...] a cada palavra da língua, símbolo de pontuação, palavra estrangeira, ou fórmula matemática de acordo com o contexto em que aparecem" [AIRES, 2000, p. 8].

Após geração dos arquivos anotados, deve-se coletar uma amostra do material anotado que deverá ser corrigido manualmente, em torno de 10% do *corpus* anotado (11.700 *tokens*). A correção manual é realizada no próprio arquivo anotado que, após execução de comandos específicos, em Python, gera um outro arquivo com o texto corrigido. Somente após essa correção é que são realizadas as análises linguísticas estabelecidas a *priori* neste trabalho: frequências, quantidades, repetições, diversidade lexical (frequência de verbos, adjetivos e advérbios em *–mente).*

5. Resultados em andamento

Ainda em fase de conclusão, o trabalho apresentou alguns resultados referentes a todo o processo de compilação, anotação e análise do CACN. Concluída a fase inicial do trabalho, de seleção dos textos e digitalização, concluímos o processo de edição e atualização dos dois romances e dois contos. Feita a anotação morfossintática automática estamos em processo de correção manual do corpus para gerar arquivo para correção automática. Os processos que demandam mais precisão são os de compilação e correção manual dos textos anotados morfossintaticamente. As outras ações, relacionadas às análises linguísticas são geradas computacionalmente e automaticamente por comandos pré-estabelecidos, portanto com maior velocidade e eficiência. Convém destacar que é primordial um trabalho acurado nas etapas anteriores, para que os resultados do processamento computacional sejam efetivos. Alguns exemplos do que já foi revelado no processo de compilação:

- quanto à edição (comparação do texto digitado com o texto original impresso): *"Nas casas dos escravos,* ***às vezes****, à noite, ensaiavam as crianças."* (texto digital); *"Nas casas dos escravos,* ***as velhas****, à noite, ensaiavam as crianças."* (editado, conforme texto impresso).

- quanto à anotação morfossintática realizada pelo Aelius: *"Revistas/N-P as/D-F-P últimas/ADJ-F-P provas/N-P do/P+D conto/N de/P Aurélio/NPR Mendes/NPR o/D Anacharsis/N dos/P+D-P "/QT Idílios/NPR-P pagãos/ADJ-P "/QT ,/, Paulo/NPR Jove/NPR arredou/VB-P a/D-F cadeira/N e/CONJ pôs/VB-D -/+ se/SE de/P pé/N ,/, desabafando/VB-G ./."*

- quanto à correção manual do texto anotado: *"Revistas/N-P as/D-F-P últimas/ADJ-F-P provas/N-P do/P+D conto/N"* (texto anotado pelo Aelius); *"Revistas/N-P@****VB-AN-F-P*** *as/D-F-P últimas/ADJ-F-P provas/N-P do/P+D conto/N"* (correção manual para correção automática).

Este trabalho possibilitará à comunidade linguística diversas análises linguísticas, tanto em questões literárias quanto nas questões morfológicas e lexicográficas, e outras possibilidades de análises que interessem aos pesquisadores. Serão relevantes os resultados da observação quanto a diversidade lexical dos textos de CN, que levará a verificar, especificamente, a frequência de verbos, adjetivos e advérbios em *–mente* nos textos e se há ou não muitas repetições, revelando assim a diversidade lexical afirmada pelo seu filho Coelho Netto [1964] e pela crítica literária que se debruçou em analisar sua obra. Não existe, nos grandes *corpora* de textos em português, um *corpus* significativo de textos literários do português brasileiro dos séc. XIX e XX anotados morfossintaticamente para o tratamento linguístico-computacional. Espera-se que ao concluir a tese, contribuamos com a Linguística de Corpus que "têm olhado a língua, tradicionalmente, por ângulos diferentes" [BERBER SARDINHA, 2003, p. 1], no sentido de investigar os gêneros por meio de um grande número de textos, os quais formam um *corpus* eletrônico.

7. Referências

AIRES, Rachel. V. X. (2000). "Implementação, adaptação, combinação e avaliação de etiquetadores para o português do Brasil". Tese de Mestrado. Instituto de Ciências Matemáticas de São Carlos, Universidade de São Paulo. Disponível em: <http://www.linguateca.pt/Repositorio/Aires2000.ps> Acesso em: 21 jan. 2013.

ALENCAR, Leonel F. de. (2009). "Técnicas em software livre para exploração de corpora do português livremente disponíveis na WWW". UFC. In: *Veredas on-line – linguística de corpus e computacional*, p. 134-150. Disponível em: <http://www.ufjf.br/revistaveredas/files/2009/11/ARTIGO-Leonel-Figueiredo-de-Alencar.pdf>. Acesso em: 20 jan. 2013.

ALENCAR, Leonel F. de. (2010a). "Aelius: uma ferramenta para anotação automática de corpora usando o NLTK". IX Encontro de Linguística de *Corpus*. Porto Alegre, PUCRS, 8 e 9 de outubro. Disponível em: <http://corpuslg.org/gelc/media/blogs/elc2010/slides/Figueiredo_de_Alencar.pdf>. Acesso em: 20 jan. 2013.

ALENCAR, Leonel F. de. (2010b). "CORPTEXTLIT – Corpus de Língua Portuguesa de Textos Literários do Século XIX". Fortaleza: [s.n.], Disponível em: <http://complin.blogspot.com.br/2012/03/corpus-de-textos-historicos.html>. Acesso em: 20 jan. 2013.

ALENCAR, Leonel F. de. (2011). "Utilização de informações lexicais extraídas automaticamente de corpora na análise sintática computacional do português". In: *Rev. Est. Ling.*, Belo Horizonte, v. 19, n. 1, p. 7-85, jan./jun. Disponível em: <www.periodicos.letras.ufmg.br/index.php/relin/article/.../2505> Acesso em: 20 jan. 2013.

ALUÍSIO, S.M.; ALMEIDA, G.M.B. (2006). "O que é e como se constrói um corpus? Lições aprendidas na compilação de vários corpora para pesquisa linguística". In: *Calidoscópio* (UNISINOS). Vol. 4, n. 3, p. 155-177, set/dez. Disponível em:

<http://www.unisinos.br/publicacoes_cientificas/images/stories/pdfs_calidoscopio/vol4n3/art04_aluisio.pdf>. Acesso em: 20 jan. 2013.

BERBER SARDINHA, T. (2003). "Análise de Gênero e Linguística de Corpus: identificação das unidades internas do gênero por meio da padronização lexical". PUC: SP. Disponível em: <http://www2.lael.pucsp.br/direct/DirectPapers51.pdf>. Acesso em: 28 jan. 2013.

BERBER SARDINHA, Tony B. (2000). "Linguística de Corpus: histórico e problemática'. In: *DELTA* [online]. vol.16, n.2, pp. 323-367. Disponível em <http://www.scielo.br/scielo.php?script=sci_arttext&pid=S0102-44502000000200005>. Acesso em 15 jan. 2013.

BROCA, Brito. (1958). "Nota Preliminar - Coelho Netto, romancista". In: C*oelho Netto: obra seleta: romances*. V. 01. Biblioteca Luso-brasileira. Rio de Janeiro: José Aguilar. p. 1-26.

NETTO, Paulo C. (1964). "Coelho Netto: biografia para a juventude". Rio de Janeiro: Ed. Minerva.

NETTO, Coelho. Turbilhão. IN: NETTO, Coelho obra seleta: romances. V. 01. Biblioteca Luso-brasileira. Rio de Janeiro: José Aguilar, 1958. p. 827-1067.

"PYTHON.ORG". (2013) Python Programming Language – Official Website, 2013. Disponível em: <http://www.python.org/> Acesso em: 28 jan. 2013.

SARDINHA, T. B. (2004). "Linguística de Corpus". São Paulo, Manole.

Acoustic, Phonetic and Prosodic Features of Parkinson's disease Speech

Jorge Proença[1], Arlindo Veiga[1,2], Sara Candeias[1], Fernando Perdigão[1,2]

[1] Instituto de Telecomunicações, Coimbra, Portugal

[2] Electrical and Computer Eng. Department, University of Coimbra, Portugal

{jproenca,aveiga,saracandeias,fp}@co.it.pt

Abstract. *One of the frequent symptoms of Parkinson's disease (PD) is a progressive dysarthria, the difficulty with articulation. Characterization of dysarthric speech is important, for instance, for the adaptation of speech recognition systems to PD patients. In this work, we investigate acoustic and phonetic-prosodic characteristics of speech produced by PD patients in the European Portuguese. For this purpose, a speech database, consisting mainly on phonetically rich sentences, has been collected from a group of patients with different degrees of PD severity and a healthy control group. Only vowels in a stressed position in continuous speech context (i.e. no sustained vowels) were analyzed. Results show a centralization of vowel formant frequencies for PD speech, as expected. However, some of the usual features for discriminating PD speech were not always found to be statistically significant. Furthermore, an analysis of acoustic, spectral and prosodic features towards classifying PD speech shows that dynamic features are of highest importance in this task.*

1. Introduction

Parkinson is a type of degenerative disease of the central nervous system and is more common in the elderly, with most cases occurring after the age of fifty [Fahn 2010]. Some of the most obvious symptoms are related to movement impairment, including *bradykinesia* (or slowness of movement), resting tremor, rigidity and difficulty on walking [Lees et al. 2009]. Typically 90% of patients with PD reveal disabilities in speech production [Ramig et al. 2008]. The most common speech problems experienced involve *hypophonia* (or reduced volume), monotone (or reduced pitch range) and dysarthria (difficulty with articulation of sounds and syllables) [Ramig et al. 2008; Goberman and Coelho 2002]. Among the effects of the PD, the patients also show difficulty to handle common computer peripherals (keyboard, mouse, touchscreen, etc.). As a result of the reduced speech intelligibility and movement rigidity, people with PD often become isolated [Cote et al. 2000] and speech technologies can offer a relevant contribution to improve their quality of life.

The present study aims to identify some acoustic, phonetic and prosodic characteristics of the speech of PD patients for European Portuguese. The ultimate goal is to adapt a speech recognizer for PD patients to be used for friendly technological interfaces.

In order to reveal possible correlations among vowel articulation and the stage of the disease, [Skoda et al. 2011] analyzed both F1 and F2 frequency values of the vowels /a/, /i/ and /u/, representing the triangle vertices of the vowel chart. Based on the values of the F1 and F2 of these three vowels, geometric calculations such as vowel space area (VSA) [Skoda et al. 2011; Roy et al. 2009] and vowel articulation index (VAI) [Skoda et al. 2011] have been used as indicators of a dysarthric speech. Among the differences between PD and healthy speech related to the first two formants, differences in the patterns of variability for vowel production were marked in [Soares 2011]. The extension of these findings for European Portuguese language awaits clarification so far. Considering the specific speech characteristics typically associated in the literature with PD speech, we focus here on the detailed spectral parameters of the speech produced by PD patients. Phonetic information relies on F1 and F2 for the vowels [i], [E], [a], [O] and [u] (in SAMPA, [Wells 1997]). Finally, several acoustical measures were studied in order to identify features that are well correlated with PD

In the next section, the speech corpus of PD patients collected for experimental findings is described. Section 3 describes the phonetic analysis on the corpus. . In section 4 acoustic and prosodic features are analyzed for classification of PD speech. The paper ends with the concluding remarks.

2. Parkinson Disease Speech Corpus

A corpus consisting of a series of 1002 utterances of phonetically rich sentences and isolated words (mainly commands) was collected from 22 PD patients (12 females and 10 males) with different degrees of the disease. Patients are aged between 50 and 80 years old. Recordings took place at the neurology service of the Hospital of the University of Coimbra. In each recording sessions, the same common set-up was used, which consists of a laptop computer and three microphones. Parkinson disease speech corpus represents 90 minutes of read speech recorded at a 48 kHz sampling rate. A healthy control group (3 females and 4 males between 25 and 51 years old) was also recruited for recording the same battery of speech production tasks under identical acoustic conditions. Segmentation at the phone-level was automatically done for each session through forced-alignment with our phone recognizer [Lopes et al. 2008].

It is possible to distinguish two different PD speech degrees on the basis on the fluency of the speech produced: normally articulated and rhythmical (Low-PD), and slow and awkwardly articulated speech (High-PD). Hence, the patients were distinguished as belonging to one of these two levels of dysarthria. This classification was done by perceptual experiments with a high level of agreement.

3. Phonetic Analysis

3.1. Vowel Formants

Given the characteristics of continuous speech, estimating formant frequency values is not a straightforward task. To minimize problems with unclearly outlined or rapidly variable formants, restrictions were made on which segments would be proper for analysis. Therefore, vowels [a], [E], [i], [O] and [u] in a stressed position were selected from the aligned transcriptions at phone level, including only those with duration above

50ms. Furthermore, each segment was cut where the energy level was 20 dB below of the maximum energy, to specifically consider the well established part of the vowel.

The Praat tool [Boersma and Weenink 2013] was used to automatically extract the first (F1) and second (F2) formant frequencies. A similar method to [Escudero et al. 2009] was applied, given the foreknowledge that different vowels and speakers need different formant ceilings for the automatic calculation. An iterative calculation of formants was performed in 10 ms steps using ceilings in the 4000-5500Hz range (for males) or 4500-6500Hz (for females) in 50Hz steps. The optimal ceiling for a vowel of a given speaker was the one that provided the minimum variance of F1 and F2 between the available samples of that vowel. This was calculated as the sum of the variances of 20log(F1) and 20log(F2), where F1 and F2 are the median values of each segment. Through manual verification, it was deemed necessary to further restrict the ceiling ranges of the method, depending on vowel, ranges decided empirically: (Female/Male) 5500-6000/4800-5200Hz for [i] and [E], 4800-5200/4300-4700Hz for [a] and 4000-4500/4000-4200 for [O] and [u]. After calculations in 10 ms steps, we chose to only extract the median formant values for each vowel. The number of vowel tokens kept after restrictions was 4555 ([i]: 1233; [E]: 666; [a]: 1941; [O]: 376; [u]: 339).

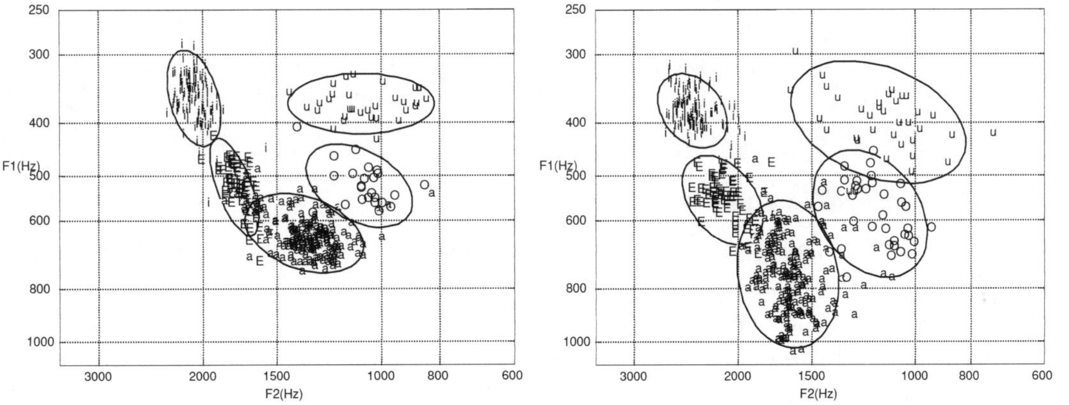

Figure 1: F1 and F2 for vowels [i], [E], [a], [O] and [u] of Males of the Low-PD group (left) and Females of the Low-PD group (right).

F1 and F2 values for the vowels show large variations but don't overlap much. Figure 1 shows an example of these values for the Low-PD group. Some of the [u] F2 values are uncharacteristically high, and many of these cases were manually confirmed to be correct. This can be explained by the circumstance of continuous speech, where the vowels may be partially displaced to a centralized position. Median values were calculated as an effective way to remove some outliers. Comparing the F1/F2 vowel triangles for High-PD and Low-PD speakers (Fig. 2), it can be reported that as the dysarthria progresses the triangle of the vowels reduces, with lower F1 values, mainly for [E], [a] and [O], and with a slight centralization of F2 values. This tendency could confirm the articulatory restriction of PD patients as a result of the rigidity of the vocal muscle, considerably evident in the production of open central vowel [a]. Male PD speakers also presented a larger centralization of [O] and [u]. In general, the articulation of vowels of the low-PD group tends to be closer to the control group, indicating that the reduction of the vowels space cannot be considered a feasible indicator for mild forms of dysarthria.

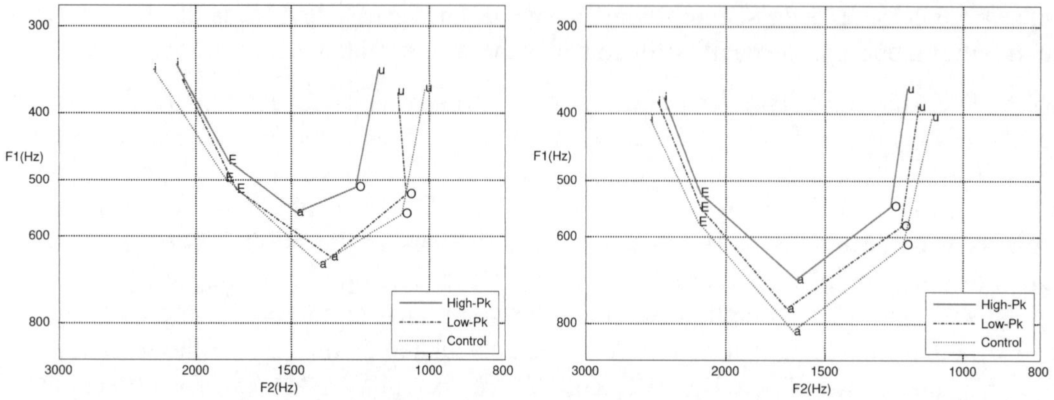

Figure 2: F2 and F1 median values of [i], [E], [a], [O] and [u] for males (left) and females (right) in Control, Low-PD and High-PD groups.

3.2 Formant metrics

For each speaker, vowel space area (VSA) and vowel articulation index (VAI) were calculated, [Skoda et al. 2011]. Another unused metric is the Formant Centralization Ratio (FCR), which is the inverse value of VAI. Although average values show an expected reduction of vowel space area and lower articulation for PD-patients, the only result of statistical significance is Male VAI for Control (0.92±0.07) vs. High-PD (0.80±0.07) with $p=0.038$.

4. Acoustic-Prosodic analysis

To identify the acoustical characteristics which may be appropriate to classify speech from PD patients, two sets of features were considered: one is based on Gaussian Mixture Models (GMM) supervectors applied to Mel Frequency Cepstral Coefficients; the other is derived from the openSMILE toolkit [Eyben et al. 2010] which corresponds to measures applied to spectral and prosodic parameters. To evaluate a figure of merit for each feature in terms of PD disease discriminative performance, we considered a two class problem trained to separate speakers with high-PD level from others. Two classifiers were used: SVM for GMM supervectors and Bayes Network, [Hall et al. 2009], for the "Smile" features. Summarily, the main indication from the results was that dynamic features were the highest ranked in separating PD speech from normal.

5. Conclusions

In this paper we described our current research towards finding acoustic and phonetic characteristics in the speech of Parkinson disease (PD) patients. A speech database from different levels of severity of PD has been collected for this purpose. F1 and F2 formant frequencies have shown differences in central vowels for high level of PD; however, from the usual metrics to evaluate dysarthric speech, only vowel articulation for control males versus high-level PD males had statistical significance. We also found that the most significant features for PD speech discrimination are dynamic features. This is in accordance with the effect of movement impairment in PD, which reduces the capability of articulating in a dynamic way. We plan to evaluate the possibility of integrating these features on the development of a speech recognizer system adapted to PD patients.

References

Boersma, P. and Weenink, D., "Praat: doing phonetics by computer" Computer program, Version 5.3.42, http://www.praat.org/, retrieved on 2 March 2013.

Cote L., Sprinzeles LL., Elliott R. and Kutscher AH [Eds], Parkinson's Disease and Quality of Life. New York: Haworth Press, 2000.

Escudero, P., Boersma, P., Rauber, A. S. and Bion, R. A. H., "A cross-dialect acoustic description of vowels: Brazilian and European Portuguese", Journal of the Acoustical Society of America, 126(3): 1379-1393, 2009.

Eyben, F., Wöllmer, M. and Schuller, B., "openSMILE - The Munich Versatile and Fast Open-Source Audio Feature Extractor," ACM Multimedia Proc.: 1459–1462, 2010.

Fahn, S., "Parkinson's disease: 10 years of progress, 1997–2007", Mov Disord, 25 (Suppl 1): S2–S14, 2010.

Goberman, A. and Coelho, C., "Acoustic analysis of Parkinsonian speech I: Speech characteristics and L-Dopa therapy", NeuroRehabilitation, 17: 237–246, 2002.

Hall, M., Frank, E., Holmes, G., Pfahringer, B., Reutemann, P. and Witten, I., "The WEKA Data Mining Software: an Update" SIGKDD Explorations, 11, 2009.

Lees, A. J., Hardy, J. and Revesz, T., "Parkinson's disease", Lancet, 373: 2055–2066, 2009.

Lopes, J., Neves, C., Veiga, A., Maciel, A. M., Lopes, C., Perdigão, F., Sá, L. V., "Development of a Speech Recognizer with the Tecnovoz Database", Proc International Conf. on Computational Processing of Portuguese - PROPOR, Aveiro, Portugal, Vol. , pp. 260 - 263, September, 2008.

Ramig LO., Fox C., and Sapir S., "Speech treatment for Parkinson's disease", Expert Rev Neurother, 8(2):297-309, 2008.

Roy, N., Nissen, S.L., Dromey, C. and Sapir, S., "Articulatory changes in muscle tension dysphonia: Evidence of vowel space expansion following manual circumlaryngeal therapy", Journal of Communication Disorders, 42(2): 124–135, 2009.

Skodda, S., Visser, W. and Schlegel, U., "Vowel Articulation in Parkinson's Disease", Journal of Voice, 25(4): 467-472, 2011.

Soares, M. F. de Paula, "Vowel variability in speakers with parkinson's disease", ICPhS XVII Proc.: 1570-1573, 2011.

Wells, J.C., 1997. 'SAMPA computer readable phonetic alphabet'. In Gibbon, D., Moore, R. and Winski, R. (eds.), 1997. *Handbook of Standards and Resources for Spoken Language Systems*. Berlin and New York: Mouton de Gruyter. Part IV, section B

Classificação de Prioridade de *Tweets* utilizando Máquinas de Vetor de Suporte

Vinícius Pazzini[1], Tiago Schenkel[1], Mikael Poetsch[1] e Ricardo Matsumura Araujo[1]

[1]Centro de Desenvolvimento Tecnológico
Universidade Federal de Pelotas (UFPel)
Pelotas – RS – Brasil

{vspazzini,tschenkel,mpoetsch,ricardo}@inf.ufpel.edu.br

Resumo. *Este artigo provê resultados iniciais sobre a tarefa de classificação automática de prioridade de* tweets, *como forma de amenizar a sobrecarga de informação sofrida por usuários do* Twitter. *Para tanto, aplicamos Máquinas de Vetor de Suporte a um extenso conjunto de exemplos contendo* tweets *manualmente classificados por nove usuários. Mostramos resultados promissores mesmo com a quantidade limitada de informações textuais presente em* tweets.

1. Introdução

O *Twitter* é um site de rede social que permite a troca de mensagens curtas (*tweets*) entre seus usuários de maneira rápida e facilitada através de suas inúmeras formas de acesso (portal *web*, aplicativos para dispositivos móveis, dentre outros) [Twitter 2013]. Ao utilizar a ferramenta, o usuário recebe em sua *timeline* todos os *tweets* postados pelas pessoas que ele está seguindo, em ordem cronológica. Devido à popularização do uso da ferramenta, cada vez mais mensagens são trocadas através do *Twitter*, gerando uma grande quantidade de mensagens presentes na *timeline* dos usuários, frequentemente tornando-se inviável ler todas mensagens.

Um dos problemas desta abordagem é que ela pressupõe que o interesse em seguir uma pessoa implica em interesse em todo conteúdo gerado por essa pessoa. No entanto, usuários geram conteúdos de diferentes tipos que são de interesse variado para outros usuários - e.g. um usuário seguindo um político pode estar interessado em conteúdos de política, mas não quando este faz comentários sobre futebol. Isto potencialmente gera uma grande quantidade de *tweets* que não são do interesse do usuário e que tiram a atenção de mensagens mais importantes ou interessantes [Horn 2010].

Para amenizar essa sobrecarga de informações, propomos neste trabalho a aplicação de algoritmos de aprendizado de máquina [Mitchell 1997] no problema de classificação de prioridade de *tweets*, segundo conceitos individuais de relevância e de importância. Neste artigo, mostramos resultados da aplicação de Máquinas de Vetor de Suporte a uma base de exemplos com *tweets* classificados manualmente por nove usuários.

2. Trabalhos Relacionados

Algoritmos de classificação baseados em técnicas de aprendizado de máquina já são amplamente utilizados na criação de filtros automáticos de conteúdos textuais. Para este fim, abordagens supervisionadas e não-supervisionadas têm sido empregadas em serviços de correio eletrônico e redes sociais virtuais. Dentre estes, destacam-se os filtros de mensagens indesejadas ou *SPAM* [Segaran 2008], a caixa de mensagens prioritárias do *Gmail*

[Aberdeen et al. 2010] e o recurso de notícias principais do *Facebook*. Todas essas aplicações práticas visam amenizar a sobrecarga de informações a que o usuário está sujeito, bem como poupar o tempo do usuário.

Há dois grandes diferenciais na aplicação de técnicas semelhantes ao *Twitter*. Por um lado, a quantidade de informação textual presente em um *tweet* é bastante limitada: 140 caracteres. Em oposição, e-mails frequentemente possuem milhares de caracteres. Por outro lado, o *Twitter* oferece informações sociais sobre os usuários que, potencialmente, podem ser atributos úteis na tarefa de classificação.

3. Metodologia

Para o presente trabalho foi utilizado uma base de dados construída por Schenkel (2011), composta de *tweets* classificados manualmente por nove voluntários de acordo com seus interesses individuais. Através de uma ferramenta *web*, a *timeline* dos voluntários foi coletada e armazenada. Posteriormente, os voluntários rotularam seus *tweets* de acordo com seus interesses individuais, separando-os em três categorias: *importante*, *neutro* e *não-importante* [Schenkel 2011].

Além do texto do *tweet* e do rótulo recebido, outros dados foram coletados, tais como: data de publicação, autor da mensagem, aplicativo de origem, número de *retweets*, número de seguidores do autor da mensagem, dentre outros. O conjunto total de atributos coletados está disponível em [Schenkel 2011].

Para facilitar o uso do algoritmo de Máquinas de Vetor de Suporte (*SVM - Support Vector Machines*) [Pilászy 2008], os *tweets* rotulados como *neutro* e *não-importante* foram agrupados numa mesma categoria. Desta forma, as bases de treinamento e de testes elaboradas foram constituídas por *tweets* rotulados como *importantes* e *não-importantes*. O número total de *tweets* rotulados pelos voluntários e a distribuição de classes são mostrados na Tabela 1.

Tabela 1. Total de *tweets* manualmente rotulados pelos voluntários.

Usuário	Importante	Não-Importante	Total
Usuário 1	156 (19,21%)	656 (80,79%)	812
Usuário 2	53 (24,88%)	160 (75,12%)	213
Usuário 3	408 (31,19%)	900 (68,81%)	1308
Usuário 4	75 (32,89%)	153 (67,11%)	228
Usuário 5	63 (06,45%)	913 (93,55%)	976
Usuário 6	52 (03,11%)	1622 (96,89%)	1674
Usuário 7	78 (28,16%)	199 (71,84%)	277
Usuário 8	234 (28,78%)	579 (71,22%)	813
Usuário 9	106 (37,99%)	173 (62,01%)	279

O conjunto de atributos considerados no processo de classificação supervisionada foram: texto do *tweet*, origem, número de *retweets*, *retweeted* (*flag* que indica se a mensagem foi *retweetada*), nome do autor, localização do autor, número de seguidores do autor, número de amigos do autor, fuso horário, idioma, número de listas em que o autor foi adicionado, indicação se o *tweet* foi favoritado pelo usuário, usuários mencionados e *hashtag's* mencionadas.

O texto do *tweet* foi convertido em atributos numéricos através da técnica TF-IDF (*term frequency–inverse document frequency*), que mede o quão importante é cada palavra em relação a coleção de *tweets* coletada [Manning et al. 2008]. De modo a facilitar a criação do classficador, todos *tweets* rotulados foram utilizados, independentemente de seu idioma, ou seja, *tweets* escritos em inglês foram agrupados com *tweets* escritos em português. A implementação do classificador *SVM* foi feita utilizando-se a biblioteca *LIBSVM*, ferramenta *open-source* que fornece a implementação de Máquinas de Vetor de Suporte em diferentes linguagens de programação [Chang and Lin 2011].

Para relatar os resultados, utilizamos a técnica de validação cruzada com 10 partições (*10-fold cross-validation*) [Rezende 2005]. Nesta abordagem, a base de dados é dividida em 10 grupos com um mesmo número de exemplos rotulados. Em seguida, 9 grupos são utilizados para treinar o classificador e o grupo restante é utilizado para se verificar a taxa de acerto.

4. Resultados

A Figura 1 mostra os resultados do treinamento para cada usuário e cada classe. A média de acerto dos *tweets* corretamente classificados ficou em 70,3% para a categoria *importante* e 72,8% para a categoria *não-importante*.

Observa-se que a *SVM* foi capaz de aprender padrões nos dados, uma vez que os resultados apresentados são melhores que o esperado por decisões aleatórias. O algoritmo foi capaz de aprender mesmo em casos onde o número de *tweets* presentes na categoria *importante* era pequeno e muito inferior ao número de *tweets* presentes na categoria *não-importante* (caso dos dados rotulados pelos usuários 5 e 6).

Ainda que em todos os casos o classificador tenha obtido resultados melhores que decisão aleatória, observou-se que há uma grande disparidade na acurácia para diferentes usuários. Para o usuário 1, obtivemos cerca de 62% de acurácia para conteúdos marcados como importantes, enquanto que para o usuário 8 chegou-se a 87,5%. Mais ainda, a relação entre falsos positivos e falsos negativos varia consideravelmente entre usuários.

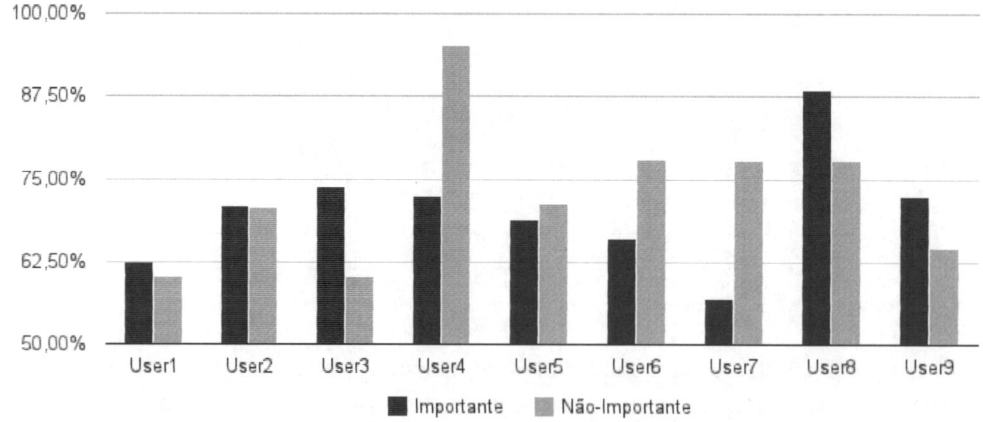

Figura 1. Acurácia do classificador para cada classe e para cada usuário.

Testamos também a acurácia do classificador quando treinado com diferentes atributos. A Figura 2 mostra a acurácia média quando limitamos o número de atributos utilizados. É possível observar que os atributos sociais e textuais são, de certa forma, complementares. Enquanto os atributos sociais são mais eficazes para classificar *tweets* importantes, atributos textuais são mais úteis para classificar *tweets* não-importantes. O uso de todos atributos disponíveis leva a resultados (em média) melhores e mais equilibrados entre as classes.

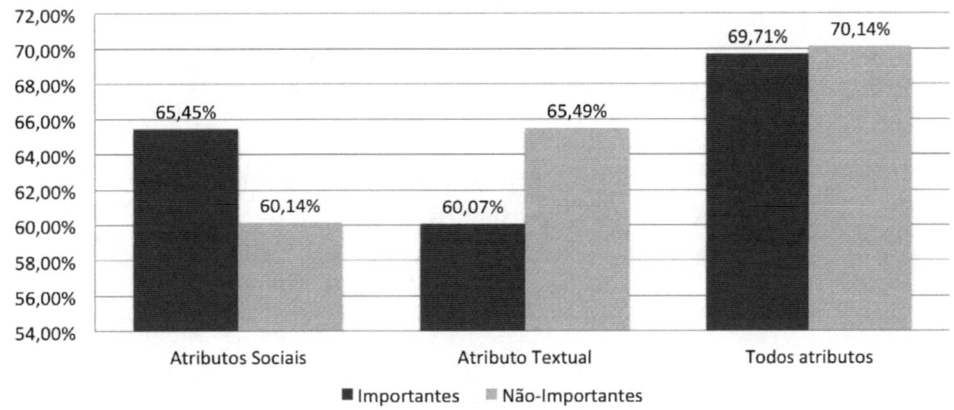

Figura 2. Acurácia média para cada classe utilizando diferentes atributos para treinamento.

5. Conclusões

É possível perceber que existe potencial no emprego de *SVM* para classificar *tweets* de acordo com prioridades fornecidas pelos usuários. Os resultados obtidos até o momento são promissores frente a limitação de um *tweet* conter no máximo 140 caracteres. Observou-se que a utilização de atributos sociais, característica diferencial dos sites de rede social, são úteis para obter boa acurácia, em particular na identificação de conteúdos classificados como importantes.

Compreender o motivo das disparidades observadas de acurácia entre usuários e entre classes é necessário para construir bons classificadores e é um problema que estamos atualmente focando. Também é necessário o teste com diferentes algoritmos de aprendizado de máquina - experimentos iniciais utilizando *Naïve Bayes* [Mitchell 1997] mostraram-se promissores.

O presente trabalho foi realizado com o apoio do UOL através do Programa UOL Bolsa Pesquisa, processo número 20120130151500.

Referências

[Aberdeen et al. 2010] Aberdeen, D., Pacovsky, O., and Slater, A. (2010). The learning behind gmail priority inbox. Technical report, LCCC - NIPS 2010 Workshop on Learning on Cores, Clusters and Clouds., Zurich, Switzerland. Disponível em: http://research.google.com/pubs/archive/36955.pdf Acesso em: 09 de novembro de 2011.

[Chang and Lin 2011] Chang, C.-C. and Lin, C.-J. (2011). LIBSVM: A library for support vector machines. *ACM Transactions on Intelligent Systems and Technology*, 2:27:1–27:27. Software available at http://www.csie.ntu.edu.tw/~cjlin/libsvm.

[Horn 2010] Horn, C. (2010). Analysis and classification of twitter messages. Master's thesis, Graz University of Technology, Graz, Styria, Austria. Disponível em: http://know-center.tugraz.at/wp-content/uploads/2010/12/Master-Thesis-Christopher-Horn.pdf Acesso em: 08 de março de 2013.

[Manning et al. 2008] Manning, C. D., Raghavan, P., and Schütze, H. (2008). *Introduction to Information Retrieval*. Cambridge University Press, New York, NY, 1st edition.

[Mitchell 1997] Mitchell, T. M. (1997). *Machine Learning*. McGraw-Hill, New York, NY, 1st edition.

[Pilászy 2008] Pilászy, I. (2008). Text categorization and support vector machines. Technical report, Department of Measurement and Information Systems, Budapest University of Technology and Economics. Disponível em: http://conf.uni-obuda.hu//mtn2005/Pilaszy.pdf Acesso em: 14 de abril de 2013.

[Rezende 2005] Rezende, S. O. (2005). *Sistemas Inteligentes*. Manole Ltda., Barueri, SP, 1st edition.

[Schenkel 2011] Schenkel, T. (2011). Além dos filtros sociais: aprendizado de máquina aplicado a personalização de mensagens no twitter. Trabalho acadêmico, Universidade Federal de Pelotas, Pelotas, RS. Disponível em: http://inf.ufpel.edu.br/nopcc/lib/exe/fetch.php?media=monografias:2011:2011-mono-tiago_schenkel.pdf Acesso em: 14 de abril de 2013.

[Segaran 2008] Segaran, T. (2008). *Programando a Inteligência Coletiva*. Alta Books, Rio de Janeiro, RJ, 1st edition.

[Twitter 2013] Twitter (2013). A forma mais rápida e simples de ficar perto de tudo que você gosta. Disponível em: https://twitter.com/about Acesso em: 21 de abril de 2013.

An Evaluation of the Brazilian Portuguese LIWC Dictionary for Sentiment Analysis

Pedro P. Balage Filho, Thiago A. S. Pardo, Sandra M. Aluísio

Interinstitutional Center for Computational Linguistics (NILC)
Institute of Mathematical and Computer Sciences, University of São Paulo
Sao Carlos - SP, Brazil

{balage,taspardo,sandra}@icmc.usp.br

Abstract. *This work presents an evaluation of the Brazilian Portuguese LIWC dictionary for Sentiment Analysis. This evaluation is conducted by comparison against two other sentiment resources for Portuguese language: Opinion Lexicon and SentiLex. We conducted an intrinsic and an extrinsic evaluations and show how LIWC dictionary could be used in sentiment analysis projects.*

1. Introduction

Linguistic Inquiry and Word Count (LIWC) is a text analysis software that calculates the degree of use for different categories of words across a wide array of texts [Pennebaker et al. 2001]. The core of this program is a lexicon resource, best known as LIWC dictionary, which recently has been made available for Portuguese Language [1].

Sentiment analysis, or opinion mining, is a relatively new topic of research in natural language processing that has gained lots of attention due to the growth of the social web. A common task in sentiment analysis is text classification. In this task, a text, sentence or piece of opinion may be classified as positive, negative or neutral.

Sentiment classification is commonly categorized in two basic approaches: machine learning and lexicon-based [Taboada et al. 2011]. Machine learning approach uses a set of features, usually the vocabulary, which are learned from annotated corpora or labelled examples. The lexicon-based approach uses a lexicon to provide the polarity, or semantic orientation, for each word or phrase in the text. This last approach does not require an annotated corpora, and it is known for its domain independence, while the machine learning approach tends to adapt to the domain the classifier was trained [Aue and Gamon 2005]. The main component for the lexicon-based sentiment classifier is the lexicon resource, which needs to be precise and have a good vocabulary coverage.

In this work, we evaluated the use of Brazilian Portuguese LIWC dictionary for sentiment classification in Brazilian Portuguese texts. In this evaluation we compared this resource against two other sentiment resources available for Portuguese: the Opinion Lexicon and the SentiLex. Two evaluations are presented: an intrinsic and an extrinsic evaluation. The aim of this work is to provide new insights about how these lexicons would be useful in sentiment analysis and their main characteristics.

[1] This resource was kindly provided by the researchers: Profa. Rove Chishman, Profa. Sandra Maria Aluísio and Rosângela Lopes Toledo Checchia. In the moment, we are not aware of any publication introducing the resource.

2. Sentiment Lexicons

2.1. LIWC Dictionary

The LIWC dictionary is a recent lexicon which was built from the original English LIWC dictionary [Pennebaker et al. 2001]. The purpose of this lexicon is to group words into categories that can further be used to analyze psycho-linguistic features in texts.

The LIWC dictionary has 127,149 entries, where each entry can be assigned to one or more categories. The two categories used in this evaluation are *posemo* (12,878 entries), which stands for positive emotion, and *negemo* (15,115 entries), which stands for negative emotion. Other categories would also be useful (e.g., affect, anger, sad, etc), however, we decided it would be a fair comparison against the other lexicons if we used only these two.

The English version for LIWC dictionary has been used for a number of relevant works in sentiment analysis. For example, SentiStrength [Thelwall et al. 2010] uses LIWC dictionary for building its internal word list, which is the core of this sentiment classifier; Ott et al. [Ott et al. 2011] uses it to identify fictitious opinions that have been deliberately written to sound authentic; Kim et al. [Kim et al. 2012] uses it to classify anonymous texts.

2.2. OpinionLexicon

The OpinionLexicon [Souza et al. 2011] is a dictionary built for sentiment analysis task. To construct this resource, the authors applied three methods from the literature: a corpus-based, a thesaurus-based and an automatic translation system. The lexicon in the version 2.1 is composed of 30,678 entries (30,236 words and 442 phrases).

Opinion Lexicon was used by Souza and Vieira [Souza and Vieira 2012] for twitter sentiment analysis; and by Ribeiro Junior et al. [Ribeiro Junior et al. 2012] to assess vehicle features in blogs.

2.3. SentiLex

SentiLex [Silva et al. 2012] is a lexicon constructed for social judgments domain. The lexicon approach was built starting from publicly available language resources and enlarged by a combination of a linguistic-based and machine learning strategies.

The SentiLex (version 2) is made up of 82,347 inflected forms, organized in adjectives (16,863), nouns (1,280), verbs (29,504) and idiomatic expressions (34,700). SentiLex was used by Morgado [Morgado 2012] in sentiment classification for Portuguese On-line news and by Santos et al. [Santos et al. 2012] to evaluate positive and negative polarity propagation of words.

3. Agreement Evaluation

First, in order to conduct a fair evaluation, we normalized all lexicons into a comparable format. In this normalization, we only took the unigrams and their polarity. For entries containing more than one polarity, we choose the polarity for the first entry. This assumption was made in order to have a comparable format among the dictionaries (because LWIC does not have PoS or semantic roles). As LIWC dictionary has not a neutral category, we conducted the comparison against polar words only.

In our experiment, we analyzed the pairwise agreement, i.e., number of lexicon entries with equal polarity, among the lexicons. Table 1 shows this agreement.

Table 1. Lexical Agreement for polar entries

Agreement	LIWC	Opinion Lexicon	SentiLex
LIWC	x	80.17% (of 1,871 entries)	74.83% (of 7,310 entries)
Opinion Lexicon	x	x	97.04% (of 13,880 entries)
SentiLex	x	x	x

As we can see from Table 1, LIWC stands for 80% of agreement with Opinion Lexicon and 75% with SentiLex. The correlation between Opinion Lexicon and SentiLex is 97%. The next section shows an extrinsic evaluation based on a sentiment analysis task.

4. Sentiment Classification

The purpose of an extrinsic evaluation is to measure the performance of each lexicon in the sentiment classification task. For this reason, we choose to perform a simple lexicon-based sentiment classification where the lexicon performs almost all the work.

The algorithm adopted for this task is similar to the SO-CAL described in [Taboada et al. 2011]. This algorithm computes the individual polarity for each word in the lexicon and then sums up all these polarities to form the text polarity. If the sum is zero, the text is classified as neutral; if it is greater than zero, the text is classified as positive; otherwise, negative. The SO-CAL also accounts for intensification, *irrealis* and negation in the text.

There are few corpora available for sentiment classification in Portuguese language. For conducting this evaluation, we choose the ReLi [Freitas et al. 2012], a corpus from a Brazilian social network of book reviews. We choose this corpus because it is relatively new and we are not aware of any work that uses it yet, so we took the chance to understand better this resource. In addition, we also believed this corpus would not bias any of the lexicons in the evaluation.

The corpus is composed by 2,056 reviews from 13 different books (approximately 200 reviews each). The corpus has 300,000 words and 15,000 sentences that were annotated with PoS and chunks. The sentiment annotation is present in the opinion and sentence levels. The corpus has 4,210 positive opinion spans and 1,024 negative opinion spans. In the level of sentence, the corpus has 2,883 positive sentences and 596 negative ones.

For the evaluation, we choose to use both opinion and sentence levels of sentiment annotation. Therefore, we conduct two main experiments: opinion classification and sentence classification. The opinions present in the corpus are either positive or negative. Despite this factor, we did not change our lexicon classifier, so the classifier output could be positive, negative or neutral. Table 2 shows the results for the opinion classification in terms of precision, recall, F-measure and accuracy, which are common metrics for text classification evaluation. We omit the results for the neutral class.

As we can see from Table 2, all systems had a similar accuracy for opinion classification. When we compare the individual classes, the LIWC Lexicon had a

Table 2. Results for Opinion Classification

Lexicon	Class	Precision	Recall	F-measure	Accuracy
LIWC	Positive	88.93%	58.22%	70.37%	52.02%
	Negative	65.80%	34.51%	45.28%	
Opinion Lexicon	Positive	86.87%	55.42%	67.66%	50.53%
	Negative	58.18%	36.72%	45.02%	
SentiLex	Positive	95.74%	53.85%	68.93%	53.35%
	Negative	71.73%	51.95%	60.25%	

better performance in positive texts (F-measure of 70.37%) while SentiLex had a better performance in negative texts (F-measure of 60.25%).

Our second experiment was to perform sentence classification. Table 3 shows the results.

Table 3. Results for Sentence Classification

Lexicon	Class	Precision	Recall	F-measure	Accuracy
LIWC	Positive	86.42%	65.43%	74.48%	57.33%
	Negative	40.06%	22.66%	28.95%	
Opinion Lexicon	Positive	87.85%	50.95%	64.49%	47.42%
	Negative	35.96%	32.35%	34.06%	
SentiLex	Positive	91.67%	43.22%	58.74%	44.17%
	Negative	46.34%	48.26%	47.28%	

As we can see in Table 3, LIWC continues to have difficult to label negative examples (F-measure of 28.95%), but it have a high score for positive class (F-measure of 74.48%). By these results, we may assume that LIWC dictionary performs better indicating positivity than negativity.

5. Final Conclusions

In this paper, we presented an evaluation for the Brazilian Portuguese LIWC dictionary. This evaluation aims to guide future works in lexicon-based sentiment analysis. We conducted two evaluations: an intrinsic evaluation, by measuring the agreement compared with two other lexicons; and an extrinsic evaluation, by measuring the lexicon impact in a sentiment classification task.

Acknowledgements

We would like to thank the effort of those who produced the lexicons and the corpus used in this evaluation. We also would like to thank FAPESP and CNPq for financial support.

References

Aue, A. and Gamon, M. (2005). Customizing sentiment classifiers to new domains: A case study. In *Proceedings of recent advances in natural language processing (RANLP)*, volume 1, pages 2–1.

Freitas, C., Motta, E., Milidiú, R., and Cesar, J. (2012). Vampiro que brilha... rá! Desafios na anotação de opinião em um corpus de resenhas de livros. In *Proceedings do XI Encontro de Linguística de Corpus (XI ELC)*, São Carlos - SP.

Kim, I. J., Yoon, J. Y., Lim, J. Y., Kim, S. K., and Kim, U. M. (2012). Integration of opinion mining service flow with anonymous information. In *Proceedings of the 6th International Conference on Ubiquitous Information Management and Communication*, ICUIMC '12, pages 104:1–104:4, New York, NY, USA. ACM.

Morgado, I. C. (2012). Classification of sentiment polarity of portuguese on-line news. In *Proceedings of the 7th Doctoral Symposium in Informatics Engineering*, pages 139–150.

Ott, M., Choi, Y., Cardie, C., and Hancock, J. T. (2011). Finding deceptive opinion spam by any stretch of the imagination. In *Proceedings of the 49th Annual Meeting of the Association for Computational Linguistics: Human Language Technologies - Volume 1*, HLT '11, pages 309–319, Stroudsburg, PA, USA. Association for Computational Linguistics.

Pennebaker, J. W., Francis, M. E., and Booth, R. J. (2001). Linguistic inquiry and word count: Liwc 2001. *Mahway: Lawrence Erlbaum Associates.*

Ribeiro Junior, S. S., Junior, Z., Meira Junior, W., and Pappa, G. L. (2012). Positive or negative ? Using blogs to assess vehicles features. In *Proceedings of the IX Encontro de Inteligência Artificial (ENIA)*, Curitiba-PR, Brazil.

Santos, A., Oliveira, H., Ramos, C., and Marques, N. (2012). The role of language registers in polarity propagation. In Caseli, H., Villavicencio, A., Teixeira, A., and Perdigão, F., editors, *Computational Processing of the Portuguese Language*, volume 7243 of *Lecture Notes in Computer Science*, pages 235–240. Springer Berlin Heidelberg.

Silva, M. J., Carvalho, P., and Sarmento, L. (2012). Building a Sentiment Lexicon for Social Judgement Mining. *Computational Processing of the Portuguese Language*, pages 218–228.

Souza, M. and Vieira, R. (2012). Sentiment Analysis on Twitter Data for Portuguese Language. *Computational Processing of the Portuguese Language*, 7243:241–247.

Souza, M., Vieira, R., Chishman, R., and Alves, I. M. (2011). Construction of a Portuguese Opinion Lexicon from multiple resources. In *8th Brazilian Symposium in Information and Human Language Technology - STIL*, Mato Grosso, Brazil.

Taboada, M., Brooke, J., Tofiloski, M., Voll, K., and Stede, M. (2011). Lexicon-Based Methods for Sentiment Analysis. *Computational Linguistics*, 37(2):267–307.

Thelwall, M., Buckley, K., Paltoglou, G., Cai, D., and Kappas, A. (2010). Sentiment strength detection in short informal text. *Journal of the American Society for Information Science and Technology*, 61(12):2544–2558.

Uma investigação no apoio da avaliação da usabilidade em Sistemas Sociais usando Processamento da Linguagem Natural

Marília S. Mendes[1], Elizabeth Furtado[2], Miguel Franklin[1]

[1]Universidade Federal do Ceará (UFC), Fortaleza, CE – Brasil

[2]Universidade de Fortaleza (Unifor), Fortaleza, CE - Brasil.

{mariliamendes, elizabethsfur, miguel.franklin}@gmail.com

Abstract. *In HCI (Human-Computer Interaction) there are several techniques that assess the usability of systems. However, such techniques do not consider the data collection from messages when users are interacting and expressing their feelings related to some difficulty in interaction. This paper proposes an investigation to support the evaluation of the usability of social systems through the analysis of texts posted by users during the interaction in the system. We apply a methodology to search for posts of users on Twitter, composed of standards that may be related to use of system. As a contribution we report some lessons learned in the evaluation of Social Systems using Natural Language.*

Resumo. *Em IHC existem várias técnicas que avaliam a usabilidade de sistemas. No entanto, tais técnicas não consideram a coleta de dados por mensagens no momento em que os usuários estão interagindo e expressando seus sentimentos relacionados à alguma dificuldade de interação. Este artigo apresenta uma investigação a fim de apoiar a avaliação da usabilidade de Sistemas Sociais. Foi aplicada uma metodologia de pesquisa por postagens de usuários no Twitter, composta de padrões relacionados ao uso do sistema. Como contribuição são apresentadas algumas lições aprendidas para avaliação de Sistemas Sociais usando Processamento da Linguagem Natural.*

1. Introdução

Nos últimos anos, os Sistemas Sociais (SS) têm crescido consideravelmente. Segundo Pereira e outros (2010), SS são sistemas que permitem às pessoas, em suas particularidades e diversidades, comunicarem-se (interagirem, colaborarem, compartilharem ideias e informações), mediando e facilitando qualquer forma de relacionamento social. YouTube, Wikipédia e redes sociais, como o Facebook e o Twitter são exemplos de SS. Com a utilização em massa desses sistemas, muitos trabalhos têm aplicado técnicas de avaliação da usabilidade para testar SS. Segundo Cybis (et al., 2007) e Preece (et al., 2005), as principais técnicas utilizadas para se coletar opiniões diretas dos usuários e suas percepções são questionários e entrevistas.

Os questionários têm como objetivo coletar rapidamente dados (principalmente quantitativos) de muitos usuários. No entanto, se as perguntas não forem bem formuladas ou forem tendenciosas, poderão induzir ou confundir o usuário. Além disso, ainda existe o risco do questionário ser muito longo e os usuários responderem sem ler cuidadosamente as perguntas. Entrevistas, tanto individuais como em grupo são de fácil entendimento, qualitativas e de baixo custo. No entanto, existe o esforço de recrutamento de usuários. Também como nos questionários, as perguntas devem ser bem formuladas para se atingir o objetivo almejado e não confundir o usuário.

Além destes motivos, o uso das técnicas citadas não permite a espontaneidade do usuário. Em SS, os usuários usam o sistema continuadamente e comentam seu uso de forma espontânea durante o mesmo. Segundo Zhao (et al., 2012), perguntar aos usuários o que eles pensam a respeito de um produto, como eles realizam o que querem; se o produto é esteticamente atraente; se eles enfrentaram problemas ao utilizá-lo – é uma maneira óbvia de obter feedback. No entanto, nem sempre a pergunta sobre o uso do sistema vem "na hora certa". Imagine o seguinte cenário: de repente o usuário se depara com um problema no sistema e resolve comentar sobre ele a fim de tirar a dúvida com os demais usuários ou mesmo expressar sua insatisfação sobre o problema. Como o avaliador irá precisar em que momento o usuário fez isso?

Desta forma, este trabalho consistiu em investigar como avaliar a usabilidade desses tipos de sistemas por meio de seus textos escritos. Usabilidade é uma medida que assegura que os produtos sejam fáceis de usar, eficientes e agradáveis sob a perspectiva do usuário [Preece et al. 2005]. Segundo Preece (et al., 2005), a avaliação da usabilidade em sistemas envolve avaliar o efeito da interface junto ao usuário, verificando se ele está satisfeito ou não ao usar o sistema. Satisfação refere-se a percepções do usuário, sentimentos e opiniões, geralmente capturadas por meio de perguntas escritas ou orais [Jeffrey e Chisnell 2008].

Neste sentido, definimos uma metodologia para investigar as postagens dos usuários de um SS a fim de coletar informações para o desenvolvimento de uma ferramenta usando o Processamento da Linguagem Natural (PLN). O PLN consiste no desenvolvimento de modelos computacionais para a realização de tarefas que dependem de informações expressas em alguma língua natural, como tradução e interpretação de textos, busca de informações em documentos, etc. [Russell 1995]. O foco desta primeira análise foi o Twitter, que foi escolhido tanto por seu caráter interativo e social quanto por sua interação se constituir principalmente de textos escritos.

2. Metodologia de investigação

A metodologia de investigação teve os seguintes objetivos: (1) Propor padrões de busca para extração de postagens relacionadas ao uso do sistema e (2) Analisar as postagens que foram recuperadas, a fim de definir estratégias para apoiar na avaliação da usabilidade. A metodologia foi estruturada em 3 etapas, descritas a seguir:

2. 1. Pesquisa por postagens dos usuários

A etapa 1 teve como objetivo obter postagens dos usuários do Twitter relacionadas ao uso do sistema. Para tanto, decidiu-se aplicar a técnica chamada de Extração de Informações (EI) que tem como finalidade extrair informações específicas do texto em língua natural [Riloff e Jones 1999]. A informação extraída é determinada por um conjunto de padrões ou regras de extração específicas ao domínio de análise: padrões que podem ser escolhidos de maneira manual, por algum especialista, ou de forma automatizada [Gaizauskas e Wilks 1998]. Os padrões propostos para investigação foram definidos por especialistas em usabilidade, autores deste trabalho, levando em consideração palavras relacionadas ao uso do sistema, como:

- Substantivos genéricos relacionados ao domínio em avaliação de usabilidade: “usabilidade”, “interface”, “erro”, “problema” e “bug”;
- Interrogações, considerando dois motivos: (i) com o intuito de procurar perguntas sobre o uso do sistema, considerando que a maioria das questões perguntadas em SS terminam com interrogação [Paul e Hong 2011] e; (ii) a fim de obter postagens de cunho emocional, pois quando os usuários estão aborrecidos ou irritados, geralmente utilizam símbolos do teclado para enfatizar sua fúria ou frustração, como pontos de exclamação (!!!), letras maiúsculas e pontos de interrogação (???)[Preece et al. 2005];
- Adjetivos que qualificam o uso do sistema, como: "fácil", "difícil", "bom", "ruim", considerando que grande parte de pesquisas relacionadas à análise de sentimentos tem-se centrado sobre o uso de adjetivos [Taboada et al. 2011], [Benamara et al. 2007];
- Advérbios, a fim de caracterizar o comportamento dos usuários acerca do sistema: "bem", "mal", "muito", "pouco", "mais", "menos", também considerando pesquisas [Benamara et al. 2007] que utilizam advérbios na análise de sentimentos.

Associadas a estes padrões, as buscas foram combinadas com o nome do sistema e de suas das funcionalidades. Com a seguinte explicação: se o usuário irá falar do sistema, ele usará o nome do sistema ou os nomes de suas funcionalidades. Os nomes das funcionalidades utilizadas foram: “tweets”, “followers” e “following”.

Foi utilizada uma ferramenta a fim de contar e coletar as postagens referentes às buscas efetuadas no Twitter usando os padrões propostos. A ferramenta foi desenvolvida usando a linguagem PHP e a API *Search* do Twitter para resgatar as postagens. As postagens obtidas foram àquelas definidas com perfil público. O perfil público do Twitter permite o acesso de qualquer pessoa à suas informações e postagens. Cada busca retornava uma quantidade de 0 a 1500 postagens e estas eram armazenadas em um arquivo Excel. As coletas ocorreram duas vezes por mês, durante três meses. No início e no meio de cada mês, nas seguintes datas de 2012: 02/10, 17/10, 02/11, 17/11, 02/12 e 17/12, seguindo a seguinte ordem: busca individual, somente o nome do sistema e de suas funcionalidades e, em seguida, associando-os aos 16 padrões definidos acima: 5 substantivos, 1 interrogação, 4 adjetivos e 6 advérbios, resultando em 17 arquivos para o nome do sistema e 17 para cada funcionalidade, totalizando 68 arquivos por coleta.

2.2. Análise das postagens

A análise efetuada consiste em contabilizar o resultado das postagens relacionadas ao uso do sistema a fim de verificar a eficácia do padrão utilizado. Por eficácia de um padrão, entende-se aquele cujo resultado da pesquisa traz postagens relacionadas ao uso. Por exemplo, o padrão "nome do sistema + erro" apresentou a seguinte postagem relacionada ao uso: “*O **Twitter** fica dando **erro** quando eu quero dar uma resposta*” mas também apresentou a seguinte postagem que não é relacionada ao uso: “*O maior **erro** da minha vida foi ter apresentado o **Twitter** pra minha mãe!*”. As postagens selecionadas sobre o uso podem ser perguntas, reclamações ou mesmo elogios sobre o Twitter. Também foram consideradas mensagens retuitadas (RT), considerando opinião similar (interesse ou sentimento) sobre o assunto. A análise foi realizada de forma manual pelos especialistas em usabilidade.

2.3. Resultados

Foram contabilizados, para cada arquivo de busca, o total de postagens obtidas e o total de postagens que se referiam ao uso do sistema. Em seguida, foi realizada a média das 6 coletas. Neste trabalho são apresentados os resultados referentes aos padrões individuais e associados a substantivos (Tabelas 1 e 2), descrevendo a média das postagens coletadas (n); a porcentagem (%) média de postagens relacionadas ao uso do sistema e o desvio padrão (σ) das porcentagens obtidas.

Tabela 1 - Média das Buscas individuais

Padrão	n	%	σ
Twitter	1437	2	0,7
Tweets	1189	6	7,4
Following	1292	2	0,6
Followers	1474	0	0

Tabela 2 - Média da busca associada a substantivos

Padrão de Busca		n	%	σ
Twitter	Usabilidade	22	78	14,1
	Interface	609	61	30,7
	Erro	1148	82	13,0
	Problema	1041	50	34,0
	Bug	978	85	16,8
Tweets	Usabilidade	5	25	14,1
	Interface	106	68	29,1
	Erro	512	65	17,6
	Problema	984	59	28,4
	Bug	711	81	26,8

Padrão de Busca		n	%	σ
Following	Usabilidade	4	0	0
	Interface	22	5	6,4
	Erro	185	8	17,1
	Problema	513	2	1,8
	Bug	333	5	5,6
Followers	Usabilidade	1	0	0
	Interface	10	2	4,4
	Erro	182	36	12,1
	Problema	251	2	1,5
	Bug	1049	12	2,9

Os resultados foram analisados de forma quantitativa, por meio dos dados obtidos, e de forma qualitativa, pela observação dos analistas durante a classificação das postagens. Observou-se que somente o nome do sistema ou de suas funcionalidades (Tabela 1) é insuficiente para recuperação de postagens relacionadas ao uso, pois, em geral, o usuário utiliza o nome do sistema para interagir com os demais, não somente para relatar problemas no uso. Quando os padrões eram associados a substantivos (Tabela 2), foram obtidas porcentagens mais altas relacionadas ao uso do sistema. Para o padrão "Twitter + erro", por exemplo, foi obtida uma média de n=1148 postagens e uma porcentagem média de 82% de postagens relacionadas ao uso. As porcentagens obtidas por este padrão nas 6 coletas foram: 85%, 59%, 91%, 84%, 96% e 76%. O desvio padrão foi calculado em cima das 6 porcentagens obtidas e deu um valor de σ =13, significando que 66,6% dos valores de uma distribuição normal encontram-se dentro da faixa do desvio padrão, tanto para mais quanto para menos em relação à média. Apenas as porcentagens 59% e 96%, referentes a 2ª e 5ª coleta ficaram fora desta média.

3. Considerações finais e trabalhos futuros

Este trabalho enfrentou e deverá enfrentar alguns desafios durante seu desenvolvimento. Um deles consistiu no grande volume de dados gerados a serem analisados. A finalidade de construir uma ferramenta para apoiar este tipo de trabalho consiste exatamente em efetivar o contexto de avaliação da usabilidade em sistemas de grande porte. Outro desafio consiste na discriminação de postagens que falem bem ou mal do sistema. No resultado quantitativo, a segunda maior porcentagem de postagens relacionadas com o uso do sistema concentram-se em padrões negativos, como: "Problema", "Erro" e "Bug", o que nós leva a supor uma maior quantidade de reclamações. Também foi observado que os padrões positivos foram mais utilizados a fim de fornecer um contexto negativo ao sistema, como: "*não é **fácil***", "*nada **bom***", "***bem** ruim*". Outro desafio consiste em identificar qual é o problema do usuário em relação ao sistema utilizado. Existirão situações em que é necessário determinar em que tarefa o usuário teve dificuldade. Por exemplo, frases como: "*Como eu faço para postar uma foto **aqui**?*" ou "***Este campo** sempre dá erro!*". A resolução deste problema envolve conceitos como relacionamento proposicional, correferência ou expressões referenciais.

Embora esta investigação não tenha focado em estudos mais detalhados da sociolinguística [Tarallo 1990], existem vários desafios a serem considerados em um SS com grande diversidade de usuários que implicam em variações de classe social, sexo, localidade, etc.. Para localidade, um estudo interessante seria considerar variantes regionais presentes nas postagens dos usuários para se referirem ao sistema, como por exemplo, o termo "***Deu pau** no sistema*" para se referir "***Problema** no sistema*". Como trabalhos futuros, pretende-se aplicar as regras definidas em uma Ferramenta de apoio na analise de usabilidade a fim de filtrar as postagens relacionadas ao uso do sistema, classificando-as em positivas e negativas, identificar os problemas de usabilidade usando PLN e por fim, demonstrar a aplicabilidade da ferramenta proposta em uma situação real de avaliação.

4. Referências

Benamara, F., Cesarano, C., Picariello, A. and Reforgiato, D. (2007). "Sentiment analysis: adjectives and adverbs are better than adjectives alone". In proceedings of international conference on weblogs and social media.

Cybis, W.A., Betiol, A.H. e Faust, R. (2007). "Ergonomia e usabilidade: conhecimentos, métodos e aplicações". 1. ed. São Paulo: Novatec, 352 p.

Gaizauskas, R. e Wilks, Y. (1998). "Information extraction: beyond document retrieval." In journal of documentation 54 (1), 70–105.

Jeffrey, R. e Chisnell, D. (2008). "Handbook of usability testing: how to plan, design, and conduct effective tests". In wiley publishing.

Paul, S. A., Hong, L., Chi, E. H.. (2011). "What is a question? crowdsourcing tweet categorization". In CHI 2011.

Pereira, R., Baranauskas, M. C. C., Silva, S. R. P. (2010). "Softwares sociais: uma visão orientada a valores". In IHC '10, p. 149-158.

Preece, J.; Rogers, Y.; Sharp, H. (2005). "Design de interação: além da interação homem computador". In bookman, 2005.

Riloff, E. and Jones, R. (1999). "Learning dictionaries for information extraction by multi-level bootstrapping". In proceedings of aaai-99.

Russell, S. and Norvig, P. (1995). Artificial Intelligence - a modern approach. In Prentice-Hall.

Taboada, M., Brooke, J., Tofiloski, M., Voll, K. and Stede, M. (2011). "Lexicon-basedmethods for sentiment analysis". In Association for Computational Linguistics.

Tarallo, F. (1990). "A pesquisa Sociolinguística". In Atica.

Zhao, X., Sosik, V. S. and Cosley, D. (2012). "It's complicated: how romantic partners use facebook". In CHI'12.

Uma Ferramenta para Projeto de Sistemas de Diálogos para *Call Center* Baseados em Asterisk

Estillac Borges Filho[1], Pedro Batista[1] e Aldebaro Klautau[1]

[1]Laboratório de Processamento de Sinais – Universidade Federal do Pará (UFPA)
Rua Augusto Correa, 1, 66.075-110 – Belém – PA – Brasil

{estillacbf,pedosb}@gmail.com, aldebaro@ufpa.br

Abstract. *This article presents DialogBuilder, an open-source Java tool that provides to its user an interface for designing dialog systems and exporting them to code that can be deployed in Asterisk, the most popular VoIP framework. DialogBuilder offers to the novice users a wizard so that they can design their own dialog system without learning the intricacies of programming for Asterisk. The software separates the stages of dialog conception and its programming and is positioned to make technically and economically viable, even for small businesses, to construct and maintain dialog systems for telephony applications.*

Resumo. *Este artigo apresenta o aplicativo DialogBuilder, uma ferramenta open-source escrita em Java que disponibiliza ao usuário uma interface para projeto de sistemas de diálogo e exportação deste para implantação no Asterisk, o mais popular framework VoIP. DialogBuilder disponibiliza um wizard para que o usuário leigo possa projetar seu sistema sem precisar aprender a programar para Asterisk. O software separa a fase de concepção do diálogo de sua codificação e se posiciona para tornar técnica e economicamente viável, mesmo para pequenas empresas, construir e manter sistemas de diálogo para aplicações telefônicas.*

1. Introdução

Softwares capazes de dialogar com os clientes são de grande valia para o *call center* de uma empresa. E a eficiência deste tipo de atendimento é proporcional à sua capacidade de processamento de linguagem natural, campo da inteligência artificial que busca viabilizar a comunicação falada entre homem e máquina [Jurafsky e Martin 2009].

Um dos maiores problemas para que uma empresa inclua em seu *call center* aplicações de diálogo como as citadas anteriormente é que não existem ferramentas simples para que elas próprias possam projetar e implantar tais sistemas, mesmo quando já existem ferramentas como o Asterisk, que fornece, inclusive, meios gratuitos para implementação e hospedagem de tais tipos de aplicação.

A contribuição deste artigo é apresentar um aplicativo desenvolvido com esse cenário em vista e uma importante característica: prover uma forma intuitiva, simples e com auxílio de reconhecimento de fala, para que o próprio usuário possa projetar e construir um sistema de diálogo a ser hospedado no *software* Asterisk. O intuito é que a ferramenta evolua e seja capaz de prover suporte a sofisticadas estratégias de processamento de linguagem natural em ambientes de *call centers*. Deve-se notar, no entanto, que o trabalho objetiva qualificar o projeto do plano de discagem e não o atendimento telefônico, o que poderá ser feito em etapa posterior.

2. Sistemas de Diálogo e o Asterisk

Sistemas de diálogo são sistemas de computador que conversam com um ser humano, sendo capazes de reconhecer informações faladas por este e gerar informações dinâmicas para ele, seguindo o fluxo de uma conversa [Zue e Glass 2000].

O *software* livre Asterisk implementa em *software* os recursos de um PABX convencional, sendo uma poderosa e eficiente arquitetura de voz sobre IP [Qadeer e Imran 2008] [Iseki et al. 2011] [Qin 2011]. Com o Asterisk, é possível controlar um *call center* em termos de infraestrutura, através do uso de uma linguagem chamada Dialplan. Esta linguagem é poderosa, mas não é amigável, o que torna necessário desenvolver um sistema mais simples para que o leigo possa projetar seu diálogo e gerar os *scripts* para o Asterisk. Além disso, é importante ressaltar que a linguagem Dialplan sozinha não traz recursos suficientes para processamento de linguagem natural, porém através da interface AGI (*Asterisk Gateway Interface*) é possível executar código de diferentes linguagens de programação no Asterisk, o que amplia bastante suas funcionalidades.

Kamm e Walker [Kamm e Walker 1997] discutem o projeto e a avaliação de sistemas de diálogos, enquanto Goel e Bhattacharya [Goel e Bhattacharya 2010] apresentam uma visão teórica e de implementação de um sistema de diálogos no Asterisk, como aqueles gerados com o auxílio da ferramenta proposta neste artigo. Min-Jen Tsai [Min-Jen Tsai 2005] apresenta um sistema de diálogo que se utiliza do *VoiceXML*, linguagem padrão do consórcio *W3C* (*World Wide Web Consortium*) para o desenvolvimento de sistemas de diálogos, mas que não é utilizada pelo Asterisk. Raux e Eskenazi [Raux e Eskenazi 2007] propõem uma arquitetura, denominada Olympus, para sistemas de diálogos, diferente daquela disponibilizada pelo Asterisk.

3. Aplicativo DialogBuilder

O aplicativo DialogBuilder desenvolvido é uma aplicação *desktop*, escrita em Java. Ele provê uma ferramenta para criação e manutenção de um projeto de sistema de diálogo. Para cada projeto, o usuário deve definir e configurar um fluxo de diálogo, onde cada passo contém um módulo que representa uma ação do *software* durante o diálogo. Cada módulo deve ser configurado com as informações necessárias.

Estando o fluxo de diálogo criado e configurado, o usuário solicita que o sistema de diálogo seja gerado e o DialogBuilder gera o código do sistema, em linguagem Dialplan, a ser implantado no Asterisk. Alguns dos módulos disponíveis para uso estão mostrados na Tabela 1, sendo que novos serão adicionados ao projeto no futuro.

Tabela 1. Alguns módulos disponíveis.

Módulo	Descrição
Executar Mídia	Executa uma mídia para o cliente, como uma mensagem falada.
Pergunta Simples	Realiza uma pergunta aberta. Exemplo: "Qual o seu nome?".

Pergunta com Múltiplas Respostas	Realiza uma pergunta com opções de resposta. Exemplo: "Deseja realizar ou consultar um pedido?".

Além da interface gráfica, há outra forma para que o usuário crie um projeto de sistema de diálogo. Essa alternativa é a contribuição principal do DialogBuilder: um *wizard* que utiliza reconhecimento de fala. Dessa forma, um usuário leigo que busque desenvolver um sistema de diálogo simples para o Asterisk pode executar o *wizard* do aplicativo DialogBuilder e, através de comandos de voz, definir e configurar seu projeto. Ao fim do *wizard*, o grafo representativo do sistema de diálogo é apresentado ao usuário e este pode, caso deseje, realizar novas configurações, ou então selecionar a geração de código para o Asterisk normalmente. Para reconhecimento de voz, utilizou-se o *software* Coruja, do grupo de pesquisas FalaBrasil [Neto et al. 2010]. Vale dizer que o uso de reconhecimento de voz no *wizard* não deve ser confundido com o uso de reconhecimento de voz durante a operação do sistema, como um bloco anterior ao processamento de linguagem natural, que se busca para o sistema de diálogo final a ser implantado no Asterisk e utilizado nos *call centers*. Por último, deve-se ressaltar que usar interface com voz no *wizard* é uma aposta: mesmo que outros tipos de interfaces possam ser atualmente mais eficientes, as interfaces de voz vêm evoluindo muito rapidamente, sendo tópico de diversas pesquisas de vanguarda e largamente utilizadas em tecnologias de ponta como o Google Glass.

A ideia do *wizard* é manter uma conversa com o usuário e questioná-lo a respeito do fluxo do diálogo que deseja construir. Os questionamentos seguem o fluxo desde o início e, em cada passo, as opções são oferecidas para o usuário. Um exemplo simples de execução do *wizard* desenvolvido é transcrito a seguir:

[DialogBuilder] ***Olá! O que você gostaria que o sistema fizesse ao iniciar um atendimento para seu cliente? Diga "mensagem" para o sistema executar uma mensagem de boas-vindas, ou diga "pergunta" para o sistema realizar uma pergunta.***

[Usuário] ***Mensagem.***

[DialogBuilder] ***Ok. Por favor, selecione o arquivo a ser executado.***

[Usuário seleciona o arquivo].

[DialogBuilder] ***Ok. Em seguida, diga "pergunta" para o sistema realizar uma pergunta e diga "encerrar" para o sistema encerrar o atendimento.***

[Usuário] ***Encerrar.***

[DialogBuilder] ***Ok. O projeto de seu sistema será gerado em seguida.***

4. Testes de Validação

A validação será baseada em sistemas de diálogo reais, em duas macroetapas: primeiro a validação da exportação do projeto do DialogBuilder para o Asterisk; e, segundo, a validação do *wizard*, incluindo o reconhecimento de fala. Para cada macroetapa, várias iterações serão realizadas, com níveis crescentes de complexidade de diálogo.

Para ambas as macroetapas, já se conseguiu com sucesso estabelecer a validação para um sistema simples onde o *software* atende o cliente, executa uma mensagem e encerra a chamada, garantindo que a arquitetura desenvolvida atende aos objetivos.

Também já se validou o reconhecedor de fala (*software* Coruja) em testes com uma gramática contendo o nome de 76 cidades, repetidos três vezes cada por um locutor em uma chamada de um *softphone* para o Asterisk, utilizando um *headset* popular. Os resultados seguem no gráfico. As três primeiras colunas mostram o percentual de vezes em que a opção falada pelo usuário foi corretamente reconhecida na primeira, somente a partir da segunda ou somente na terceira das três tentativas, respectivamente. As demais colunas mostram o percentual de reconhecimento nas três tentativas, em nenhuma, em somente uma e em somente duas delas, respectivamente. Os valores de 92% de acerto na primeira tentativa e de 80% nas três tentativas são satisfatórios.

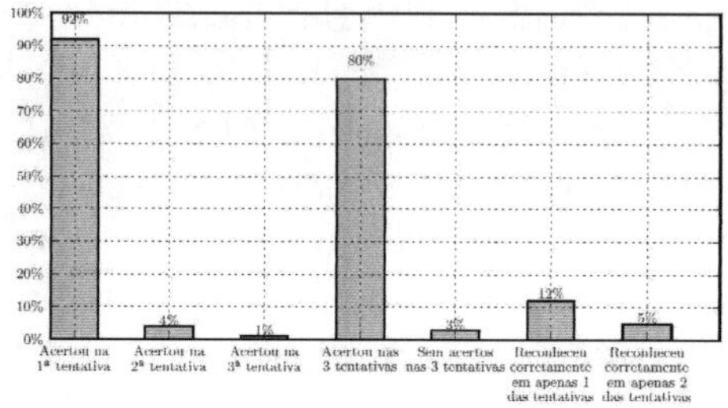

Figura 1. Resultado de teste de validação do reconhecedor de fala.

5. Contexto e Resultados Esperados

Assim como o *software* MS FrontPage rompeu o paradigma inicial de desenvolvimento de portais HTML, possibilitando ao próprio usuário criar suas páginas, sem depender de empresas com este *know-how*, o aplicativo DialogBuilder busca quebrar o paradigma de que só se é possível dotar um *call center* com uma ferramenta de diálogos com processamento de linguagem natural através de profissionais especializados. Com o DialogBuilder, qualquer empresa poderá projetar e desenvolver diretamente sistemas de diálogos a serem hospedados no Asterisk. Há soluções comerciais semelhantes, como o Visual Dialplan, porém o DialogBuilder é a única *open-source* e também possui o diferencial do *wizard*, que visa facilitar o processo, em especial para o usuário iniciante.

Por último, cabe dizer que há um sentimento comum de insatisfação de clientes com *call centers* de maneira geral. Mas, hoje estes centros são indispensáveis e deve-se melhorá-los continuamente, tornando-os mais inteligentes e próximos à linguagem natural. Isso será mais fácil quanto maior o número de ferramentas disponíveis para tal.

6. Conclusão e Trabalhos Futuros

Espera-se que o aplicativo desenvolvido traga uma real opção técnica e econômica às pequenas empresas para utilização de sistemas de diálogo com poder de processamento de linguagem natural em seus *call centers*.

Há de se atentar, contudo, para a relação de compromisso entre a qualidade do sistema projetado com o aplicativo e o baixo custo deste, pois por se tratar de um *wizard*, o produto final possui características gerais que se aplicam à maioria dos casos, mas que poderiam ser otimizadas, por um especialista, em casos específicos. Entretanto, inúmeras aplicações simples de interesse ficariam ao alcance de todo tipo de empresa.

Nas próximas etapas, novos módulos serão disponibilizados na ferramenta e incluídos como opções no *wizard*.

Referências

Asterisk. http://www.asterisk.org. Acesso em Julho, 2013.

Jurafsky, D., Martin, J. H. (2009), Speech and Language Processing: An Introduction to Natural Language Processing, Computational Linguistics and Speech Recognition, Prentice Hall, 2nd edition.

Zue, V., Glass, J. (2000) "Conversational Interfaces: Advances and Challenges", Invited Paper, Special Issue on Spoken Language Processing, Proc. IEEE, vol. 88, no. 8, pp. 1166-1180, August 2000.

Qadeer, M. A., Imran, A. (2008) "Asterisk Voice Exchange: An Alternative to Conventional EPBX", International Conference on Computer and Electrical Engineering, pp. 652-656, December 2008.

Iseki, F., Sato, Y., Kim, M. W. (2011) "VoIP System Based on Asterisk for Enterprise Network", 13th International Conference on Advanced Communication Technology, pp. 1284-1288, February 2011.

Qin, D. (2011) "Research on the Performance of Asterisk-Based Media Gateway", Fourth International Symposium on Knowledge Acquisition and Modeling, pp. 347-349, October 2011.

Kamm, C. A., Walker, M. A. (1997) "Design and Evaluation of Spoken Dialog Systems", Proceedings of the 1997 IEEE Workshop on Automatic Speech Recognition and Understanding, pp. 11-18, December 1997.

Goel, S., Bhattacharya, M. (2010) "Speech Based Dialog Query System over Asterisk PBX Server", 2nd International Conference on Signal Processing Systems, vol. 3, pp. 752-756, July 2010.

Min-Jen Tsai. (2005) "The VoiceXML Dialog System for the e-Commerce Ordering Service", Proceedings of the Ninth International Conference on Computer Supported Cooperative Work in Design, vol. 1, pp. 95-100, May 2005.

Raux, A., Eskenazi, M. (2007) "A Multi-layer Architecture for Semi-synchronous Event-driven Dialogue Management", Proceedings of the 2007 IEEE Workshop on Automatic Speech Recognition and Understanding, pp. 514-519, December 2007.

Grupo FalaBrasil. http://www.laps.ufpa.br/falabrasil. Acesso em Julho, 2013.

Neto, N., Silva C., Batista P., Klautau, A. (2010) "Um Reconhecedor de Voz Livre para Português Brasileiro com Interface de Programação", Agosto 2010.

Google Glass. http://www.google.com/glass/start. Acesso em Julho, 2013.

Visual Diaplan for Asterisk. http://apstel.com. Acesso em Julho, 2013.

AUTHOR INDEX

Association for Computational Linguistics
209 N. Eighth Street
Stroudsburg, Pennsylvania 18360

CURRAN ASSOCIATES INC
proceedings.com